강제동원을 말한다

일제강점기 조선인 피징용 노무자 미수금 문제

[강제동원&평화총서 8 연구총서 제3권]

강제동원을 말한다 - 일제강점기 조선인 피징용 노무자 미수금 문제

초판 1쇄 발행   2015년 12월 25일

저 자 ｜ 이상의 · 허광무 · 배석만 · 최영호 · 오일환 · 정혜경
발행인 ｜ 윤관백
발행처 ｜ 도서출판 선인

등록 ｜ 제5-77호(1998.11.4)
주소 ｜ 서울시 마포구 마포동 324-1 곶마루 B/D 1층
전화 ｜ 02)718-6252 / 6257   팩스 ｜ 02)718-6253
E-mail ｜ sunin72@chol.com
Homepage ｜ www.suninbook.com

정가 20,000원
ISBN 978-89-5933-929-7 94900
ISBN 978-89-5933-473-5 (세트)

[강제동원&평화총서 8 연구총서 제3권]

강제동원을 말한다

일제강점기 조선인 피징용 노무자 미수금 문제

이상의 · 허광무 · 배석만 · 최영호 · 오일환 · 정혜경

도서출판 선인

강제동원을 말한다 – 일제강점기 조선인 피징용 노무자 미수금 문제

　이 책에 실린 글들은 태평양전쟁 시기 일본에 강제동원 된 조선인 노무자의 미수금 문제에 관하여 그 역사와 실태를 밝힌 것이다. 노무자 미수금 문제에 집중하여 이 문제가 어떻게 발생했고 전후 일본에서 어떻게 전개되어 왔으며 한일회담과 그 후 양국에서 어떻게 처리되어 왔는지 선행연구를 정리하고 자료를 분석한 것이다. 일본정부는 패전 후 일본으로 귀환해 온 자국민에 대해 이들 귀환자로부터 압수한 유가증권을 되돌려 주는 '반환' 작업을 1953년부터 실시해 오고 있다.* 하지만 해방 후 조선인 귀환자로부터 압수한 것에 대해서는 한일 국교정상화 회담에서 이를 은폐했고 수교 후에도 청구권협정을 이유로 하여 모르쇠로 일관하고 있다. 이러한 상황에서 조선인 노무자의 미수금 문제는 일본정부의 소극적인 자세와 청구권협정의 장벽에 가려 그 실태조차 밝혀지지 않고 있다. 이 서문에서는 미수금 문제의 대강을 설명하는 한편, 한국에서 미수금에 관한 공동 연구가 어떻게 진행되어 왔고 결과적으로 이 책을 출간하기에 이르렀는지 그 과정을 간략하게 회고하고자 한다.

---

　* 2014년에도 나고야세관이나 홋카이도는 일본인 귀환자의 유가증권 '반환'을 위한 안내를 실시했다. 『北海道新聞』, 2014.7.26; 『北海道新聞』, 2014.8.9; 『中日新聞』, 2014.8.13; 『日本経済新聞』, 2014.8.13.

일본정부는 패전직후 조선인 군인, 군속, 노무자의 미불임금·원호금·예금·저금·보관금 등을 당사자에게 알리지 않은 채 공탁 조치했다. 공탁 조치는 1946년부터 부분적으로 시작되어 1952년 샌프란시스코 조약 발효를 전후하여 가장 활발하게 실시되었고 1990년대 초까지도 계속되었다. 특히 패전직후 일본정부와 점령당국은 상호 결탁을 통하여 공탁을 실시했다. 조선인 노무자 미수금의 공탁은 1946년 6월 통첩「조선인 노무자에 관한 조사의 건」과 1946년 8월 27일자 통달「조선인 노무자 등에 대한 미불금 등의 공탁에 관한 건」, 1950년 2월 28일자「국외거주 외국인 등에 대한 채무의 변제를 목적으로 하는 공탁 특례에 관한 정령」등에 의해 제도적으로 실시되었다. 일본 점령당국과 남한 미군정 당국도 이러한 일본정부의 조치에 대해 소극적이고 방관적인 태도로 일관했다. 1952년부터 시작된 한·일 청구권 교섭과정에서 일본정부는 일관되게 공탁사실을 은폐해 왔고 1965년 수교 이후에도 일관되게 그 존재를 부정해 왔다. 2000년대에 들어 한국에서 강제동원 피해진상규명을 위한 위원회가 발족되어 일본에 자료를 요구하는 한편, 일본에서도「강제동원진상규명네트워크」와 같은 시민단체가 결성되어 자료 공개를 요구하면서 조선인 노무자 미수금과 관련된 공탁금 자료의 존재가 세상에 알려지기 시작했다.

2005년 5월 한국의 위원회는 유골송환 문제를 협의하는 가운데 일본정부에 대해 공탁금 자료를 공식 요청했고 일본정부는 2007년 12월 약 11만 건에 달하는 공탁금 명부를 한국측에 제공했다. 그러나 이때 인도된 공탁금 명부는 군인과 군속에 한정된 것이었고 노무자의 명부는 여기에 포함되지 않았다. 따라서 한국정부는 일본에 대해 징용노무자의 관련 자료를 전달할 것을 지속적으로 요청했고 그 결과 2010년 3월 일본 민주당 정부로부터 노무자 공탁금 관련 자료의 사본을 전달받기에 이르렀다. 한국정부는 곧 바로 자료의 DB화 작업에 들어갔고 이에 따

라 노무자 6만 4천여 명의 공탁 금액 약 3천 5백만 엔을 확인하게 되었
다. 또한 한국정부는 2005년 2월부터 2008년 6월까지 총 22만 6천여 건
의 노무자를 비롯한 군인·군속·위안부 등 강제동원 피해를 접수받고,
2008년 하반기부터 사망·행방불명, 부상장해 피해자와 함께 미수금
피해자에 대해서 지원을 시작했다. 2015년 12월에 개관한 부산 일제강
제동원역사관의 설명 자료에 따르면, 2015년 10월 말까지 총 33,477건
에 달하는 미수금 피해 신청이 있었고, 이 가운데 17,124건이 지원금 지
급 대상으로 판명되어 520억 8천 600만원이 지급 결정되었다고 한다.
  오늘날 개인의 미수금 명세서는 일본 법무성의 공탁소에 있으며 피
공탁 당사자만이 이를 열람할 수 있다. 반면에 공탁 관련 공문서 및 기
업별 지역별 공탁현황을 담은 문서는 일본 공문서관에 소장되어 있다.
일본의 시민단체에 의해 공개된 일부 자료에는 공탁 기업 300여 개의
현황과 임금·원호금을 포함해 40여 종에 달하는 공탁 내역이 수록되
어 있다. 일본의 시민단체는 자료 발굴과 공개에 주력하면서 이들 자
료에 대한 분석을 시도하고 있다. 최근 고바야시 히사토모(小林久公)
는 미수금 관련 자료를 종합적으로 검토한 결과 조선인 노무자의 미수
금이 17,324,286엔(円), 조선인 군인·군속의 미수금이 91,364,001엔, 피
징용 선원의 급여 등 미수금이 4,415,759엔으로 나타났으며, 따라서 이
제까지 발굴된 자료들을 통해서 적어도 조선인 피징용자의 미수금이
113,104,046엔 이상이 될 것이라고 밝히고 있다.** 반면에 한국의 피해
자 단체는 일본정부가 보관하고 있는 징용 노무자들의 각종 수당, 보
험금, 위자료 등을 포함한 미수금 가운데 공탁금만 해도 약 20만 명 분
으로 약 2억 3천만 엔에 달할 것으로 추정하고 있다. 오늘날 한국정부
가 1엔당 2,000원을 적용하여 미수금에 대한 지원을 하고 있는 것을 감

** 小林久公,「韓国人に対する強制動員問題解決のために日韓両国政府が取りうる方策」
(2015年 10月), 2~3쪽.

안하면 미수금 총액은 최소한 4조원에 이를 것으로 보고 있다.*** 아직
은 미수금 총액이 대강 얼마 정도 될 것인지에 대해서 언급하기 어려
운 실정이며 앞으로 관련 자료들을 새롭게 발굴하고 내용을 분석하여
총체적인 규모를 파악해 가는 수밖에 없다.

　이 책에는 한국에서 미수금 관련 연구자들이 이제까지 진행해 온 연
구 성과가 담겨 있다. 돌이켜 보면 한국에서 미수금에 관한 공동 연구
가 시작된 것이 2011년 8월 6일이다. 그 전날 광운대학교에서 한국과
일본의 연구자들에 의한 강제동원문제에 관한 공동학술대회가 열렸고
이날 낮에는 인천항 주변에서 일제강점기 유적을 답사하고 저녁에는
숭실대학교에서 '일제강제동원 & 평화연구회' 발족 모임을 가졌다. 여
기에서 몇몇 연구자들이 조선인 노무자 미수금 문제에 관한 자료를 매
월 읽어나가기로 했다. 그 후 매월 소규모 스터디 모임을 진행하는 과
정에서 모임 이름을 '공탁금자료연구반'이라고 명명하고 연구과정과 결
과를 사이버 카페에 공지함으로써 관련 연구자들의 관심을 불러일으키
기로 했다. 이 연구팀은 모임의 가장 큰 목적을 노무자 미수금 전반에
관한 일반적인 지식을 공유하자는 것에 두기로 했고, 공탁제도, 공탁현
황, 피공탁자, 관련 기업 연구 등 네 가지 방향에서 공탁금 자료를 해독
해 가기로 했다.

　이어 연구팀은 2012년 초에 동북아역사재단에 소규모연구회 지원을
신청하고 그 결과 재단의 지원을 받아 일본국립공문서관의 쓰쿠바(筑
波) 분관에 보관중인 '조선인의 재일자산 조사보고서철'과 '조선인 노동
자의 미불금 공탁처 일람표'를 분석하기 시작했다. 2012년 1월 30일의
제1회 연구회로부터 2013년 1월 8일의 제8회 연구회까지 총 8차례 모인
가운데 평균 10명 내외의 전문가들이 모여 분석결과를 발표하고 토론

***『일제피해자신문』, 2010.3.31.

을 거쳤다. 이와 함께 미수금 문제에 관한 선행연구를 해독하고 평가하는 작업도 병행했다. 국내외 연구 성과를 포함한 20여 건의 목록과 논문을 복사하여 회람하는 가운데, 고테라(小寺)·고쇼(古庄)·어거스틴(Augustine) 등의 선행 논문에 관한 발제와 토론이 이루어졌다. 소규모 연구회를 통해 얻은 가장 큰 성과는 참여자들이 미수금 문제에 관하여 각각의 연구 과제를 확정하게 된 것이다.

이와 함께 우리 연구팀은 미수금 자료 가운데 '귀국 조선인에 대한 미불임금채무 등에 관한 조사'와 공문서철로 이루어진 '조선인의 재일 자산 조사보고서철'을 통하여 미수금의 공탁과정에 관한 개요를 파악했다. 또한 자료 '조선인 노동자의 미불금 공탁처 일람표'를 통하여 기업별 지역별 공탁현황을 파악했다. 우리는 두 자료에 대한 미시적·거시적 분석을 실시함과 동시에 피공탁자 피해 문제에 대한 전문가 의견을 듣고 선행연구를 해독하는 작업을 병행했다. 미시적 분석으로는 공탁 금액과 관련 기업, 공탁 내역 등 공탁 실태에 관한 항목별 분석을 실시했으며, 거시적 분석으로는 두 자료의 상호 비교, 공문서와 법령의 해석을 통해 공탁제도 전반을 파악하는 작업을 실시했다.

이러한 소규모연구회 성과를 토대로 하여, 2013년 1월 동북아역사재단에 '일제강점기 조선인 피징용노무자의 미수금 문제에 관한 조사연구'를 주제로 하여 공동연구를 위한 연구비 지원을 신청했다. 그 결과 그 해 2월에 지원과제로 선정되었고 각 연구자들은 개별 과제를 확정하고 논문 집필과 발표를 진행하기에 이르렀다. 우리는 공탁관련 자료를 새롭게 발굴하기보다는 입수 가능한 자료를 분석하고 미수금 문제의 실체를 밝히는 데 역점을 두었다. 특히 한국정부가 보유하고 있는 공탁금 자료와 이제까지 발굴되어 활용이 가능해진 자료를 조사하고 분석하는 일에 중점을 두었다. 이렇게 해서 『동북아역사논총』 45호(2014년 9월)에 5편의 기획 논문을 발표했고, 『숭실사학』 34호(2015년 6

월)에 1편의 일반 논문을 발표했다. 그 후에도 미수금 연구팀은 '일제 강제동원 & 평화연구회' 안에서 지속적인 연구 조사 활동을 하는 가운데, 기존 논문들을 수정하고 보완하여 미수금 관련 총서를 발간하기로 했다.

이 책은 다음과 같은 내용으로 구성되어 있다. 먼저 제1장은 조선인 노무자의 미수금 문제를 선행연구들을 포함하여 전반적으로 정리한 것이다. 그리고 제2장은 규슈지역의 관리 실태를 중심으로, 제3장은 패전 후 일본의 기업재건정비 과정을 중심으로, 제4장은 해방 후 조련의 활동을 중심으로, 제5장은 한일회담 과정에서 제시된 한국과 일본정부의 공식적인 입장을 중심으로, 각각 미수금 문제의 외연을 밝히고 있다. 그리고 마지막 제6장은 한국정부가 인수한 공탁금 자료를 분석하여 조선인 노무자의 미수금 문제에 관한 실태를 밝히고 있다. 때마침 최근 한국정부는 미수금 피해자들을 포함하여 한국인 강제동원 피해자들이 위원회에 제출한 신청 자료들을 유네스코에 등재하고자 하는 의향을 보이고 있다. 이를 계기로 하여 강제동원 피해 전반에 관한 연구와 함께 미수금 피해에 관한 연구도 활성화되기를 기대한다. 이렇게 되면 이 책에 담겨진 미수금 문제의 외연과 실태에 관한 연구자들의 연구 조사 노력이 앞으로 후학들이 미수금 연구를 심화시켜가는 데 있어서 밑거름과 같은 역할을 담당할 수 있을 것으로 믿는다.

끝으로 전후처리 문제에 관한 끝없는 관심을 가지고 연구 활동에 정진하고 계신 필자들에게 경의를 표하지 않을 수 없다. 또한 근래 들어 역사서 출판을 둘러싼 사회 환경이 어려워지고 있는 상황에도 불구하고 선인출판사가 연구총서로서 이 책의 출판에 기꺼이 응해 주신 것에 대해 연구진 모두가 선인출판사측에 감사를 드리지 않을 수 없다. 아울러 그간 미수금 연구모임과 공동연구를 재정적으로 지원하고 연구결과를 기획논문과 총서로 발표할 수 있도록 허락해 준 동북아역사재단에 대해 깊이 감사를 표하고 싶다.

2015년 12월

미수금 연구팀을 대표하여

최영호

차 례

해방 후 일본에서의 조선인미수금 공탁과 남은 과제

이 상 의

Ⅰ. 머리말

1945년 8월 해방 당시 일본에는 200여만 명의 조선인이 거주하고 있었다. 그중 약 125만 명은 일제 지배 말기인 아시아태평양전쟁기에 일본 국내로 강제동원된 사람들이었다.[1] 이들의 임금은 대부분이 강제저축 등의 다양한 방식으로 지급이 보류되어 일본정부의 전쟁비용으로 충당되거나 일본기업의 자금회전을 위해 유용되었다.

조선인노동자가 받지 못한 임금과 수당, 저금 등은 미수금이 되었고, 그것을 수령하지 못한 조선인노동자는 해방 이후 조선으로 귀국하였으며, 일본정부와 기업에서는 이들의 미수금을 '居所不明' '通信不能'이라는 이유로 일본 법무국에 공탁하는 과정을 밟아 나갔다. 강제동원된 조선인에게 당연히 지급되었어야 할 미수금이 수령 대상자의 의사와는 무관하게 일본 기업의 공탁을 통해 당사자의 손을 떠난 존재로 동결되고

---

1) 小寺初世子, 1981, 「第二次世界大戰におけるいわゆる"朝鮮人徵用工"への未払賃金供託事件に関する法的一考」, 『広島平和科学』 4, 17~21쪽.

말았다.

공탁이란 '채무자가 변제를 하려고 해도 채권자가 변제받지 않거나 변제받을 수 없는 경우 또는 과실 없이 채권자가 누구인지 알 수 없는 경우에 채무자가 채무의 목적물을 공탁소에 맡기는 것'을 말한다. 공탁으로 인하여 채무자의 채무는 소멸되고 채권자는 공탁물 인도청구권을 취득하게 된다. 이에 따르면 해방 이후 일부의 일본 기업들은 강제동원 기간 중 조선인에게 지급했어야 할 임금·수당·부조금 등의 명목으로 일정 금액을 공탁하였고, 그 결과 이 기업들의 미수금 지불 채무가 소멸되는 형식이 되는 것이다.

강제동원 노동자들의 미수금이 공탁금이 된 과정에 대해서는 일본 학계에서 먼저 연구를 진행하였다. 1980년대부터 일본에서 간행된 몇 편의 논문에서는 공탁과정의 실태와 문제점을 지적하였다.[2] 국제법 전공자로서 일찍이 공탁금 문제에 착안한 코데라 사요코(小寺初世子)는 미쓰비시(三菱) 중공업을 사례로 공탁의 법적인 문제점을 지적한 바 있다. 공탁금 연구의 선구자로서 지속적으로 성과를 낸 고쇼 다다시(古庄正)는 일본의 패전 직후 공탁과정에서 일본정부가 미수금 피해자를 일

---

2) 공탁금 관련 연구논저로는 다음을 참고할 수 있다.
    小寺初世子, 1981, 앞의 글.
    古庄正, 1986, 「在日朝鮮人労働者の賠償要求と政府および資本家団体の対応」, 『社会科学討究』 31-2.
    古庄正, 1991, 「連行朝鮮人未払い金供託報告書」, 『駒沢大学経済学論集』 23-1.
    古庄正, 1992, 「朝鮮人強制連行問題の企業責任」, 『駒沢大学経済学論集』 24-2.
    古庄正, 1995, 「足尾銅山·朝鮮人強制連行と戦後処理」, 『駒沢大学経済学論集』 26-4.
    古庄正, 2000, 『日本企業の戦争犯罪』, 創史社.
    古庄正, 2006, 「朝鮮人戦時労働動員における民族差別」, 『在日朝鮮人史研究』 36.
    古庄正, 2007, 「供託をめぐる国家責任と企業責任」 『在日朝鮮人史研究』 37, 2007.
    Matthew R. Augustine, Summmer 2011, "Restitution for Reconciliation : The US, Japan, and the Unpaid Assets of Asian Forced Mobilization Victim", The Journal of Northeast Asian History, 8-1.
    竹内康人, 2012, 『未解決の戦後補償』, 創史社.

괄적으로 '거소불명'으로 처리하여 실질적으로 공탁금을 몰수한 점과 日
本製鐵, 아시오(足尾)銅山 등의 일본 기업들이 대부분 공탁과정에 소극
적으로 임했던 점, 조선인연맹 등의 미수금위탁 요구를 막고 미수금을
몰수하고자 공탁을 서둘렀던 점 등을 규명하였다. 한편 매튜 어거스틴
(Matthew R. Augustine)은 연합국군총사령부가 일본은행에 관리계정을
개설하여 조선인의 미수금을 예치하게 하였고, 일본정부의 공탁 조치를
묵인한 점 등을 고찰하여 기존 연구를 보완하였다. 국내에서도 최근 한
국정부의 요구로 일본정부에서 인도해온 '공탁서'와 '공탁명세서'를 분석
한 연구가 나온 이래[3] 공탁금 문제에 대해 집중적으로 조명한 연구가
진행되었다.[4]

　이 글에서는 기왕의 연구를 바탕으로 조선인노동자의 미수금이 공탁
에 이르는 과정을 면밀히 살펴보고 그 특징을 규명하고자 한다. 해방
후부터 연합군에 의한 일본 점령이 끝나는 시기까지 조선인노동자의 미
수금을 둘러싼 조선인의 동향과 일본정부·기업, 그리고 연합국군총사
령부(GHQ)의 동향을 살펴보고, 미수금이 공탁되는 과정을 고찰한다.
이를 통해 강제동원 당시 조선인에게 임금을 제대로 지급하지 않은 문
제, 귀국 당시에도 미수금을 전달하지 않은 채 귀국하도록 방조하거나
종용한 문제, 귀국한 피해 당사자를 찾지 않은 채 거소불명 혹은 통신두
절이라는 이유로 공탁을 하고 그 사실을 통지조차 하지 않은 문제, 나아
가 한일협정 과정에서 공탁금의 존재를 밝히고 전달할 수 있었는데 끝
내 은폐하고 있었던 문제에 이르기까지 다양한 문제를 제기하고 그 원
인에 대해 파악하고자 한다. 곧 일본기업들의 공탁이 과연 통상적인 형

---

3) 表永洙·吳日煥·金明玉·金暖英, 2008, 「朝鮮人 軍人·軍屬 關聯 '供託書'·'供託明
　細書' 基礎分析」, 『韓日民族問題研究』 14.
4) 공동연구에 의한 결실이 본서로서, 이 책에 수록된 논문의 일부는 『동북아역사논총』
　45(2014.9)에 「일제강점기 조선인 피징용 노무자의 미수금 문제에 관한 조사연구」
　라는 주제의 특집으로 게재된 바 있다.

태의 공탁에 해당되는지, 그렇지 않다면 해결해야 할 과제가 무엇인지
에 대해 고찰하고자 한다.

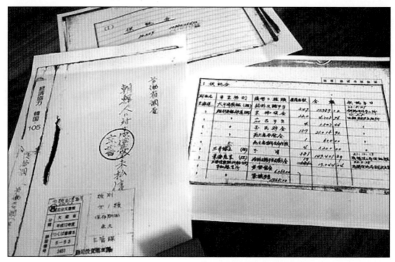

▲ 일본 국립공문서관에 소장된 자료 「조선인 임금 미지불 채무」. 1950년 일본 후
생성에서 작성한 것으로, 기업별 공탁금 내역이 상세히 기록되어 있다.

II. 재일조선인의 미수금 청구와 연합국군총사령부의 대응

1. 재일조선인의 동향과 조선인연맹의 미수금 청구

재일조선인 노동자는 해방과 동시에 일본 전국 각지의 광산, 공장에
서 해방과 배상을 요구하였다. 폭발적인 시위는 주로 조선인노동자가
많이 존재하면서 노무관리가 가혹하고 민족 차별이 심했던 탄광과 광산
을 중심으로 일어났으며, 지역별로는 홋카이도의 유바리(夕張) 탄광 등
주로 동북지역에서 거세게 지속되었다.[5] 이러한 양상에 대해 당시의 주

---

5) 古庄正, 1986.1, 「在日朝鮮人労働者の賠償要求と政府および資本家団体の対応」, 『社

일미군은, 일본에서의 안정과 질서에 대한 진정한 위협은 일본이 아닌 해방된 아시아 노동자라고 보고하고 있다. GHQ의 월례보고서에서는 조선과 중국 탄광노동자와 일본 고용주 사이의 갈등을 심각한 현상이라고 지적하였다.

패전 직후 일본정부는 탄광이나 군수 공장에 동원된 연합군 포로와 중국인의 노동을 중지시키도록 각 기업에 지시하였다. 그러나 조선인에 대해서는 일본 식민지의 일원이었다는 애매한 위상을 이용하여 많은 기업들이 전후에도 이들에게 현장을 지키도록 하였고, 특히 석탄 노동자로 하여금 탄광에서 계속해서 노동할 것을 요구하였다. 9월 중순 중국인 광부들은 징용 상태에서 벗어났는데도 자신들은 여전히 열악한 조건 하에 억류되어 있는 상황에 분노한 조선인 광부들이 시위로 저항하였다.[6]

죠반(常磐)과 홋카이도의 광산 등에서 조선인의 파업이 지속되자 GHQ는 이들을 조선으로 귀국시키고자 하였고, 그해 11월 1일 귀국을 결정하였다. 이 결정에 따라 '조선 출신의 군인, 징용자, 이입집단노무자 등의 우선 수송은 다음해 1월까지 거의 완료'되어 갔다. 이 즈음 일본에서 귀국한 조선인은, 1946년 2월 17일 GHQ의 지령에 의한 외국인 등록자 64만여 명 중 귀국 희망자 51만여 명과 등록에 앞서 이미 송환된 자 91만여 명을 합쳐 142만여 명에 이른다.[7]

会科学討究』 31(2), 早稲田大学アジア太平洋研究センタ-, 199~202쪽.

6) 古庄正, 1986.1, 앞의 글, 199~206쪽 ; Matthew R. Augustine, 2011, 앞의 글, 11~15쪽.

7) 小寺初世子, 1981, 앞의 글, 1981, 20~21쪽.

   한편 GHQ 문서에 의하면, 해방 당시 일본 국내에는 135만 6,379명의 조선인이 존재하였고, 그 대다수는 일본국내의 탄광 및 공장에 고용되어 있었는데, 1946년 6월 현재 이 중 88만 7,690명이 귀국하였다고 한다. 이들 대부분은 연합군의 일본진주 개시 후 3개월 이내에 귀국했다는 것이 GHQ의 판단이다(戰後補償問題研究會 編, 1993, 「Orders Originating in Tokyo Office Federation of Koreans in Japan」, 『戰後補償問題資料集 8-G.H.Q關聯文書集』, 80~83쪽).

▲ 해방 후 귀국을 위해 끊임없이 배에 오르는 조선인의 모습(오사카 인권박물관 특별전에 전시된 사진)

　강제동원된 조선인의 귀국 조치는 그간 그들이 받지 못한 임금과 제반 미수금의 문제를 해결하지 않은 채 진행되었다. 해방을 간절히 기다렸던 조선인들에게는 무엇보다 귀국이 시급한 과제였고, 일본정부와 기업들은 조선인연맹의 영향력 확대를 막는 동시에 조선인 미수금의 문제를 외면하고 추방하고자 했으며, GHQ는 조선인을 치안의 대상으로만 보고 조선인 중심의 폭력적인 시위가 확대되는 것을 방지하고자 일본정부의 조치에 동조하였던 것이다. 미수금은 임금과 강제저금, 가족송금, 후생연금, 보험금, 퇴직 수당, 조위금 등 다양한 영역에 걸쳐 있었다. 이러한 비용은 노동현장에서 도주하는 자 등 중도퇴직자에게는 전혀 지급되지 않았으며, 동원 전체수의 7.8%에 불과했던 만기 퇴직자의 경우에도 여비와 약간의 수당만을 받았을 뿐이다.[8]

---

8) 古庄正, 2006.10,「朝鮮人戰時勞働動員における民族差別」,『在日朝鮮人史硏究』36, 綠蔭書房, 99~100쪽.

　예컨대 전쟁 말기 홋카이도의 도요하(豐羽)鑛山에서는 1개월 평균실
수입이 갱내부는 85엔, 갱외부는 75엔이었는데, 그 중 송금액이 매월 평
균 45엔, 저금액이 35엔에 달하였다. 또한 큐슈의 주식회사 아소(麻生)
商店에서는 1개월 평균실수입이 72엔이었는데, 그 중 송금액은 월평균
22.5엔, 저금액이 22.5엔이었다. 가족송금과 저금으로 많은 액수를 공제
하고 실제 노동자에게는 소액만을 지급하였으며 나머지도 각종 명목의
저금, 송금 혹은 헌금으로 공제하였다. 임금의 대부분을 지급하지 않았
던 것이다.

　저금의 경우 일부는 애국저금으로서 회사에서 우편국에 예입하였고,
나머지는 회사예금으로서 회사에 예입하여 연 5푼의 이자를 받는 것으
로 되어 있었다.[9] 이 저금은 급여에서 미리 공제한 것으로서, 엄밀히 말
하면 조선인노동자의 임금 일부를 일본정부와 기업이 양쪽에서 착복하
고 있었던 것이다. '근검저축' 혹은 '애국'을 명분으로 요구된 저금은 강
제성을 지닌 것이었으며 예금의 인출은 거의 불가능하였다. 따라서 노
동자에게 이 저금은 명목상으로만 통장이 존재할 뿐 임금의 삭감과 마
찬가지의 조치였다.[10]

　귀국하는 조선인노동자의 미수금 문제를 가장 먼저 제기한 세력은
1945년 10월 14일 설립된 재일조선인연맹이다. 재일조선인연맹의 초기
활동은 조선인이 안전하게 귀국하도록 돕고 일본에 남아있는 동포들을
보호하는 데 중심이 있었다. 일본정부의 조선인 추방계획에 직면하여
이 연맹은 조선인을 착취한 기업을 대상으로 미수금 지급을 시도하였
다.

---

9) 예저금 통장은 회사 노무계가 보관하고 있었으며, 인출은 관할 경찰서장의 승인을
　얻어야 했기 때문에 사실상 봉쇄되어 있었다. 이자율 역시 저금을 지급할 의도가 없
　는 상황에서 제시된 무의미한 가상의 수치에 불과했다.(정태헌 · 기광서, 2003, 「일제
　의 반인륜적 조선인 강제노무동원과 임금 탈취」, 『역사와 현실』 50, 420쪽).

10) 小寺初世子, 1981, 앞의 글, 25~29쪽.

1946년 1월 조선인연맹 중앙총본부가 일본건설공업통제조합 산하의 사업주에게 보상과 미수금 위탁을 요구하기 시작하였다. 조선인연맹의 요구는 ① 노동자에 관한 종합 정보 제공, ② 노동자에 대한 위자료 지급과 사상자에 대한 '특별위자료' 가산, ③ 사망자와 도망자의 임금, 퇴직수당, 예저금, 보험금 등 미수금의 조선인연맹 위탁이라는 3가지를 중심으로 이루어졌다. 이에 대해 일본정부와 기업은 ①은 인정하였지만 ②와 ③은 거부하였다.[11] 조선인연맹을 민법에서 정한 정당한 대리인으로 볼 수 없다는 것이 그 이유였다.[12]

아울러 귀국한 조선인노동자의 미수금을 수령하는 데 조선인연맹의 영향력이 커지는 것을 경계한 일본정부는 개별 기업에서의 합의를 막기 시작했다. 1946년 초부터 일본 내무성은 경찰력을 집중 배치하여 전국적으로 조선인연맹에 대한 단속을 강화하도록 하였다. 또한 후생성은 1946년 1월 10일자로 「노무자의 취직 및 종업에 관한 건」이라는 省令을 발표하여 일본정부의 고용방침을 명시했다. 그 제1조에서는 '공장, 사업장 기타 장소의 사업주는 사용할 노무자의 임금, 급료, 취업시간 기타의 노동조건에 관해 국적, 종교 또는 사회적 지위를 이유로 해당 노동자에 대해 유리하거나 불리하게 차별적 취급을 할 수 없다'고 하여, 일본인노동자와 '비일본인' 노동자의 차별 취급을 금하도록 하였다.[13] 그런데 이 성령에서 후생성의 의도는 차별의 금지보다는 오히려 재일조선인 노동

---

11) 古庄正, 1991.6, 「連行朝鮮人未払い金供託報告書」, 『駒沢大学経済学論集』 23(1), 駒沢大学経済学会, 1991.6, 참조.

12) 후생성에서는 이후 지속적으로 조선인연맹을 인정할 수 없다는 입장을 각 지방장관과 사업주들에게 강조하였다(戰後補償問題研究會 編, 「종전에 따른 조선인노무자 해고수당 등에 관한 건」; 「조선인 기타의 외국인노무자의 급여 등에 관한 건」; 「조선인, 대만인 및 중국인 노무자의 급여 등에 관한 건」; 「조선인노무자 등의 급여 등에 관한 건」, 『戰後補償問題資料集 7-未拂金·軍事郵便貯金 關係』, 1992, 62~72쪽).

13) 戰後補償問題研究會 編, 1992, 「厚生省令 第二號」, 『戰後補償問題資料集 7-未拂金·軍事郵便貯金 關係』, 52~55쪽.

자의 배상요구를 봉쇄하는 데 역점이 놓여 있었다. 곧 일본정부는 배상
요구를 거부하기 위한 법적 근거로 성령을 활용하는 동시에, 경찰력을
집중 배치하고 단속을 강화함으로써 조선인노동자의 저항을 억누르고
있었다.[14]

한편으로 일본정부는 GHQ로 하여금 조선인연맹의 다방면에 걸친 개
입을 불법행위로 인식하도록 설득하였다. 이에 GHQ 첩보부대는 조선
인연맹 지도부에 대해 조사하기 시작하였고, 그들 중 상당수를 공산주
의자로 파악하게 되었다. GHQ는 죠반, 아시오(足尾)광산에서의 조선인
연맹의 움직임을 사회주의 세력의 노동운동으로 해석했고, 이에 대한
해결책으로 보상보다는 추방을 선택하였다.[15] 점령군의 입장에서 조선
인을 치안의 대상으로만 파악하였기 때문에 내릴 수 있는 결정이었다.
결국 강제동원 노동자의 추방에 합의함으로써 일본정부와 GHQ는 조선
인연맹이 조선인의 미수금에 관한 어떤 논쟁에도 관여하지 못하도록 막
고 있었고, 나아가 귀국 조선인의 미수금 지급을 회피하였던 것이다.[16]

2. 연합국군총사령부의 미수금 적립

일본에 진주한 GHQ는 애초에 전쟁 도중 조선과 중국에서 강제동원
된 노동자들의 미지불 임금과 예금에 대해 관심을 갖고 있지 않았다.
그런데 해방 후 일본기업을 대상으로 한 조선인과 중국인의 보상 요구
가 점차 확대되자, GHQ는 배상을 위한 절차로서 미수금을 집결시키는

14) 古庄正, 1986.1,「在日朝鮮人労働者の賠償要求と政府および資本家団体の対応」,『社
会科学討究』31-2, 早稲田大学アジア太平洋研究センタ-, 189~216쪽.
15) Matthew R. Augustine, Summer 2011, "Restitution for Reconciliation : The US, Japan, and
the Unpaid Assets of Asian Forced Mobilization Victim", The Journal of Northeast Asian
History, 8-1, 16~17쪽.
16) 戦後補償問題研究會 編, 1993,「Orders Originating in Tokyo Office Federation of Koreans
in Japan」,『戦後補償問題資料集 8-G.H.Q關聯文書集』, 86~88쪽.

방침을 택하였다.17)

1946년 3월 1일 GHQ는 도쿄의 일본은행에 관리계정을 만들고, 기업들로 하여금 미지불 금액을 이 계정에 입금하도록 지시했다. 이에 더하여 외국의 공공자산이나 개인 소유의 在日 자산 중 외국 송금을 위해 환전된 통화나 다른 자산을 이 계정에 예치하도록 하였다. 관리계정의 관리는 1946년 3월 8일 결성된 민간재산관리국이 맡았다.18)

미점령군이 강제동원 조선인의 미지불 임금, 예금, 연금을 모았던 과정은 홋카이도 지역의 사례에서 확인할 수 있다. 1946년 5월 5일, 미군 제74부대는 미8군 사령관에게 홋카이도에서 귀국한 조선인의 미해결 계좌 문제에 대한 보고서를 보냈다. 10만 8,400명에 달했던 홋카이도 거주 조선인 중 일부는 귀국 이후의 협상이 한국정부 대표를 통해 이루어질 것이라는 설득 하에 강제로 추방된 바 있었다. 이 보고서에는 홋카이도에서 조선인 노동자를 고용했던 기업과 정부 기관으로부터 압수한 21개의 수표 목록이 포함되어 있었다.

이 예금의 대부분은 광산과 전기 회사에서 걷은 것이고, 2개는 일본 동원해제국이 사망한 조선인 노동자들의 유골을 옮기고 장례를 치르는 비용으로 사용하기 위한 것이었다. 몇몇 기업들은 사망 보상금이 포함된 수표를 제출하였고, 다른 수표에는 조선으로 귀국한 노동자들에 대한 부상 보상금, 밀린 임금, 상여금이 포함되어 있었다. 제74부대는 조선인 강제동원 노동자들의 미수금을 지속적으로 모아 1947년에는 총액이 260만 엔에 이르렀다.

17) 戰後補償問題硏究會 編, 1993, 「SCAPIN 207 Payment of Savings and Allotments in Korea of Korean Laborers in Japanese Coal Mines」, 『戰後補償問題資料集 8-G.H.Q關聯文書集』, 36쪽)
18) 민간재산관리국(CPC)의 주요한 책무는, 연합국, 적국, 그리고 일본의 전 식민국의 재산 중 일본에 있는 것에 대해 GHQ에게 조언하는 것이었는데, 여기의 '재산'에 GHQ의 관리계정도 포함되었다.

홋카이도 조선인의 미수금을 도쿄의 GHQ 관리계정에 예치한 이후, 1946년 5월 27일, GHQ의 맥다이아미드 중령은 예금의 전송방식을 논의하기 위해 주한미군정청(USAMGIK) 대표를 방문하였다. 이 때 주한미군정청 재정부는 미수금 수령자의 주소와 금액 등의 내역이 홋카이도에서 도착하면 곧바로 당사자에게 조선은행권으로 지불하기로 했다. 5월 31일 GHQ는 조선인 귀국자들의 미수금을 지불하도록 미군 제24군단에게 명령했다. 제24군단은 미수금을 조선인에게 지불할 경우 GHQ의 관리계정이 그에 따라서 재무상태표에 표기될 수 있도록 연락하기로 하였다.

그런데 GHQ의 관리계정은 이후 재무상태표에 아무런 표시가 되어 있지 않은 것이 확인된다. 제24군단이 한국 내의 대상자에게 미수금을 지불하는 데 실패했기 때문이다. 주한미군정청이 일본으로 동원되었던 노동자들에게 미수금을 돌려주기를 주저하고 있었던 것이다. 이는 궁극적으로 주한미군정청이 홋카이도 예금을 해당 조선인에게 지불할 경우 아직 대응할 준비가 되어 있지 않은 상태에서 조선인의 개인 차원의 요구가 시작될 수 있다는 우려를 GHQ에 전달한 것이었다. 그 결과 조선인 강제동원 노동자가 받지 못한 임금, 예금 그리고 연금 등은 여전히 지급되지 않은 채 GHQ의 관리계정에 그대로 남아 있게 되었다.[19]

이후 GHQ는 일본 탄광회사가 조선인노동자 몫으로 보관하고 있는 저금과 임금 총액을 1947년 2월 28일까지 일본은행 또는 미군사정부기구에 예금하도록 하였으며, 2월 28일 이후에는 일본은행에 개설된 특별계정을 폐쇄하고 잔액은 GHQ 관리계정으로 불입하도록 조치하였다.[20]

---

19) Matthew R. Augustine, 2011, 앞의 글, 19~20쪽.
19) Matthew R. Augustine, 2011, 앞의 글, 19~20쪽.
20) 戰後補償問題研究會 編, 1993, 「SCAPIN 1484 Revocation of Permit 'Payment of Savings and Allotments in Korea of Korean Laborers in Japanese Coal Mines'」, 『戰後補償問題資料集 8-G.H.Q關聯文書集』, 71쪽.

III. 일본정부의 공탁 추진과 미국의 대일전략 변화

1. 일본정부와 기업의 1차 공탁

주한미군정청과 연합국군총사령부가 조선인 미수금의 지불을 머뭇거리는 사이에 일본정부는 주도적으로 미수금을 공탁하기로 결정하였다. 미군 주도의 홋카이도 지역의 사례가 미수금 지불의 선례로 되는 것을 방지하기 위한 조치였었다. 일본정부의 미수금 공탁은 조선인연맹의 보상 요구와 미수금위탁 요구를 의식해서 더 속행되었다. 패전 당시 880명의 조선인을 고용하고 있던 아시오(足尾)銅山의 경우 1945년 11월 4일 조선인연맹 도치기현(栃木縣) 본부가 퇴직위로금과 사상자에 대한 특별위자료를 요구하면서 분쟁이 시작되었다. 이 분쟁은 12월 5일 아시오 주둔군대장 모리스의 조정에 의해 후생성의 조정안을 기본으로 원만히 해결되었다.[21] 이외에도 기업들은 조선인연맹의 활동에 부정적인 견해를 지니고 있었지만, 조선인연맹이 거둔 보상 요구 · 미수금위탁 요구의 성과는 적지 않았다.[22]

그런데 조선인연맹의 요구에 대한 일본정부와 기업의 방침이 결정적으로 전환되는 계기가 이와테현(岩手縣)에서 만들어졌다. 일철 카마이시(釜石)제철소에 동원된 조선인들은 1945년 12월 25일부터 다음 해 1월 사이에 귀국하였다. 이에 조선인연맹 이와테현 본부장 등은 카마이시제철소를 방문해, 사망자에 대한 미불금을 연맹에 위탁할 것, 일시귀국 미귀환자 · 도망자 · 사망자 등 중도퇴직자에 대한 미불금을 청산 · 연맹에

---

21) 古庄正, 1995.3, 「足尾銅山·朝鮮人强制連行と戰後處理」, 『駒澤大學經濟學論集』 26-4, 65쪽.

22) 1946년 10월 19일 현재 조선인연맹이 해결한 미수금 문제는 350건에 관계인원 4만 3,314만 명, 해결금액 2,687만 6,844엔에 달하였다(朴慶植 編, 1983, 『朝鮮問題資料叢書』 9, 亞細亞問題研究所, 93쪽)

위탁할 것 등을 요구하였으나 카마이시제철소는 이를 거부하였다. 이후 1946년 4월 5일 이와테현 내무부장의 주최로 「조선인 노무자 처우 간담회」가 열려, 이와테현 내무부장이 조정안을 제시하기로 하였다. 6월 7일 노사 쌍방에게 조정안이 제시되었고, 이와테현 내 관계 기업들은 이 조정안에 따르기로 하였다.

이 조정안의 성립을 계기로 일본정부와 日鐵 등 자본가 단체는 배상 요구에 대해 강력한 대책을 제시하였다. 이와테현 내무부장의 조정안이 제시된 지 겨우 10일 만인 1946년 6월 17일에 후생성은 근로국장, 노정국장, 보험국장의 연명으로 각 도도부현 지사 앞으로 「조선인노무자에 관한 조사의 건」을 통첩하고, 관할 사업소에서 고용한 조선인노동자의 본적지, 입퇴소 연월일, 퇴소 사유, 미수금액, 퇴소시의 처우 등에 관해 조사하도록 하였다. 이어 6월 21일 후생성은 통첩 「조선인·대만인 및 중국인 노동자의 급여 등에 관한 건」을 내놓고, '조선인연맹과 기타 유사단체는 현재 일본에 있거나 이미 귀국한 조선인, 대만인 및 중국인의 임금에 관해서 사업주와 교섭할 권한이 없고 돈을 모을 권한도 없다고 규정하였다. 조선인연맹의 보상요구, 미불금 위탁요구를 원천적으로 봉쇄하고자 한 것이다.[23]

일철 본사도 7월 12일자로 카마이시제철소 총무부장에게 '조선인노무자에 대한 미불금 공탁제도의 건 후생차관 통첩은 이달 24일경 나올 예정으로 현의 조정문제를 지급 보고하기 바람'이라고 전하여, 이와테현 내무부장의 조정안을 보류하도록 지시했다. 일철본사는 각 제철소 앞으로 송부한 6월 21일 차관 통첩에서도 '노동자의 미불금에 관한 조치에 대해서는 별도 통첩으로 지시가 있을 것'이라고 하여 공탁제도의 시행을 예고하였다.

---

23) 戰後補償問題研究會 編, 1992,「朝鮮人,臺灣人及び中國人勞動者の給與等に關する件」, 『戰後補償問題資料集 7-未拂金·軍事郵便貯金 關係』, 66~69쪽.

일본정부에 의한 공탁의 움직임을 알게 된 조선인연맹 중앙총본부는 후생성을 방문하여 '미불임금 등을 사업주측이 보관하면 시일이 경과하면서 부도덕한 자본가가 증거 인멸을 꾀하는 등 상속인에게 불리한 결과가 발생하게 될 것이므로 반드시 조선인연맹에 공탁하게 해야 하고, 연맹에서는 책임을 가지고 본인에게 전달하며 결코 정치운동 기타에 사용하지 않을 것'이라고 하여 미불금 위탁을 요청하였다. 그러나 후생성은 이를 거부하였다. 공탁의 저지가 불가능하다고 판단한 조선인연맹 중앙총본부는 미수금에 대해 일방적으로 결정하는 것은 납득하기 어렵다고 하면서, '결정에 관한 공동위원회를 두어 연맹과 사업주측이 반반씩 참가하게 하자'고 요구했다. 그러나 후생성은 '연맹을 공적으로 인정하는 것은 불가'하다고 하여 이도 거부했다. 연맹 중앙총본부는 마지막으로 '결정에 입회'할 것을 주장하였다. 그러나 후생성은 '불법행위를 할 우려가 있다'고 하여 이마저 거부하였다.[24]

그런데 공탁에 관한 차관 통첩은 좀처럼 나오지 않았다. 8월 15일 일철본사 총무부장은 카마이시제철소장 앞으로 '조선인노무자에 대한 미불금 공탁의 건 8월 20일경 통첩할 예정'이라고 전하였고, 또 20일에는 '맥아더 사령부의 허가 지연으로 27일경 통첩할 예정'이라고 통지하였다. GHQ에서 미수금의 공탁을 주저하여 허가를 지연시키고 있기 때문이라는 것이다.

한편 1946년 7월 18일자로 무로란(室蘭) 진주 군사령부가 '일체의 조선인관계 미불수당금은 해당 군정부에서 정산 처리할 것'을 결정하고, 7월 29일까지 내역 서류를 첨부하여 조선인노동자에 대한 미불금을 현금으로 납부하도록 삿포로(札幌) 지방 사무국 무로란출장소장을 통해 日鐵 와니시(輪西) 제철소에 지시했다. 이 군정부의 미불금 처리 방식은

---

24) 古庄正, 1993.6,「日本製鐵株式會社の朝鮮人强制連行と戰後處理 -『朝鮮人勞務者關係』を主な素材として-」,『駒澤大學經濟學論叢』25-1, 駒澤大學經濟學會.

'군정부를 거쳐 총사령부로 이 금액을 송부하여 조선진주군에 위탁함으로써 각각 본인에게 교부'하는 것이었다. 그런데 무로란 조선인연맹의 의뢰에 따라서 나온 무로란 진주 군사령부의 이 조치도 일본정부로 하여금 공탁을 서두르게 한 하나의 원인으로 작용하였다.

이러한 조치에 대해 GHQ는 '일본 탄광에서 일한 조선국민의 저금을 조선으로 송금하도록 허가하기 바란다'[25]고 하는 내용의 문서를 일본정부에게 재삼 제시하였다. 여기에서 보면 맥아더사령부의 미수금 공탁 허가 지연은 미수금의 처리를 둘러싼 GHQ와 일본정부의 입장 차이에서 기인한 것으로 보인다.

1946년 9월 6일, 이와테현 내무부장은 관계기업과 조선인연맹의 대표를 불러 협의회를 열었다. 내무부장은 후생성 통첩의 취지에 기초하여 6월 7일에 있었던 조정안을 백지환원한다고 조선인연맹에 통고하였다. 현당국과 관계기업 대표, 조선인연맹 사이에 격론이 있었지만, 결국 내무부장과 기업측의 주장에 따라 조정안은 백지로 돌아갔다.[26]

1946년 10월 12일 후생성은 각 지방장관 앞으로 「조선인노동자 등에 대한 미불금 기타에 관한 건」이라는 통첩을 내놓았다. 여기에서는 '사업주가 이들 노무자에 대해 지불할 임금, 퇴직금 또는 이들 노무자를 위해 보관한 적립금, 저금, 유가증권 등으로 수취인의 거소불명, 통신불능 등의 사정에 의해 현재 아직 미불로 되거나 인도불능으로 되어 있는 경우는 금후 다음(공탁의-필자 주) 방법으로 가능한 한 빨리 처리하도록 관계 사업주를 지도할 것'[27]이라고 하였다. 지방장관을 통해 조선인노동

---

25) 戰後補償問題硏究會 編, 1993, 「SCAPIN 207 Payment of Savings and Allotments in Korea of Korean Laborers in Japanese Coal Mines」, 『戰後補償問題資料集 8-G.H.Q關聯文書集』, 36쪽.
26) 이와테현에서의 조선인연맹의 배상요구 좌절은 곧 조선인노동자의 배상요구 좌절을 의미했다. 이를 계기로 조선인연맹의 주요활동 목표도 배상요구를 포함한 귀국문제에서 생활권옹호와 민족교육의 문제로 전환하게 되었다(古庄正, 1986.1, 앞의 글, 189~216쪽).

자의 미수금을 포함한 모든 자산을[28] 지방법무국에서 관리하는 은행
계좌에 입금하여 공탁하도록 관계기업에 지시한 것이다.[29]

공탁에 관한 후생성의 통첩에 의하면 공탁의 대상은 조선인, 대만인,
중국인노동자이고, 공탁서에는

> 다음 금액은 채무자인 공탁자가 별지 내역서 기재의 채권자에게 지불
> 할 급료 및 제 수당금인바 채권자의 거소불명 때문에 교부가 가능하지 않
> 으므로(또는 소화 ○년 ○월 ○일의 전재에 의한 장부서류 등의 분실로
> 인해 채권자를 확지할 수 없으므로) 辨濟를 위해 공탁

등의 형식으로 기재하도록 상세하게 방침을 전하였다. 이 통첩에서는
관계 사업주에게 미불금의 공탁과 함께 공탁완료 시에는 공탁서의 번
호, 공탁 연월일, 공탁소명, 수취인 씨명, 본적지, 고용 및 해고 시기, 해
고 사유, 미불금의 내역 등을 기재한 보고서를 지방장관에게 제출하도
록 하였다. 또 지방장관에게는 '관계자의 요청이 있는 경우 이 보고서를
열람하게 하고 관계자가 보고서의 기재사항에 이의를 신청할 경우는 실
정을 조사하거나 관계자의 의견을 청취해 미불금의 공정화를 꾀할 것'

---

27) 戰後補償問題硏究會 編, 1992, 「朝鮮人勞動者等に對する未拂金その他に關する件」,
  『戰後補償問題資料集 7-未拂金・軍事郵便貯金 關係』, 75~81쪽.

28) 단 이 통첩에서는 '이번 공탁은 금전과 유가증권에 한하며 노동자의 예저금을 통장
  에 있는 대로 교부하는 것에 대해서는 별도 통첩'한다고 하여 예저금을 제외하였다.
  이후 12월 1일 노동성 노동국장이 '사업주가 보관하고 있는 예저금통장에 대해서는
  현상대로 각 사업주에게 보관시키고자 한다'는 방침을 각 지역 노동기준국장에게
  전하고 있다. 따라서 이 공탁과정에서 노동자들의 예저금은 상당부분 제외되었을
  것으로 판단된다(戰後補償問題硏究會 編, 1992, 「朝鮮人勞務者等に對する未拂金に
  ついて」, 『戰後補償問題資料集 7-未拂金・軍事郵便貯金 關係』, 82~83쪽).

29) 이에 앞서 그 해 8월 27일 사법성은 민사국장 통달로 「조선인노무자 등에 대한 미
  불금 등의 공탁에 관한 건」을 제시해, 조선인 노동자 등에게 지불할 임금, 퇴직금
  또는 이들을 위해 보관한 적립금, 저금, 유가증권 등으로 수취인 거소불명, 통신불
  능 등의 사정에 의해 지불할 수 없는 것의 공탁 수속에 대해 규정하였다(戰後補償
  問題硏究會 編, 1992, 「朝鮮人勞務者等に對する未拂金等の供託に關する件」, 『戰後補
  償問題資料集 7-未拂金・軍事郵便貯金 關係』, 73~74쪽).

이라고 하였다.[30] 이러한 공탁의 시행은 일본정부의 집요한 노력과 그에 따른 GHQ의 방침 전환으로 인해 가능하였다.

미수금 공탁의 시기는 개개의 사업소에 따라 차이가 있었다. 예컨대 일철 본사는 통첩에 앞서 9월 19일에 그 내용을 입수하고 각 제철소에 송부해 공탁에 대비하였다. 일철 중에도 카마이시제철소는 1946년 12월, 야하타(八幡)제철소는 1947년 1월, 오사카(大阪)제철소는 1947년 4월에 각각 공탁을 완료하였다. 그 내역을 보면, 예저금, 퇴직적립금, 임금, 상여금, 퇴직수당 등이 중심으로서, 이들 5개 항목이 전체의 약 8할을 이루었다.

각 제철소에 동원된 조선인노무자 중에서 피공탁자가 차지하는 비율은 잘 알려져 있지 않지만, 카마이시제철소의 경우 중일전쟁 이래 종전 시까지 고용한 조선인 1,263명 중 피공탁자는 690명으로 54.6%에 달하였다. 이렇게 미수금 수령 대상자가 많은 것은 도망자와 사망자에 대해서는 물론 고용계약 기간이 만료되어 귀국한 자, 병이 치료되지 않아 본인의 원에 의해 퇴직 귀국한 자, 가정형편으로 계약기간 중에 의원 퇴직하고 귀국한 자 또는 일시 귀국했으나 가정형편상 복직이 불가능한 자, 해고되어 송환된 자, 또는 전쟁종결에 의해 귀국한 종전귀국자에 대해서까지, 귀국 시에 미불금을 정산하지 않은 경우가 많았기 때문이다.[31]

공탁에 이르도록 대부분의 일본기업은 강제동원 노동자들의 미수금을 가능한 한 늦은 시기까지 보유하고 있었으며, 정부의 예금계좌가 생기자 마지못해 그 방침에 따랐다. 기업들의 반발은 부분적으로 그들 자

---

30) 戰後補償問題硏究會 編, 1992, 「朝鮮人勞動者等に對する未拂金その他に關する件」, 『戰後補償問題資料集 7-未拂金・軍事郵便貯金 關係』, 75~81쪽.

31) 카마이시제철소의 경우 유족부조료, 조의금, 보험금, 건강보험 매장료, 제3자 조의금 등이 공탁금액의 5할을 넘었다. 전쟁으로 인한 사망자 25명과 기타 사망자 17명이 포함되어 있었기 때문이다. 따라서 1인당 공탁금액도 오사카제철소 120엔, 야하타제철소가 88엔이었던 데 비해 카마이시제철소는 182엔으로 두드러지게 많았다 (古庄正, 1993.6, 앞의 글, 55~64쪽).

신을 일본의 전쟁 수행의 피해자라고 생각하는 데서 기인하였다.[32]

　이렇게 미지불 자산을 지역 은행계좌로 분산시킴으로써, 후생성은 궁극적으로 이 예금이 조선인에게 지급하는 것을 목적으로 하는 GHQ 관리계정에 집중되지 않도록 막았다. 일본정부의 예금 프로그램은 GHQ의 프로그램보다 더 효과적이어서, GHQ 관리계정의 조선인 미수금이 260만 엔에 그친 데 비해, 일본 지방정부의 예금은 9천6백만 엔을 넘어섰다. 그런데 후생성은 이 미수금의 공탁에 즈음해 채권자인 조선인노동자 내지 유가족에게 공탁에 관한 어떤 통지도 한 바가 없다.[33] 따라서 공탁의 효력이 발효되지 않았다고 하겠다. 그럼에도 불구하고 일본정부는 공탁 후 10년이 경과되자 시효가 다했다는 이유로 공탁금을 일방적으로 소멸시키고 말았던 것이다.[34]

2. 미국의 대일전략 변화와 2차 공탁

　1947~48년 일본의 전쟁 배상이 국제적으로 중요한 외교 현안으로 부

32) 패전 후 석탄광업연합회, 광산협회, 일본건설공업통제조합 등은 조선인·중국인을 고용함으로써 피해를 입었다고 하여 그 손실보상을 정부에 강하게 요구하였다. 이에 대해 1945년 12월 28일 일본정부는 「이입 중국인 및 조선인 노무자의 취급에 관한 건」을 각의 결정하였고, 여기에 기초해 후생성은 각 도도부현을 통해 해당 부담액을 조사하였다. 그에 따라 1946년 3월 5천6백만 엔의 거액의 국가적 보상이 중국인 노동자들을 동원한 35개 기업에게 행해졌다. 그러나 역설적이게도 노동자들의 대부분은 그들이 마련한 자산을 전혀 수령하지 못했다. GHQ는 1946년 8월 일본정부의 기업에 대한 이 배상을 금지시켰다(古庄正, 1993.6, 앞의 글, 64~65쪽 ; Matthew R. Augustine, 2011, 앞의 글).
33) 古庄正, 2006.10, 앞의 글, 79~100쪽.
34) 공탁기간은 10년이었으므로 적어도 공탁기간이 끝나는 1956년경까지는 공탁금이 각지의 공탁국에 확실하게 보관되어 있었을 것이고, 공탁기간 후에도 국제간의 채권·채무를 기록한 자료를 법무국이나 공탁국이 즉시 처분했다고 보기는 어렵다. 그럼에도 불구하고 일본제철주식회사 소속의 카마이시, 야하타, 오사카의 3개 제철소가 소재지의 공탁국에 제출한 공탁보고서의 사본 이외에는 전혀 볼 수가 없다(古庄正,1991.6 앞의 글). 공탁금의 소멸시효에 대해서는 다음 4장에서 상술한다.

상하였다. 1947년 8월 연합국 극동위원회(FEC)에서, 연합국 대표단은 연합국의 일원만이 배상을 받을 수 있다고 결정하였다. 이는 한국에는 어떤 배상도 돌아가지 않는다는 것을 의미하였다. 극동위원회는 한국이 전쟁배상 대신 전쟁 이후 한국에 남아있는 일본의 자산으로 만족해야 한다고 하였다. 그러는 동안 미국은 일본에 대한 배상 정책의 방향을 뒤집었다. 1948년 3월 미국무부 정책계획의장 조지 케넌은 일본을 방문하고 귀국한 후, 배상과 재벌 일소를 특징으로 했던 GHQ의 초기 경제 프로그램과는 성격이 다른 정책을 제시했다.[35]

1949년 이후 미국은 강경한 냉전 정책을 추구하면서, 미국의 국제 전략을 성취하는 과정에서 일본을 적극적인 동반자로 삼고자 하였다. 이 전략의 중요한 내용은 일본에 대한 징벌적인 배상 요구를 포기하는 것이었다. 1949년 5월 미국은 대일본 점령정책이 대소 봉쇄전략에 맞게 일본의 경제부흥을 중시하는 방향으로 바뀌어야 한다고 하여 정책을 전환하였다. 이에 맞추어 일본의 전쟁 배상 송금을 단독적으로 철회하였고, 전쟁 관련 시설들은 경제 회복을 위해 그대로 남겨두었다.[36]

GHQ 내에서 돌았던 비밀 메모에는 일본정부의 입장에 반하는 한국과 중국의 다양한 요구에 대한 더글러스 맥아더 장군의 입장이 드러난다. 이에 의하면, 맥아더는 배상 요구가 미국 국방부에 전달되는 것을 꺼렸다. '요구한 금액이 지불될 경우 현재의 시점에서 일본의 경제 복구에 장애물이 될 것이 명확하다'는 점이 그 이유였다. 맥아더는 '국가적인 전쟁 배상의 문제는 당연히 개인 자산에 대한 개인적 보상과는 구분

---

35) Matthew R. Augustine, 2011, 앞의 글 ; 金太基, 1997, 『戰後日本政治と在日朝鮮人問題 -SCAPの對在日朝鮮人政策 1945~1952年-』, 勁草書房, 제4장 참조.

36) 이는 당시 맥아더 일본 점령군 사령부가 추진하고 있던 재벌해체, 전범처리, 전후배상 등과 같은 정책들이 일본의 경제재건에 방해가 될 수 있다는 점을 지적하면서 추진된 변화이다. 이 시기 미국의 동아시아정책과 일본정책의 변화 방향에 대해서는, 타케마에 에이지 지음·송병권 옮김, 2011, 『GHQ 연합군 최고사령관 총사령부』, 평사리 참조.

되어야 한다'고 주장했다. '보상'이 일반적으로 연합국의 일원에 속한 자산의 복구를 의미했지만, GHQ는 이를 인식하고 있었다.[37]

한편 1948년 8월 15일 남쪽에 한국정부가 출범하면서 한국사회에서는 일본정부에 식민지배에 대한 배상을 요구하기 시작하였다.[38] 국회 외무·국방위원회에서는 1948년 11월 「대일 강제노무자 미제임금 채무이행 요구에 관한 건」과 「대일 청장년 사망배상금 요구에 관한 청원」을 가결시킨 바 있다.[39] 1949년 5월에는 주일 한국공사 정한범이 GHQ에 '조선인 군속·징용노동자의 미수금에 대한 조사와 해결'을 촉구하는 내용의 편지를 보냈다.[40]

1949년 5월 GHQ 민간재산관리국은 한국의 전쟁 배상 요구에 대해서 거절하는 입장을 보였다. 그러나 한국 외교 사절단의 개인 보상 요구에 대한 조사 및 해결에 대해서는 긍정적으로 답하였다. 6월 7일, 민간재산관리국은 재무부로 하여금 강제동원 노동자뿐만 아니라 일본군으로 동원되었던 조선인의 재일본 자산을 자세히 조사 보고하도록 지시했다.[41] 이 문서는 해외거주 외국인에게도 지불이 가능한 새로운 엔계정과 안전기금을 수립하는 선례를 만들었다. 여기에서 해외 채권자들은 한국, 대만, 중국 등을 아우르는 과거 일본의 식민국가 국민들과 점령 지역의 국민들을 포함하였다.[42] GHQ는 일본 기업들이 거액의 조선인 자산을 일본정부의 은행 계좌에 예치한 것을 탐탁지 않게 생각하고 있었다. 만일

---

37) Matthew R. Augustine, 2011, 앞의 글.
38) 『朝鮮日報』 1949년 3월 26일자 '一次 對日現物 賠償, 國務會議서 目錄 決定, 政府 東京 맥 司令部에 提出'
39) 1948년 11월 27일, 「제1대국회 제1회 115차 국회본회의 내용」.
40) 戰後補償問題硏究會 編, 1993, 「Investigation and Settlement of Claims of Korean Military Personnel and Conscripted Labor」, 『戰後補償問題資料集 8-G.H.Q關聯文書集』, 137쪽.
41) 戰後補償問題硏究會 編, 1993, 「Claims from Korea」, 『戰後補償問題資料集 8-G.H.Q關聯文書集』, 139쪽.
42) 戰後補償問題硏究會 編, 1993, 「SCAPIN-2030 Foreign Creditors, Yen Deposit Account」, 『戰後補償問題資料集 8-G.H.Q關聯文書集』, 戰後補償問題硏究會, 145쪽.

이 자산이 일정기간 이내에 당사자에게 지불되지 않을 경우 일본정부가 강제로 몰수할 수 있기 때문이었다.

1949년 6월 19일 GHQ는 일본정부로 하여금 외국인채권자 엔예금 계정을 일본은행에 설립하도록 지시하여, 일본 내에 있는 외국인의 자산을 보호하고자 했다. 이는 일본정부가 전시하에 동원했던 외국인의 미수금을 예치하고 이 예금의 추이에 대해 GHQ에 매월 보고해야 한다는 것을 의미했다.

수차례에 걸친 회의와 보고의 결과, 민간재산관리국은 군인과 노동자로 동원된 조선인에게 지급되지 않은 임금이 약 2억 3천 7백만 엔에 달하는 것으로 확인했다. 그 내역에서 주된 것은 노동자 분이 1억 1천만 엔, 군인군속 분이 9천만 엔이었다.[43] 민간재산관리국의 내부 문서에서는 이 기금 전달방안을 마련하는 대로 기금을 한국대표부에게 공개할 것인지에 대해 고민하고 있었던 정황이 드러난다. 1950년 1월 16일, 민간재산관리국은 재무부로 하여금 즉각 이 기금을 외국인채권자의 엔계정에 예금할 것을 지시하고, 기금의 범주, 금액, 관련 당사자의 이름, 자산의 보상에 필요한 중요한 정보 등 더욱 상세한 정보를 내용에 포함시키도록 요구했다.[44]

GHQ의 지시에 맞추어, 일본정부는 군대에 동원된 식민지민에 대한 보상을 준비하기 시작했다. 먼저 1950년 2월 28일 「국외거주 외국인 등에 대한 채무의 변제를 위한 공탁의 특례에 관한 정령」(정령 제22호)과 그 시행에 관한 명령(법무부, 대장성령 제1호)을 공포하였다.[45] 이에 따

43) 戰後補償問題硏究會 編, 1993, 「Funds Earmarked for Korean Nationals」, 『戰後補償問題資料集 8-G.H.Q關聯文書集』, 147쪽.

44) 상세한 내역은 竹內康人, 2012, 「供託と協定で奪われた未拂い金-明らかになた朝鮮人未拂い金の實態」, 『未解決の戰後補償』(田中宏, 中山武敏, 有光健 他著), 創史社, 177쪽 표 〈朝鮮人未拂金調査〉 참조.

45) 戰後補償問題硏究會 編, 1992, 「國外居住外國人等に對する債務の辨濟のためにする供託の特例に關する政令」, 『戰後補償問題資料集 7-戰後補償關係法令通達集 2』, 戰

라 군인·군속과 징용선원 등의 미수금이 동경법무국에 공탁되었다. 공탁하지 않은 민간사업소의 미불금, 지방법무국에 공탁되어 있는 것의 일부와 1946년 GHQ가 홋카이도에서 모은 미불금 등도 동경법무국에 공탁하였는데, 일본정부에 의해 이미 지방에 공탁되어 있던 것은 그대로 둔 경우가 많았다. 곧 지방법무국과 동경법무국, 각 지역 우편국에 지불하지 않은 임금과 저축 등이 보관되어 있었다.[46]

정령 제22호에서는 공탁의 취지를 '일본에 거주하지 않는 외국인 등의 채권을 보전할 것을 목적으로' 한다고 하였다. 그런데 이 정령에 따르면, 국외거주 외국인에 대한 채무는 '국외 거주 외국인의 채권 전부를 보전하고자 하는 취지는 아니고…채무자가 적극적으로 공탁한 채무만을 보전하는 것을 원칙으로 한다'고 하였다. 미수금의 공탁이 사업주의 의무로서 규정되지 않았던 것이다.[47]

또한 이 정령에서는 채권자에 대한 공탁의 통지 자체가 필요하지 않은 것으로 규정하고 있었으며,[48] 이와 함께 제7조에서 소멸시효의 특례에 대해서도 '이 정령의 규정에 의해 공탁된 공탁물에 대한 환부청구권의 소멸시효는 민법(1896년 법률 제89호) 제167조 제1항의 규정에 관계없이 별도 정령으로 정하는 날까지 완성되지 않는다'[49]고 명시하였다.

정령 22호의 공포 이후 이에 근거해 기업들이 공탁을 시작한지 4개월 후 대장성 재무국은 GHQ에 조선인의 미수금이 외국인 채권자 엔계정

後補償問題研究會, 87~92쪽.
46) 竹內康人, 2012, 앞의 글, 174~189쪽.
47) 戰後補償問題研究會 編, 1992, 「國外居住外國人等に對する債務の辨濟のためにする供託の特例に關する政令梗槪」, 『戰後補償問題資料集 7-戰後補償關係令通達集 2』, 戰後補償問題研究會, 84~87쪽.
48) 위와 같음.
49) 戰後補償問題研究會 編, 1992, 「國外居住外國人等に對する債務の辨濟のためにする供託の特例に關する政令」, 『戰後補償問題資料集 7-戰後補償關係令通達集 2』, 戰後補償問題研究會, 87~92쪽.

에 들어있는 상황을 보고했다. 그에 의하면, 일본육군에 징집된 조선인
과 대만인에게 배정된 금액이 약 1억 5천만 엔이며, 일본 해군에도 7천
5백만 엔이 배정되었다. 이 공탁금에는 군무원의 임금 연체분과 사망자
가족에 대한 조의금도 포함되어 있었다.[50] 보고서에서는 1950년 회계
년도에는 동원해제국이 육군과 해군 관련 기금을 포함시키지 못했다고
하고, 다음 회계년도에 책정할 것을 기약하였다.[51] 1950년 6월 15일, 이
당국은 보고한 대로 해당 기금을 외국채권자 엔계정으로 전송하였으며,
이 과정은 완료되기까지 약 6개월이 소요될 것으로 예상하였다.[52]

6·25전쟁 발발 후, 남한정부에서는 일본에 있는 GHQ의 외국인채권
자 엔계정을 남한의 지분으로 전환하도록 요구했다.[53] 그러나 수개월에
걸쳐 지연시킨 끝에 GHQ의 법무국에서는 남한정부의 요청에 타당성이
부족하다고 판단했다. 해당 금액은 대부분 북한 거주자들의 지분이고,
나라가 통일되기 전까지는 일본정부가 남한정부에 전한 금액이 북한 거
주자들에게 전달되기 힘들다는 것이 판단의 근거였다. 또 하나의 실질
적 문제는 전시의 혼돈 상태에서 어떻게 돈 받을 사람의 소재를 파악하
느냐는 것이었다.[54] 1950년 10월 21일 GHQ의 외교국은 남한정부에 대

50) Matthew R. Augustine, 2011, 앞의 글.
51) 戰後補償問題硏究會 編, 1993, 「Funds Earmarked for Korean Nationals」, 『戰後補償問
   題資料集 8-G.H.Q關聯文書集』, 156~159쪽.
52) 한편 노동성은 1950년에 「귀국 조선인노무자에 대한 미불임금채무 등에 관한 조사」
   라는 전국적인 조사를 행했다. 이 조사 보고서류가 『朝鮮人の在日資産調査報告書
   綴』이고, 이 노동성조사에서 각 도도부현의 미불금 상황을 모은 일람표가 『經濟協
   力 韓國 一〇五勞動省調査 朝鮮人に對する賃金未拂債務調』에 수록되어 있다. 이
   두 자료에는 각 지방 법무국에의 공탁기업명과 공탁항목, 건수, 금액 등이 수록되어
   있다. 또 동경법무국의 『金錢供託受付簿』, 『金錢供託元帳』에서는 조선인 미수금의
   공탁과정과 공탁금액 등이 드러난다. 동경법무국의 공탁금 중 조선인 분은 1억 2천
   만 엔 정도이고, 지방법무국 공탁분과 미불 채권을 더하면 2억 엔 정도다(竹內康人,
   2012, 앞의 글, 174~189쪽). 이 자료의 내용과 성격에 대해서는 본서에 실린 정혜경
   의 「일제말기 조선인노무자 공탁금 자료, 세 가지」 참조.
53) 戰後補償問題硏究會 編, 1993, 「Funds Earmarked for Korean Nationals」, 『戰後補償問
   題資料集 8-G.H.Q關聯文書集』, 170쪽.

해, 조선인에게 배정된 2억 3천 7백만 엔 가운데 3백만 엔 가량만이 외국채권자 엔계정에서 전송이 가능하다고 하였다. 그리고 그렇게 적은 금액을 이관하는 것은 '시기상조'라고 설명하면서, 따라서 일본정부가 지속적으로 단일한 계정에 해당 자산들을 예치해 두어야 한다고 하였다.[55]

이 시기 미국은 6·25전쟁 과정에서의 냉전 갈등에 관심이 집중되어 일본은행 내의 조선인, 중국인, 대만인의 미수금을 효과적으로 동결시켰다. 동시에 미국 정부는 일본의 전쟁 배상을 포기한다는 내용을 담은 평화조약을 일본과 협상하고 있었다. 이 조약의 수석 협상가 J. F. 덜레스는 일본정부에 대한 금전적 문제가 해결되었음을 분명히 하였다. 이러한 상황에서 GHQ의 민간재산관리국은 일본은행 내에 있던 강제동원 피해자들의 미수금 지불을 주장하지 않았다. 1951년 9월 샌프란시스코 강화조약이 협정되고 다음해 4월 발효되면서, 결국 GHQ의 관리계정과 외국인채권자 엔계정은 모두 일본정부로 이송되고 말았다.[56]

냉전으로 인한 강제동원 피해자들의 미수금 동결은 1952년 4월 미국 정부가 연합국의 일본 점령을 끝냄에 따라 구체화되었다. 미국무부는 미수금은 피해자 개인에게 지급되어야 한다는 GHQ의 초기 입장을 포기하면서, 조선인의 일본 내 자산에 대한 요구는 한일 양국의 협상을 통해서 이루어져야 한다는 견해를 밝혔다. 이는 결국 전쟁을 도발한 나라로서의 일본의 배상 책임은 물론, 점령기에 GHQ의 묵인 혹은 동조 하

---

54) Matthew R. Augustine, 2011, 앞의 글.
55) 戰後補償問題研究會 編, 1993,「Letters」,『戰後補償問題資料集 8-G.H.Q關聯文書集』, 168쪽.
56) 이를 통해 조선인 미수금의 공탁과정에서 GHQ는 세 가지 실수를 하였음을 알 수 있다. 첫 번째는 강제동원 피해자들이 귀국할 때 그들의 미수금을 돌려주는 것에 실패한 점이며, 두 번째는 이 미수금의 상당부분을 두 개의 관리계정에 보관하여 일본정부에게 넘겼다는 점이고, 마지막은 '정당한 반환(restitution)'과 '전쟁 배상금 (war reparation)'을 뒤섞은 결과 개인에 대한 배상을 부정했다는 점이다.(Matthew R. Augustine, 2011, 앞의 글)

에 행해진 강제동원 피해자들의 미수금 공탁에 대해서도 더 이상 책임을 묻지 않고 관여하지 않겠다는 것을 의미하였다. 이 과정에서 강제동원 피해자들의 입장은 전혀 고려되지 않았으며, 이제 모든 문제는 한일 두 나라간의 문제로 되었다.

한일 양국의 회담은 첫 번째부터 논쟁을 초래했다. 한국 대표는 경제적 배상 문제에 우선순위를 둔 데 비해, 일본 측은 일본 내 조선인 거주자들의 국적 문제로 논의를 한정하고자 했다. 한국정부와 일본정부의 대치가 계속되자 일본정부는 조선인 징용자의 임금이나 일본 우편예금에 있는 조선인 계정의 상환 등의 구체적 문제에 대한 거론을 아예 거부했다.[57] 개인적인 상환으로 초기에 계획되었던 개인적인 자산은 이러한 과정을 거쳐 결국 국가간 전쟁 배상이라는 외교 문제로 되었던 것이다.[58]

Ⅳ. 미수금 공탁과정의 특징과 남은 문제

지금까지 살펴본 조선인노동자의 미수금 공탁과정에는 일반적인 공탁과는 구분되는 몇 가지 특징이 눈에 띈다. 여기에서는 기왕의 연구성과를 활용하여 미수금 공탁과정상의 특징을 살펴보고, 그 특징으로 인해 야기되는 문제점에 대해 고찰한다.

---

57) 한국정부의 거듭되는 배상 요구에 대해 일본정부에서는 '재한국 일본인 재산의 보상이 가능하다면 한국 전 재산의 60~80%를 요구한다. 일본정부는 한국의 경제가 치명적으로 되도록 청구를 계속하지는 않을 것이지만, 한국 측의 배상요구가 있는 한에서는 그 요구를 철회하지 않을 것'이라고 비공식적으로 협박성 언급을 하면서 대응하였다(戰後補償問題硏究會 編, 1993, 「ROK-Japanese Negotiations and Prospects of Improved Relations」, 『戰後補償問題資料集 8-G.H.Q關聯文書集』, 238쪽).
58) 이와 관련해서는 박진희, 2008, 『한일회담 제1공화국의 對日정책과 한일회담 전개과정』, 선인 참조.

첫째, 「미불금공탁보고서」에는 채권자의 씨명과 본적지가 명기되어
있으므로, 가령 채권자의 거소가 불명하다 해도 그 유가족에게 공탁통
지서를 보내는 것은 얼마든지 가능하였다. 그럼에도 불구하고 일본정부
는 그러한 수속을 일절 밟지 않았다. 또한 공탁의 이유로서 '통신불능'
이라는 점을 자주 거론하였지만, 1947년부터는 한일간의 통신이 재개되
었으므로 이도 사실에 어긋난다. 따라서 조선인 노무자에 관한 미불금
의 공탁은 '거소불명'과 '통신불능' 때문에 진행된 것이 아니었다. 1950년
정령 제22호는 공탁의 취지를 '일본에 거주하지 않는 외국인 등의 채권
을 보전할 것을 목적으로 한 것'이라고 밝히고 있지만, 이는 명분에 지
나지 않는다. 일본정부의 진의는 조선인연맹 등의 미불금 위탁요구를
봉쇄할 수단으로서 공탁제도를 이용하는 것에 있었다. 곧 미불금의 공
탁은 이를 조선인에게 전달하기 위한 절차가 아니라, 공탁이라는 이름
을 빌린 조선인의 미수금 몰수책에 불과하였다.[59]

이는 나아가 당시의 공탁 자체가 '채권자 거소불명에 의한 지불 불능'
이라는 공탁 원인의 진위를 심사했는지, 곧 공탁으로서 실체상의 요건
을 구비한 유효한 것인지에 대한 문제에까지 이른다. 더욱이 일본은 당
시 일본을 출항한 조선인이 일본으로 재도항하는 것을 막고 있었다. 따
라서 귀국한 조선인이 미수금을 수취하기 위해 일본으로 가는 것 자체
가 불가능하였다. 이러한 상황은 일본정부 자신이 만들어낸 상황이었
다. 그런데도 일본정부는 기업에 대해 공탁에 의한 채무의 변제를 지시
하였던 것이다.[60]

다만 일부 기업에서는 주소를 의도적으로 누락시킨 경우가 있었다.
일철 야하타제철소는 조선인 노동자 3,042명 중 2,539명, 83.5%의 본적
지를 공란으로 두었다. 2,700명의 조선인을 징용한 미쓰비시중공업 히

59) 古庄正, 1993.6, 앞의 글.
60) 小寺初世子, 1981, 앞의 글, 35~36쪽.

로시마조선소의 경우 피징용자의 본적지를 郡까지만 기재하였다. 본적지가 기재된 '대장'이 없는 것이 아니라, 기재하지 않았던 것이다. 이렇게 되면 일본정부에서 공탁통지서를 송부할 의지가 있다 해도 피공탁자를 특정할 수 없게 되는 것이다. 일본정부가 법적조치로서 조선인 노동자의 거소를 '불명'으로 만들었다면, 야하타제철소와 미쓰비시중공업 히로시마조선소는 조선인 노동자를 문자 그대로의 '거소불명'으로 만들었다. 공탁금을 전달할 의지가 전혀 없었던 것이다.

〈표 1〉 일본 3대 전범(戰犯) 기업의 공탁금 현황 (단위: 곳, %)

기업	강제동원 작업장	공탁금명부 존재 작업장	비율
미쓰비시	117	10	8.55
미쓰이	60	5	8.34
스미토모	68	5	7.36
합계	245	20	8.16

참고) 공탁금 명부는 2010년 일본정부가 제공한 '조선인노무자 공탁기록' 기준
자료) 일제강점기 강제동원피해조사 및 국외강제동원희생자 등 지원위원회

둘째, 변제공탁이 행해지면 통상 채권자인 피공탁자에게 그 내용이 통지된다. 그러나 미쓰비시조선의 경우는 채권자의 거소불명을 이유로 하여 공탁된 것이므로, 이 통지는 행해지지 않았다. 강제동원된 조선인 피해자들은 그들의 미수금이 공탁되어 있는 사실을 알지 못한 것이다. 더욱이 이 경우 공탁 사실이 공시되거나 관보에 기재되지도 않았다. 채권자에 대한 통지불능을 전제로 하여 공탁을 수리한 것이므로 공시에 의한 통지도 불능이라는 사고에 빠져 있었던 듯하다.

예컨대 미쓰비시조선에 있던 조선인 징용 피해자들도 그들의 미수금이 공탁되어 있는 사실을 통지받지 못했다. 그렇다면 그들의 공탁금 환부청구권은 아직 권리를 행사할 단계에 들어가지 않은 것이고, 따라서 이 권리의 소멸시효가 아직 진행되지 않았으므로 결국 환부청구권은 소

멸되지 않았다고 보아야 할 것이다.

한편 공탁소에서는 실무상의 처리로서 공탁일부터 20년을 경과했을 때는 공탁금에 대해 시효처리에 준한 취급 - 공탁수속을 종결하여 세입 납부 수속을 하는 - 을 하는 것이 인정되었을 것이다. 즉 공탁금은 국고로 편입되었을 것이다. 그런데 이는 공탁소 내부의 사무처리상의 편의를 고려한 것에 불과하므로 이후 공탁에 대한 환부청구 등이 있을 경우 공탁수속은 당연히 회복되어야 한다. 거소가 불명하여 통지도 할 수 없었다면 피해자가 남한계인지 북한계인지 확인하는 것도 불가능할 터이고, 따라서 청구권협정도 특별조치법도 적용할 수 없기 때문이다.[61]

셋째, 공탁 대상이 누락되어 공탁금 액수가 극히 적었다. 예컨대 일철 오사카제철소의 경우 공탁금이 2만 2,371엔이었는데, 본사 총무부장의 별도 보고서에 의하면 이 제철소의 미불금은 9만 7,431엔에 달하였다. 미불금의 1/4도 공탁하지 않았는데, 이는 미불금의 64.5%를 차지하는 저금을 공탁에서 제외시켰기 때문이다. 야하타제철소의 공탁금도 지나치게 적었다. 이 제철소의 미불금은 26만 4,579엔이고, 공탁금은 26만 9,530엔으로, 미불금의 전액이 공탁되었다. 그러나 이 회사의 경우 공탁금에서 저금이 차지하는 비율은 15.0%에 불과했다. 저금의 비율이 오사카제철소 64.5%, 카마이시제철소 79.2%, 후지코시(不二越) 강재공업주식회사가 98.2%인 것과 비교하면, 야하타제철소는 저금의 대부분을 공탁하지 않은 것으로 보인다. 또 고용일자는 일괄적으로 1942년 1월로, 해고일자는 전원 1945년 9월 30일로 되어 있어, 허위로 기재한 것임을 충분히 짐작할 수 있다.

카마이시제철소의 경우 지방군정부가 조선인연맹에 호의적이었기 때문인지 공탁서는 형식에 맞추어 정리되어 있다. 그러나 공탁금액은 극

---

61) 小寺初世子, 1981, 앞의 글, 38~39쪽.

히 적다. 하루당 공탁금을 계산하면 오사카제철소의 취로 2년 정도 되
는 상위 11명의 평균이 0.85엔이었던 데 대해, 카마이시제철소의 근속 2
년 이상인 '사고귀국자' 88명의 평균은 0.14엔이었다. 이는 가족송금분을
유가족에게 보내지 않아서 원징용자 40명에게서 제소된 미쓰비시중공
히로시마조선소의 0.43엔보다도 낮다. 미쓰비시중공 히로시마조선소의
조선인의 경우도 고용연월일과 해고연월일이 기재되지 않아서 정확한
미수금의 산정이 불가능하다.[62]

넷째, 대부분의 기업이 미수금의 공탁 시기를 최대한 늦추었다. 1946
년 7월 후생성의 『조선인노무자에 관한 조사결과』에 의하면 7개현 172
개사업소 중 미불금 '없음'이라고 기재한 곳과 미불금란이 공백으로 되
어있는 곳을 합치면 150개 사업소로 87.2%에 이른다. 그런데 이는 이들
사업소에 미불금이 없었다는 것을 의미하지 않는다. 도망자 등 중도퇴
직자에 대한 미불금은 원칙상 기록으로 남기지 않는 탄광, 광산 중에서
도 미쓰비시광산 카미오카(神岡)광업소와 같이 9할 이상의 노동자에 대
해 미불금을 갖고 있는 곳이 적지 않았다. 따라서 미불금 '없음'이라고
보고한 사업소와 미기입한 사업소도 이 정도의 미불금은 있었다고 보아
야 마땅할 것이다.[63]

미쓰비시 히로시마조선소의 경우도 마찬가지다. 1948년 9월 조선인노
동자 1,951명분의 임금 등을 변제받기 위해 17만 8,479엔 66전을 공탁하
였는데, 이를 1인당 평균으로 환산하면 91엔 48전이다. Ⅲ장에서 보았듯
이 1946년 8월 사법성 민사국장의 통달 「조선인노무자 등에 대한 미불
금 등의 공탁에 관한 건」에서는 '이번 공탁은 금전 및 유가증권에 한하
고, 노무자의 예금장을 통장 그대로 교부하는 것에 대해서는 별도 통첩

---

62) 古庄正, 2007.11, 「供託をめぐる国家責任と企業責任」, 『在日朝鮮人史研究』 37, 在日
朝鮮人運動史研究會.
63) 古庄正, 1995.3, 앞의 글, 75쪽.

할 예정'이라고 한 바 있었으므로 여기에는 저금분이 포함되지 않았을 것이다. 그런데 조선인이 마지막으로 히로시마에서 나간 날짜는 1945년 9월 15일이고, 민사국장의 통달이 나온 것은 1946년 8월 27일인 데 비해 미쓰비시의 변제 공탁일자는 1948년 9월 7일이다.

이 공탁일자는 통달 이후 거의 2년이 지난 시점으로서, 패전과 귀국 이후 3년의 시차가 있다. 그런데 이 3년간 일본의 물가지수는 급등하였다. 통계국 물가자료에 의하면 1945년 9월을 100으로 볼 때 동경의 소비재 물가지수는 1948년 9월에는 평균 7,44로 올랐다. 더군다나 1945년 8월과 9월 사이에는 물가가 폭등하여, 1945년 패전 전의 물가와 1948년의 물가를 비교하면 계란이 62.5배로, 소주는 87.5배로 급상승하였다. 결국 미쓰비시조선은 3년 전의 미수금을 그 금액 그대로 3년 이후에 공탁함으로써 경제적인 부담을 적게는 1/7, 많게는 1/70까지 줄일 수 있었다. 그런데도 이 공탁은 법원에 의해 수리되었고, 미쓰비시조선은 조선인노동자에 대한 채무를 면할 수 있었던 것이다.[64]

V. 맺음말

일본의 패전 직후 일본정부와 미 점령당국은 서로 때로는 견제하면서 또 때로는 공조체제를 유지하면서 일본으로 강제동원된 조선인의 미수금을 공탁하였다. 일본정부의 주도에 의한 일본기업의 공탁은 1946년부터 부분적으로 시작되어 샌프란시스코 평화조약 발효를 전후하여 가장 활발하게 실시되었고 1990년대 초까지 계속되었다. 그 중 조선인의 미수금 공탁은 1946년 6월 후생성의 통첩「조선인 · 대만인 및 중국인

---

64) 小寺初世子, 1981, 앞의 글, 32~34쪽.

노동자의 급여 등에 관한 건」과 1946년 10월 12일자 후생성 통달 「조선인노무자 등에 대한 미불금 기타에 관한 건」, 1950년 2월 28일자 「국외거주 외국인 등에 대한 채무의 변제를 목적으로 하는 공탁 특례에 관한 정령」 등에 의해 제도적으로 진행되었다.

이 과정에서 일본정부는 조선인 군인, 군속, 노무자 수십만 명 분의 미불임금과 예저금, 수당 등의 미수금을 피해자에게 직접 전하지 않은 채 공탁하는 조치를 취하고 당사자에게는 통지조차 하지 않았다. 연합국군총사령부와 남한의 미군정 당국은 이러한 일본정부의 조치에 대해 방조하는 태도를 유지했다. 더욱이 1952년부터 시작된 한·일양국의 청구권 교섭과정에서 일본정부는 일관되게 공탁금의 존재 사실을 은폐해왔다.

해방을 간절히 기다렸던 조선인들에게 귀국은 무엇보다 시급한 과제였다. 당시 일본정부는 공탁이라는 과정을 통해 조선인연맹의 세력 확대를 막는 정치적인 선택을 하면서도 미 점령군의 요구를 받아들이는 동시에 경제적인 부담도 피할 수 있었다. 또한 GHQ의 경우 조선인을 치안의 대상으로만 보았던 점령군으로서의 인식이 결국 일본정부의 공탁 조치를 방조 방관하는 것으로 연결되었던 것이다. 그 결과 일부의 일본 기업은 일정 금액을 공탁하고 미수금 등의 지불 채무가 소멸되는 형식을 취할 수 있었다. 그러나 그 공탁금을 비롯하여 받지 못한 제반 임금은 해방된 지 70년이 지난 지금에도 강제동원되었던 조선인 개개인에게 여전히 미수금으로 존재하고 있다.

【참고문헌】

戰後補償問題硏究會 編, 1992, 『戰後補償問題資料集 7 -未拂金·軍事郵便貯金 關係』.

_____, 1993, 『戰後補償問題資料集 8 -G.H.Q關聯文書集』.

高麗大學校 亞細亞問題硏究所, 1976, 『韓日關係資料集 第1輯』, 고려대학교출판부.

高木健一 지음·최용기 옮김, 1995, 『전후보상의 논리』, 한울.

古庄正, 1986, 「在日朝鮮人労働者の賠償要求と政府および資本家団体の対応」, 『社会科学討究』 31-2.

_____, 1991, 「連行朝鮮人未払い金供託報告書」, 『駒沢大学経済学論集』 23-1.

_____, 1992, 「朝鮮人強制連行問題の企業責任」, 『駒沢大学経済学論集』 24-2.

_____, 1995, 「足尾銅山·朝鮮人強制連行と戦後処理」, 『駒沢大学経済学論集』 26-4.

_____, 2000, 『日本企業の戦争犯罪』, 創史社.

_____, 2006, 「朝鮮人戦時労働動員における民族差別」, 『在日朝鮮人史研究』 36.

_____, 2007, 「供託をめぐる国家責任と企業責任」, 『在日朝鮮人史研究』 37.

古庄正·田中宏·佐藤健生他, 2000, 『日本企業の戦争犯罪 : 強制連行の企業責任 3』, 創史社.

국민대학교 일본학연구소 편, 2008, 『동북아역사 자료총서 8, 한일회담외교문서해제집』 Ⅰ·Ⅱ·Ⅲ·Ⅴ, 동북아역사재단.

김민영, 2009, 「식민지 시대 조선인 노동자의 강제동원과 개별 기업의 책임 -메이지광업(주)의 사례」, 『일본의 식민지 지배와 식민지적 근대』, 동북아역사재단.

金英達 著·金慶海 編, 2003, 『朝鮮人強制連行の研究』, 明石書店.

박진희, 2008, 『한일회담 제1공화국의 對日정책과 한일회담 전개과정』, 선인.

小寺初世子, 1981, 「第二次世界大戦におけるいわゆる "朝鮮人徴用工"への未払賃金供託事件に関する法的一考」, 『広島平和科学』 4.

우쓰미 아이코 지음·김경남 옮김, 2010, 『전후보상으로 생각하는 일본과 아시아』, 논형.

장박진, 2012, 「전후 한국의 대일배상 요구의 변용 -미국의 대일배상 정책에 대한 대응과 청구권으로의 수렴-」, 『아세아연구』 55-4.

_____, 2011, 「대일평화조약 제4조의 형성과정 분석: 한일 간 피해 보상 문제에 대한 '배상,' '청구권'의 이동(異同)」, 『국제·지역연구』 20-3.

_____, 2008,「한일회담에서의 피해보상 교섭의 변화과정 분석: 식민지관계 청산에 대한 ‘배상,’ ‘청구권,’ ‘경제협력’방식의 ‘연속성’을 중심으로」,『정신문화연구』 31-1.

정태헌 · 기광서, 2003,「일제의 반인륜적 조선인 강제노무동원과 임금 탈취」,『역사와 현실』50.

竹內康人, 2012,『未解決の戰後補償』, 創史社.

표영수 · 오일환 · 김명옥 · 김난영, 2008,「朝鮮人 軍人 · 軍屬 關聯 “供託書”, “供託明細 書” 基礎分析」, 한일민족문제학회 편,『한일민족문제연구』14.

Augustine, Matthew R., Summer 2011, Restitution for Reconciliation : The US, Japan, and the Unpaid Assets of Asian Forced Mobilization Victim, *The Journal of Northeast Asian History*, Volume 8, Number 1.

일제말기 강제동원 조선인 노무자의 미불금 피해 실태

규슈(九州)지역의 미불금 관리 실태를 중심으로

허 광 무

Ⅰ. 머리말

일제강점기 조선인 강제동원 피해문제는 한국정부나 학계에서 구체적인 실상도 파악하지 못한 채 오랜 기간 숙제로 남아왔다. 1950년대, 6·25전쟁 전후의 혼란 속에 한국정부가 조선인 강제동원 피해자 명부 작성에 착수한 적은 있었으나, 구체적인 실태파악과는 거리가 먼 내용이었다.[1] 강제동원문제에 결정적인 전기가 마련된 것은, 그로부터 30여 년의 세월이 흐른 1990년대의 일이다. 주지하는 바와 같이, 일본정부가 최초로 관련기록물 일부를 한국정부에 인도하는 역사적인 사건이 있었던 것이다. 자료부족에 부심하던 학계, 시민사회, 유족들의 기대감은 부

---

[1] 최근까지 한국정부가 작성한 최초의 명부라고 알려진 것이 1958년경에 생산된『왜 정시 피징용자명부』였다. 그러나 이보다도 수년이 훨씬 앞선 1953년에 작성된 명부 가 주일한국대사관에서 발견되어 세간의 관심을 모은 적이 있다('[기록으로 드러난 일제만행] 강제징용자 명부 最古 원본 피해자 보상심의 쿤 도움 될 듯',『국민일보』, 2013.11.20.의 동일자 주요 일간지 참조).

풀었다. 그러나 정부의 후속 대책 부재와 자료접근의 어려움 등으로 인해 기대한 만큼의 성과는 없었다. 정부차원의 본격적인 조사는 2004년 3월 5일, '일제강점기 강제동원 피해 진상규명에 관한 특별법'(법률 제7174호)이 제정되면서 개시되었다.[2]

강제동원 진상규명은 해방 후 약 60년의 세월을 보내는 동안 국내외 관련자료의 망실과 소각, 생존자의 사망·고령화에 따른 진술확보의 어려움 등, 시작부터 고난과 역경이 예상되었다. 그렇지만 정부기관의 설립은 개인 연구자로서는 도저히 감당해낼 수 없는 자료조사와 수집, 진상규명을 가능하게 하였다.

특히 상기 특별법에 의해 설치된 위원회는 일본정부를 끈질기게 추궁하고 설득하여 2007년 12월 해방 후 최초로 공탁금 관련 명부를 인도받는 쾌거를 이루었다. 이는 총 11만 명분 9,178만 4,200엔의 명부로 전시기 일본제국의 격전지에 내몰려진 한인 군인·군속 강제동원 피해자의 미불금 등에 관한 것이었다.[3]

그로부터 다시 3년이 지난 2010년. 일본정부는 추가적으로 탄광, 광산, 항만, 도로, 군수공장 등에 강제동원된 노무자의 미불임금 등이 기재된 노무자 공탁금 명부를 한국정부에 인도하였다. 이 또한 해방 후 최초로 인도된 명부였다. 이로써 조선인 군인·군속, 노무자의 물적 피해를 조사할 수 있는 기반이 마련된 것이다.

---

2) 그러나 이것이 한국정부의 적극적인 진상규명 의지와 피해자 지원의 노력으로 발현된 것이 아니라, 피해 당사자 및 유가족들의 끊임없는 문제제기와 운동에 의한 것이라는 점에서 당초부터 한계를 안고 있었다. 이 점에 대해서는 별도로 검토할 기회가 있겠으나 우선 법제화운동과 정부 조직의 성립에 이르는 과정과 문제점 등에 대해서는 김광열, 2008, 「한국의 역사청산 법제화 운동에 대한 연구-일제강제동원피해 규명운동의 사례를 중심으로」, 『한일민족문제연구』 제14호를 참조하기 바란다. 한편, 특별법에 의해 설치된 '일제강점하 강제동원피해 진상규명위원회'는 2010년 '대일항쟁기 강제동원 피해조사 및 국외 강제동원 희생자 등 지원위원회(국무총리 직속)'로 거듭났다.
3) 이에 대한 자세한 내용은 표영수·오일환·김명옥·김난영, 2008, 「조선인 군인·군속 관련 '공탁서'·'공탁명세서' 기초조사」, 『한일민족문제연구』 제14호를 참조 바란다.

이 연구에서는 후자의 조선인 노무자와 관련된 문서를 중심으로 강제동원의 물적 피해를 천착하고자 한다. 여기서 미불금이라 함은 기업 측이 노무자에게 마땅히 지불했어야 할 임금 등의 채무를 의미하며, 이는 노무자 입장에서의 '미수금'에 해당된다. 조선인 노무자와 물적 피해 문제, 즉 미불금문제를 거론함에 있어서 고쇼 다다시(古庄正)를 소개하지 않을 수 없다. 주지하는 바와 같이 고쇼는 일본제철주식회사의 조선인 미불금 문제를 시작으로 수많은 연구논문과 저서를 집필하며 동 분야를 개척한 선구자적 위치에 있다고 할 수 있다.[4]

조선인 강제동원 연구는 박경식의 연구를 시작으로 야마다 쇼지(山田昭次), 고쇼 다다시(古庄 正), 히구치 유이치(樋口雄一)의 연구로 이어지면서 노무동원의 개념과 실태가 더욱 명확해졌다.[5] 또한 나가사와 시게루(長澤 秀), 기타하라 미치코(北原道子) 등 재일조선인운동사연구회 회원들에 의해 그 외연이 확장되어 질적·양적의 성장을 가져왔다. 그리고 조선인 강제연행 진상조사단에 의한 지역조사는 강제동원 문제가 일본 전역의 문제임을 자각시키는 데 결정적인 역할을 수행하였다.[6] 김영

4) 고쇼 다다시(古庄 正)의 대표적인 논문으로는, 古庄 正, 1985, 「在日朝鮮人労働者の賠償要求と政府および資本家団体の対応」(『社会科学討究』第31卷 第2号), 동 1991, 「＜資料＞連行朝鮮人未払い金供託報告書」(『駒沢大学 経済学論集』第23卷 第1号), 동 1992, 「朝鮮人強制連行問題の企業責任」(『駒沢大学 経済学論集』第24卷 第2号), 동 1993, 「日本製鉄株式会社の朝鮮人強制連行と戦後処理 -『朝鮮人労務者関係』を主な素材として-」(『駒沢大学 経済学論集』第25卷 第1号), 동 1995, 「足尾銅山·朝鮮人強制連行と戦後処理」(『駒沢大学 経済学論集』第26卷 第4号), 동 2002, 「未払金供託の問題点 -日鉄強制連行事件より-」(『月刊 社会民主』566), 동 2006, 「朝鮮人戦時労働動員における民族差別」(『在日朝鮮人史研究』第36号), 동 2007, 「供託をめぐる国家責任と企業責任」(『在日朝鮮人史研究』第37号), 동 2011, 「足尾銅山·朝鮮人戦時動員の企業責任ー村上安正氏の批判に答えるー」(『在日朝鮮人史研究』第41号), 저작물로는 古庄 正編, 1993, 『強制連行の企業責任─徴用された朝鮮人は訴える』創史社: 古庄 正·田中 宏·佐藤健生他編, 2000, 『日本企業の戦争犯罪』創史社: 山田昭次·古庄 正·樋口雄一, 2005, 『朝鮮人戦時労働動員』岩波書店: 古庄 正, 2013, 『足尾銅山·朝鮮人強制連行と戦後処理』創史社 등이 있다. 2012년 6월 숙환으로 별세.
5) 朴慶植, 1965, 『朝鮮人強制連行の記録』未来社, 山田昭次·古庄 正·樋口雄一, 2005, 『朝鮮人戦時労働動員』岩波書店.

달의 연구 또한 강제동원에 대한 일본 내에서의 동향을 이해하는 데 빼
놓을 수 없는데, 특히 본고에서 대상으로 하는 자료『조선인 노동자에
관한 조사 결과』(이하 '조사결과'로 약칭함)에 대해서는 그 중요성과 문
제점을 일찌감치 지적하고 있다.

이 연구는 이상의 선행연구의 연장선상에서 조선인 노무자의 강제동
원 피해를 살펴보고자 한다. 그러나 단순히 동일한 방법론에 입각하여
피해 실태를 바라보는 것이 아니라, 앞서 말한 바와 같이 이들 연구들에
서 실증적으로 누락되었거나 혹은 부족했던 부분, 즉 강제동원 조선인
노무자의 물적 피해를 가해기업의 관리실태를 통해 규명해 보고자 한다.

실증적인 분석에 사용되는 자료는 '조사결과'와 노무자 공탁금명부이
다. 본문에서도 자세히 살펴보겠지만, 전자는 일본 측이 생산한 자료 중
가장 많은 작업장과 인원을 수록하고 있다.[7] 후자의 경우는 조선인 노

---

6) 일본지역별 조사 결과를 출판한 연구보고서는 다음과 같다. 朝鮮人強制連行真相調
査団, 1974,『朝鮮人強制連行・強制労働の記録―北海道・千島・樺太編』, 現代史出版
会 ; 동 1992,『朝鮮人強制連行の記録―四国編』, 柏書房 ; 동 1993,『朝鮮人強制連行
の記録―大阪編』, 柏書房 ; 동 1993,『朝鮮人強制連行の記録―兵庫編』, 柏書房 ; 동
1997,『朝鮮人強制連行の記録―中部・東海編』, 柏書房 ; 동 2001,『朝鮮人強制連行の
記録―中国編』, 柏書房. 이 밖에도 九州地方朝鮮人強制連行真相調査団, 1974,『九州
朝鮮人強制連行の実態』, 東北地方朝鮮人強制連行真相調査団, 1975,『東北朝鮮人強
制連行の実態』, 兵庫朝鮮関係研究会, 1990,『地下工場と朝鮮人強制連行』, 明石書店,
京都府朝鮮人強制連行真相調査団, 1991・1992,『京都府の朝鮮人強制連行』등이 있다.
7) 사실 한국정부는 이 보다도 더 많은 분량의 조사명부를 생산하고 있었다. 1957~1958
년에 생산된『왜정시피징용자명부』가 그것인데, 군인・군속, 노무자를 총망라하여
기록하고 있다. 그러나 피해사실 여부의 지역별 편차가 확인되어 명부를 이용함에
있어서는 사실확인을 통한 보정이 필요하다. 이후 정부가 생산한 자료로서 신뢰성
이 담보된 명부가 있다. '일제강점하 강제동원피해 진상규명위원회'와 이를 승계한
'대일항쟁기 강제동원 피해조사 및 국외강제동원 희생자 등 지원위원회'에서 조사하
여 완료한 피해신고건 약 22만 6천여 건이 그것이다. 더욱이 '위원회'는 업무 개시와
동시에 각지에 생존해 있던 피해자들을 대상으로 구술조사를 실시, 이를 자료집으
로 발간하였다. 문서자료서는 알 수 없었던 강제동원의 실체가 현장의 생생한 증언
들을 통해 드러나는 바, 일독할 가치가 충분하다(총 15권). '위원회'는 이 기록물을
유네스코 기록유산 등재를 추진한다고 전해 진다.('「日 강제동원 기록」 유네스코 세
계유산 등재후보 신청'『연합뉴스』2015.9.13.)

무자의 미불금이 어떻게 관리되고 있었는지를 검증할 수 있는 귀중한
자료이다. 이 두 자료를 활용하여 가해기업이 자행한 미불금 피해의 실
태를 규명하는 것이 이 글의 과제이다.

II. 조선인 노무자 미불금 명부의 내용과 특징

1. 명부『조선인 노동자에 관한 조사결과』

강제동원 조선인 노무자의 관련 기록 중『조선인 노동자에 관한 조사
결과』(총 15권 5,199장으로 구성)가 있다. 이 명부는 1991년 일본정부가
한국정부에 그 사본을 인도한 것으로, 피해자 사실확인과 피해현황 파
악에 활용되고 있다.

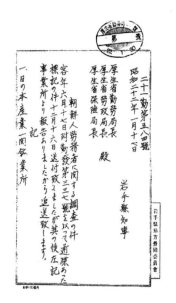

'조선인 노무자에 관한 조사' 의뢰에 회신하는 문서(이와테현 지사)

이 '조사결과'는 제출사유에 대한 설명에서도 알 수 있듯이, 후생성 노동국이 조선인 노동자에게 지불하여야 하나 지불되지 않고 남아 있는 채무변제부분에 대한 현황을 파악하기 위한 것이다. 후생성 '勤發 제337호'로 통첩된 「조선인 노무자에 관한 조사의 건」은, 조선인을 사역한 기업이 서식 '제1호' '제2호' '제3호'에 명시한 내용을 각각 작성하여 제출하도록 되어 있었다. 다시 말해서 각 지역별 근로서(勤勞署)가 관할지역 작업장을 상대로 조선인 노동자 관리대장 원부에 기초하여, 후생성이 지정한 양식에 해당사항을 재 기재한 후 제출토록 한 것이다.

각 서식을 보면 다음과 같다.

'제1호'표 서식은 '소관부처명' '공장 사업장 명칭 및 소재지' '연도별 고용 인원수'로 구성되어 있어서, 해당 지역 사업장 중 조선인 노무자를 사용한 사업장을 한눈에 알아볼 수 있도록 하였다. 일종의 총괄목록이라고 할 수 있다.

〈표 1〉 '제1호'표 작성양식

소관 성별	공장 사업장		연도별 고용(징용 포함) 인원수									
	명칭	소재지	昭和 12	昭和 13	昭和 14	昭和 15	昭和 16	昭和 17	昭和 18	昭和 19	昭和 20	計

'제2호'표 서식은 조선인 노무자 한명 한명의 구체적인 미불금 내역을 명시하도록 구성된 명부이다. 기재항목은 총 12개로, ① 입소경로별, ② 성명, ③ 생년월일, ④ 본적지, ⑤ 직종, ⑥ 입소연월일, ⑦ 퇴소연월일, ⑧ 퇴소사유, ⑨ 미불금, ⑩ 퇴소시 대우, ⑪ 후생연금보험 급부 여부, ⑫ 적요로 구성되어 있다. 본 서식에서는 미불금 총액뿐만 아니라, 강제동원 여부와 관련된 일본 작업장 배치경위와 기간, 직종, 조선인 각각의 신원까지 명확하게 확인할 수 있다는 점에서 사료로서의 가치가 크다.

〈표 2〉 '제2호'표 작성양식

①入所経路別	②氏名	③生年月日	④本籍	⑤職種	⑥入所年月日	⑦退所年月日	⑧退所事由	⑨未払金		⑩退所時の待遇	⑪厚生年金保険給付済未済	⑫摘要
								種別	金額			

다음으로 '제3호'표가 있다. 3호 표는 ① '연도별 할당 인원 및 고용 인원수', ② '종전 시의 조선인 노무자 수', ③ '귀선자(歸鮮者)수', ④ '종전으로 인해 해고당한 자를 위한 처치 대우 상황', ⑤ '사망자, 부상자, 도망자의 수', ⑥ '징용에 의한 조선인 노무자 수'의 총 6개 항으로 구성되어 있다. 작업장별 조선인 노무자의 할당 배치 현황과 귀환 등 패전 후의 조치를 알아볼 수 있도록 구성되어 있다.

〈표 3〉 '제3호'표 작성양식

①年度別割当及雇入数	②終戦時に於ける朝鮮人労務者数	③帰鮮せしめたる者の数	④終戦に依る解雇したるものに対する処置待遇状況	⑤死亡者, 負傷者, 逃亡者の数	⑥徴用に依る朝鮮人労務者の数

3호 표 서식을 이용해 작성할 내용은 대개 '제2호'표 마지막에 '부기(附記)'의 형태로 기록되는 경우가 많고, 표 서식으로 작성되어 있는 경우는 드물다.[8]

---

8) 김영달은 고베(神戶) 근로서장이 관내 기업에 발송한 공문을 통해, '제1호'표와 '제2호'표 양식이 배포되고 있다고 보고 '제3호'표는 '제2호'표의 부기로 이해하고 있다. 이에 의하면 '제1호'표는 '할당 및 고용 상황'을 기재하는 양식이고, '제2호'표는 이 논문과 동일한 개인별 상세내역을 작성한 양식으로 이해하고 있다. 그러나 이 논문에서 보듯이 '제1호'표는 작업장 총괄표와 같은 것이었고, 김영달이 지적하는 '제1호'표는 이 논문에서 말하는 '제3호'표 중 첫 번째 항목에 해당되는 내용이었다(金英達著作集, 2003, 『朝鮮人強制連行の研究』, 明石書店, 109~112쪽).

그런데 '제1호'표에서 '제3호'표에 이르는 모든 내용을 일독하면, 이것이 당초 목적한 조선인 노무자의 미불금 현황을 넘어서는, 조선인 강제동원에 관한 상세 정보까지 수록된 명부임을 깨닫게 된다. 다시 말해서, 명부는 조선인의 송출에서 시작하여 귀환에 이르기까지의 전 과정을 세 개의 표에 나누어 담고 있었던 것이다.

특히 일본정부가 1990년 8월 7일 노동성 발표로 "5월 25일 한·일 외교장관 회의 시, 최호중 한국 외무부 장관으로부터 종전(終戰) 이전의 징용자 명부 입수에 관한 협조요청이 있던 바"[9]라고 설명이 있은 후 제출된 명부라는 점이 주목된다. 왜냐하면 이는 일본정부 스스로가 이 명부를 강제동원 명부라고 인식하고 있음을 보여주기 때문이다. 그러므로 강제동원 피해를 파악함에 있어서 매우 유용하고 신뢰도가 높다고 할 수 있다. 다만 자료를 이용함에 있어서 다음과 같은 점에 유의하여야 한다.

첫째, 각 사업장이 관리·보관하던 노무관리대장을 기초로 재작성하여 제출한 자료인 만큼, 해당 작업장의 조선인을 모두 망라하고 있다고 볼 수 없다는 점이다. 가령 작성 과정에서 누락되거나, 아예 상당 부분의 원본이 사라지고 없어서 실제보다 매우 적게 기록되어 있을 수 있다.

둘째, 일부 지역의 자료만으로 구성되어 있다는 점이다. 조선인 노무자가 집중적으로 동원된 탄광은 일본 규슈(九州)지역과 홋카이도(北海道)지역에 주로 분포되어 있는데, 이 중 홋카이도지역이 명부에서 완전히 결락되어 있다. 군수공장이 집중적으로 조성되어 있던 게이힌(京浜)공업지대의 도쿄도(東京都)와 가나가와현(神奈川縣)도 결락되어 있다. 조선여자 근로정신대의 노무동원이 활발하게 이루어진 도야마현(富山縣)과 아이치현(愛知縣) 또한 찾아볼 수가 없다.

---

9) 金英達, 2003, 앞의 책, 103쪽.

그럼에도 불구하고 '조사결과'는 460개 작업장, 총 6만 9,766명분의 정보가 수록되어 있어서 조선인 노무자의 인적·물적 피해를 조사하는데 필수불가결한 자료라고 할 수 있다.[10] 이와 같은 문서제작이 일본정부 지침에 따라 전국적으로 일시에 시행되었다는 점이 확인된 바, 향후 소재가 파악되지 않은 1都 1道 1府 28縣에 대한 조사·수집이 시급하다.

아래 〈표4〉는 일본 지역별 명부의 작성상황을 표시한 것이다.

〈표 4〉 조선인 노무자 명부의 지역별 현황

지역	A	B	비고
홋카이도(北海道)		○	
아오모리현(青森県)			
이와테현(岩手県)	○	○	松尾鉱業(1035)
아키타현(秋田県)	○		
미야기현(宮城県)	○		
야마가타현(山形県)			
후쿠시마현(福島県)		○	古河鉱業(株) 好間鉱業所(1019) 常磐炭鉱(株) 磐城鉱業所(867)
도쿄도(東京都)		○	
가나가와현(神奈川県)		○	日本鋼管(株) 浅野船渠(506)
사이타마현(埼玉県)			
군마현(群馬県)			
도치기현(栃木県)	○	○	
이바라키현(茨城県)	○	○	
지바현(千葉県)			
나가노현(長野県)	○		
야마나시현(山梨県)			
시즈오카현(静岡県)	○	○	
기후현(岐阜県)	○		

---

10) 수록 인원에 대해서는 이견이 있을 수 있다. 국가 기록원 홈페이지(http://www.archives. go.kr/next/main.do)에 소개된 자료에는 '조사결과' 수록 인원을 6만 9,766명이라고 하고 있으나, 김영달은 6만 6,990명(1990년 8월 7일 일본정부 발표 시 6만 6,941명)이라고 소개하고 있다. 수록 인원을 두고 이와 같이 편차가 발생한 데는 ① 명부가 중복 게재된 경우가 다수 발견되고, ② '제1호'표 상의 인원과 '제2호' 명부에 수록된 인원에 괴리가 발생하기 때문에 어느 것을 기준으로 합계하느냐에 따라 숫자가 달라짐에서 비롯된 것으로 보인다. 여기서는 국가기록원의 숫자를 수용하였다.

	A	B	비고란 작업장
아이치현(愛知県)			
니가타현(新潟県)		○	
도야마현(富山県)		○	일본카바이드 魚津공장(499)
이시카와현(石川県)			
후쿠이현(福井県)			
교토부(京都府)			
오사카부(大阪府)	○	○	
시가현(滋賀県)	○		
효고현(兵庫県)	○	○	
나라현(奈良県)	○		
와카야마현(和歌山県)		○	
미에현(三重県)	○		
오카야마현(岡山県)		○	三菱鉱業(株) 直島製錬所(508)
히로시마현(広島県)		○	三菱重工業 広島造船所(1903)
야마구치현(山口県)			
돗토리현(鳥取県)			
시마네현(島根県)			
도쿠시마현(徳島県)			
가가와현(香川県)			
에히메현(愛媛県)			
고치현(高知県)			
후쿠오카현(福岡県)	○	○	貝島炭鉱(株) 大之浦鉱業所(9479) 古河鉱業(株) 大峰鉱業所(1579) 三井鉱山(株) 田川鉱業所(1404) 明治鉱業(株) 赤池鉱業所(1182), 豊国炭鉱(575) 三菱鉱業(株) 勝田鉱業所(727)
사가현(佐賀県)	○	○	山口鉱業(株) 小城炭鉱(1509) 杵島炭鉱(726)
나가사키현(長崎県)	○	○	中島鉱業(株) 江口炭鉱(1213)
오이타현(大分県)			
구마모토현(熊本県)			
미야자키현(宮崎県)		○	
가고시마현(鹿児島県)			
오키나와현(沖縄県)			
지역총수	16	19	
수록인원	69,766	64,279	

주) 1. A는『조선인 노동자에 관한 조사결과』, B는『노무자 공탁금명부』,
　　2. 비고란의 작업장은 '조사결과'에서 확인되지 않는 작업장으로 인원 건수 상위 20
　　위에 해당되는 기업을 의미함. 단, 괄호안 숫자는 건수임.

상기 〈표 4〉를 보면 자료 A와 자료 B가 동시에 존재하는 지역이 있는가 하면, 한쪽만 존재하는 지역도 있다. 동시에 존재하는 지역의 경우는 교차분석을 통해 심도 있는 실태파악에 도움이 되며, 한쪽만 존재하는 지역은 결락된 강제동원 작업장을 보완하는데 도움이 된다. 물론 비고란에서 보는 바와 같이, 양 자료가 동시에 존재하는 지역이라 하더라도 작업장이 신규인 경우도 있다. 그러나 무엇보다도, 양 자료 모두 조선인 노무자의 개별성을 명확하게 확인할 수 있는 명부라는 점에 의미가 있음을 강조하고 싶다.

2. 일명『노무자 공탁금 명부』

지난 2010년 4월『조선인 노무자 미불금에 관한 공탁금명부』(이하 '공탁금 명부') 부본이 한국정부에 인도되었다. 한국정부 발표에 의하면 인도된 명부의 수록 규모는 총 215개 파일, 공탁서 1,318건, 공탁금액 1억 2,800만 엔, 조선인 총 17만 5,000건이라고 한다. 그러나 제공된 문서를 면밀하게 검토한 결과, 이미 인도된 군인·군무원 명부가 중복되어 있음이 확인되었다. 이를 제하고 다시 집계하면, 조선인 노무자는 6만 4,279건, 금액은 3,500만 엔이다.[11]

'공탁금 명부' 자료는 ①공탁카드+②공탁서+③위임자+④등기부초본+⑤공탁서표지+⑥공탁명세서로 구성되어 있으며, ②+⑥이 다수를 차지한다.

'공탁금 명부'도 강제동원 가해기업과 조선인 피해자를 확인할 수 있다는 점에서 의미가 크다. 또한 '조사결과'에서 결락된 10개 지역의 작업

---

11) 대일항쟁기 강제동원 피해조사 및 국외 강제동원 희생자 등 지원위원회 발표(「일제 징용 노무자 평균 지원금은 110만원」『연합뉴스』2010.12.8). 이하 '대일항쟁기 강제동원 피해조사 및 국외 강제동원 희생자 등 지원위원회'는 '지원위원회'로 약칭함.

장들이 추가로 발견되고, '조사결과'에 있는 지역이라도 새로운 작업장이 확인되고 있어서 '조사결과'를 보완하고 외연적으로 확대하는 효과를 가져온다.

추가된 지역의 새 작업장을 일례로 들자면, 조선여자 근로정신대로 소녀 노동력을 동원한 도야마현(富山縣) 소재 후지코시(不二越) 강재주식회사, 시즈오카현(靜岡縣) 소재 도쿄 아사이토(麻絲) 방적주식회사가 있으며, 원폭피해로 유명한 히로시마시(廣島市) 소재 미쓰비시(三菱)중공업 히로시마조선소가 있다. 이들 작업장에 대해서는 피해자가 한 · 일 양국에서 소송을 하였거나 진행 중이어서 주목된다.

'공탁금 명부'를 활용함에 있어서도 몇 가지 유의해야 할 점이 있다.

우선 이것이 전시기 일본 소재 작업장으로 강제동원된 조선인 노무자의 미불금 공탁 명부만을 의미하지 않는다는 점이다. 즉, 이 명부는 일본이 조선인 채권자에게 지불해야 할 미불금을 모두 포함하고 있어서, 조선인 노무자에 국한하지 않고 있다. 미불금액으로 보자면 노무자외 채권자가 전체의 70%에 이를 정도로 압도적이다.[12] 조선인 노무자 공탁금 명부라는 타이틀이 무색할 정도의 비중이다.[13]

둘째로 강제동원 관련 작업장과 조선인 미불금 내역이 있다고 하여 곧바로 '조사결과'와 대조 · 분석할 수 있는 것이 아니다. '조사결과'의 미불금 내역과 공탁금 내역을 비교하며 분석하기 위해서는 조선인 노무자 개별 기록이 중요한데, 이 부분이 온전하지 못한 경우가 많다.[14]

셋째로 '공탁금 명부'에 조선인 노무자의 개별 명세서가 수록되어 있

---

12) 노무자 공탁금명부에 대한 자세한 분석은 정혜경, 2014, 「일제말기 조선인노무자 공탁금 자료의 미시적 분석」, 『동북아역사논총』 45호를 참조하기 바란다.
13) 그러나 수록 인원수에서는 조선인 노무자가 전체의 약 87%로 압도적인 비중을 차지한다.
14) '조사결과'를 보면, 후쿠오카현 일본강업(주)이나 야하타(八幡)제철소와 같이, 명부 소실로 작성이 불가능하다고 보고되는 경우가 발견된다.

어도 대개 '조사결과'보다 인원수가 적다. 이에 대해서는 다음 절에서도 자세히 살펴보겠으나, 은폐·왜곡 등으로 축소되었을 가능성이 있다.

이와 같은 점에 유의하며 '조사결과'와 '공탁금 명부' 자료를 분석하여, 강제동원된 조선인 노무자의 물적 피해의 실태를 구체적으로 알아보기로 하자.

III. 미불금 관리실태의 세 가지 유형

본 절에서는 조선인 노무자의 미불금 문제에 대해 가해 기업의 자료를 구체적으로 제시하며 이를 실증적으로 검토해 보고자 한다. 대상지역으로는 규슈지역을 선정하기로 한다. 그 이유는 주지하는 바와 같이 동 지역이 일본 최대의 탄광지역 중 하나이자 조선인 노무자의 대표적인 동원지역이기도 하며, 아울러 관련 기록도 비교적 풍부한 편이기 때문이다.

1. 미불금을 공탁하지 않고 직접 관리하는 기업
- 공탁금도 없고 미공탁금도 확인되지 않는 기업 -

일본 최대 재벌기업의 하나인 미쓰비시(三菱)가 독점적 지위의 광산업을 기반으로 성장한 것은 너무나도 잘 알려진 사실이다.[15] 그 중 미쓰비시광업을 유명하게 만들어준 대표적인 탄광 중의 하나가 나가사키시(長崎市)에 소재한 다카시마(高島)탄광이었다. 다카시마 탄광은 '나야

---

15) 광업은 일반 공업분야와 달리 타 자본의 진입을 불가능하게 하는 자연적 독점으로서 재벌로 하여금 막대한 이익을 가져오게 한 산업이었다. 1890년대 지쿠호(筑豊) 탄전에 진출하기 시작한 미쓰비시는 1900년대 초 광산업 최대의 기업으로 등극했다(石井寬治, 1991, 『日本経済史』, 東京大学出版会, 224~225쪽).

(納屋)제도'라고 하는 혹독한 노무관리로 유명하였다.[16] 다른 재벌기업계 탄광도 사정은 마찬가지였으나, 다카시마탄광은 노예와 같은 봉건적인 지배체제, 저임금·장시간 노동의 비인간적인 노무관리의 상징적인 존재였다.

이곳에도 한반도로부터 수많은 조선인이 강제동원되었다.[17] 당시 조선인 노무자를 관리하던 일본인 현장감독에 의하면, 일명 '조선나야(朝鮮納屋)'로 불리던 숙소에 조선인이 상시 3,000~3,500명가량 기거하고 있었다고 한다.[18] 그들은 태평양전쟁 발발 직후인 1942년에 모두 관 알선(官斡旋, 조선총독부 알선)에 의해 동원된 사람들로, 하루 2교대의 작업 편성 아래 갱내 노동에 배치되었다.

> 니반가따(二番方)는 뭐냐면 시굴(試掘)이라고 …〈중략〉… 굴 뚫는 사람들이 니반가따야. 열흘마다 교대를 해요. 이찌반가따(一番方) 열흘 다니면 니반가따 열흘 다니고.[19]

다카시마탄광은 '조사결과'에 수록되어 있다. 그런데 동일 명부 속에는 다카시마와 인접한 미쓰비시광업 하시마(端島)탄광의 것도 함께 수록되어 있다. 단, 실제 명부에는 작업장명이 다카시마탄광이나 하시마탄광이 아닌 '三菱長崎造船所'로 수기로 표기되어 있으므로 주의가 필요하다. 그런데 정확하게 작업장명을 확인할 수 없었던 이 명부는 그 후 생존 피해자의 증언으로 미쓰비시광업 다카시마탄광과 하시마탄광의 조

---

16) 일본을 대표하는 탄광지대로서 홋카이도의 경우에는 규슈지역과 같은 봉건적인 노무관리를 '다코베야(タコ部屋)'라고 한다.
17) 다카시마와 조선인과의 역사에 대해서는 長崎在日朝鮮人の人權を守る會編, 1983, 『原爆と朝鮮人』第2集을 참조 바란다.
18) 長崎在日朝鮮人の人權を守る會編, 1983, 위의 책, 64~65쪽. 조선인 노무자를 감독하던 일본인 土居一夫의 진술에 의함.
19) 김○봉의 진술기록(2006.3.2). 지원위원회 소장.

선인 노무자 명부임이 확인되었다.[20] 한편 편철 오류로 판단되는 서식 '제1호'표가 다른 작업장 명부 속에서 발견되는데, 여기에는 다카시마탄 광 총 1,299명으로 기록되어 있다.[21]

이 명부에는 조선인 노무자에 대한 미불금 내역이 기록되어 있으며, 그 내용은 아래 〈표 5〉와 같다.

〈표 5〉 조선인 노무자 미불금 내역

종별		금액(엔)	비고
미불금		-	-
거치금	임금잔액	17,452.57	광업소 보관
	퇴직위로금	47,128.50	광업소 보관
	채권(액면)	15,070.00	광업소 보관
	소계	79,651.07	광업소 보관
가족수당		62,295.00	광업소 보관
기본보급		23,736.03	통제회 부담
별거수당		18,000.00	통제회 부담
기간연장수당		5,400.00	통제회 부담
기간재연장수당		-	-
가족위문금		21,600.00	통제회 부담
통제회지급 특별수당		13,530.00	통제회 부담
일반원호금		550.00	통제회 부담
합계		224,862.10	

출전)『조선인 노동자에 관한 조사결과』나가사키현, 275쪽에 의함.
주) 합산 총액이 맞지 않으나 원 자료대로 표기하였다.

---

20) 『조선인 노동자에 관한 조사결과』나가사키현. 하시마 탄광으로 동원된 박○구의 기록이 동 명부에서 확인된다. 한편 국가기록원은 이것을 '삼릉광업주식회사 기호광업소 조선인노무자 해고 상황조' 2311명분으로 판단하고 있으나 오류이다. 이 명부는 각기 다른 두 광업소의 것을 편철한 것으로, 명부의 앞부분(163~204)은 미쓰비시광업(주)이고, 뒷부분(205~259)은 日鐵광업(주) 시카마치(鹿町)탄광의 것이다.

21) 『조선인 노동자에 관한 조사결과』나가사키현. 三菱鑛業株式會社 高島鑛業所 사업장명의 '제1호'표에 의하면, 1942년에 314명, 1943년에 516명, 1944년에 241명, 1945년에 228명 등 총 4회에 걸쳐 1,299명의 조선인 노무자를 동원한 것으로 확인된다. 단, 세부적으로 보면 명부 중 일부(34명)가 중복되어 있어서 정확하게는 1,265명이 된다.

위 〈표 5〉에 의하면 다카시마탄광의 총 미불금액은 22만 4,862엔 10센으로, 조선인 노무자 1인당 약 173엔이다. 실제로 다카시마탄광 명부상에도 1,299명 전원의 미불금이 기재되어 있다. 내역이 미불금이니만큼 이것은 조선인 노무자 개개인에게 전달되어야 마땅하나 그렇지 못한 경우에 해당된다. 그렇다면 조선인 노무자에게 지불되지 못한 이 미불금은 공탁이 된 것일까? 이를 확인하기 위하여 일본 공문서관에 보관중인 공탁금 일람표를 점검한 바, 다카시마탄광의 미불금이 공탁된 사실은 발견할 수 없었다.[22]

그 이유는 비교적 간단하다. 상기 〈표 5〉의 '비고'란에서 볼 수 있듯이, 광업소가 보관 중이었기 때문이다. 조선인 노무자에게 지불되어야 할 미불금이 미제로 남아 있을 경우, 흔히 법무국에 공탁의 형태로 처리되었을 것으로 생각할 수 있는데, 반드시 그렇지만도 않다는 사실을 이 사례를 통해 알 수 있다.

이 '광업소 보관'이란 것은 도대체 무슨 의미인가? 마침 명부 속에는 이에 대하여 별도의 설명서가 첨부되어 있어서 그 내용을 확인할 수 있다. 그것을 소개하자면, 첫째, 임금잔액의 경우는 "종전 후 집단적으로 귀선(歸鮮)하거나 귀선을 서두른 탓에 임금은 개산(槪算)하여 지불하는 바람에 정산 결과 잔액이 발생하였다"고 명시되어 있다. 둘째, 퇴직 위로금의 경우도 "오른쪽과 마찬가지 이유로 인해 산출 시기를 맞출 수 없어서 거치하게 되었다"고 한다. 셋째, 채권은 "은행에 위탁보관 중이었기에 귀선(歸鮮) 시 교부할 수 없었"고, 마지막으로 가족수당은 "보급금과 함께 조선 각 군청 앞으로(군 출신자分 일괄) 송금 중인데, 7월분 이후 송금이 불가능하여 광업소에 보관 중"이라고 한다.[23] 이유는 무엇이

---

22) 공탁금, 미공탁금 명세에 대해서는 일본 공문서관 쓰쿠바(筑波) 분관 소장『경제협력 한국 501』문서에 대한 다케우치 야스토(竹内康人)의 기록에 의함(竹内康人, 2012, 『戦時朝鮮人強制労働調査資料集2－名簿・未払い金・動員数・遺骨・過去清算－』, 神戸学生青年センター出版部).

든 조선인 노무자에게 이 미불금이 전달되지 않았다면, 미불금은 현재도 미쓰비시광업 측이 보관중인 셈이다.

한편, 다카시마탄광에는 미불금과는 별도로 아래 〈표6〉와 같이 예치금도 발견된다.

<표 6〉조선인 노무자 예치금 명세

종별	예금액(엔)	비고
저금	82,615.36	도주자 547명분
미불임금	4,538.06	도주자 204명분
퇴직수당금	6,347.50	도주자 113명분
채권	2,275.00	도주자 151명분
건강보험ㅁㅁ수당금	667.78	도주자 51명분
징용자 ㅁㅁ금	9,596.63	
징용자 별거수당금	5,100.00	
회사 및 구원회 조위금	3,181.95	
후생연금 탈퇴수당금	-	본인 귀환 시 청구서 교부
장해수당금	-	
계	114,422.28	

출전)『조선인 노동자에 관한 조사결과』나가사키현.
주) 일부 판독이 어려운 문자는 ㅁ로 표기하였다.

예치금 중 가장 많은 비중을 차지하고 있는 것은 저금이다. 당시 노무자들은 월급에서 애국저축, 보국저축 등의 명목으로 일정 부분이 강

---

23) 고쇼 다다시는 탄광측 자료에서 "다치바나(立花範治)소장 이하 간부들은 당면한 복구상황, 자금운영, 식량사정 등의 전망이 낙관적이지 않다는 상황하에서 종업원의 대폭 삭감으로 연명하는 방책을 취하는 한편, 치안상 외국인 노동자는 조기에 귀환시키는 것이 초미의 급무라고 판단했다. 구체적인 대책으로는 신규징용자, 공장전환배치자, 조선인 노동자를 조기에 귀국시키는 것으로 하고, 전자는 전원(383명) 8월중에, 조선인 노동자는 유송 관계로 점차적으로 돌려보내 10월말까지는 전원 귀환시켰다"는 사실을 통해, 조선인 노동자의 조기 귀환이야말로 미불금 지급을 회피하기 위함이었다고 보았으며, 강제동원 피해자, 탄광측 직원 및 광부로부터 들은 미불금 지급이 없었다는 진술을 근거로 들고 있다(古庄 正, 2006,「朝鮮人戰時勞働動員における民族差別」,『在日朝鮮人史研究』第36号, 89~90쪽).

제로 공제되어 저축으로 돌려졌다. 대개는 불필요한 소비를 억제하여 고향으로 귀환 시 목돈을 쥐어 주기 위함이라는 그럴듯한 설명이 수반되었으나, 실제로는 모자라는 전비(戰費)를 충족하고 나아가 조선인 노무자의 탈출을 방지하기 위함이었다.[24]

　　월급은 처음에는 줬는데 나중엔 뭐 줬는지 안 줬는지 모르지 뭐. 안줘, 돈 안줘. 한 달에 일하면 3원. …〈중략〉… 돈 많이 주면 그 돈 가지고 노름 한다고…. 그래 돈을 안줘.[25]

　　품삯은 줘요. 그것도 즈그들 주구 싶은 대로야. …〈중략〉… 저금을 ○ ○○적금, 노무적금, 사무실 적금, 이렇게 세 군데 떼고 나면 용돈도 모지래요. 용돈도, 자유가 없어가지고, …〈중략〉…자유가 있어야 돈을 쓰지.[26]

　홋카이도 소재 미쓰비시광업 오유바리(大夕張)탄광에 강제동원된 서정만과, 후쿠오카현 소재 미쓰비시광업 호죠(方城)탄광에 강제동원된 조용섭은 위와 같이 증언한다. 어느 경우든 조선인 노무자의 의사와는 무관하게 강제저축이 이루어진 것이다.

---

24) 강제저축에 대한 일본정부의 방침을 보자면, 다음의 자료가 유익하다. 朝鮮総督府, 1942, 「朝鮮人内地移入幹旋要項」의 '第三 隊の編成及び指導'를 보면, "임금은 생활비에 필요한 액수이외는 저축시킬 것(賃金は生活費に必要なる額以外は貯蓄すべきこと)"으로 되어 있으며, 厚生省勤労局長·厚生省生活局長 연명의 통첩 厚生省勤労194号「出勤労務者訓練服務心得準則」第14条에 의하면, "노무자는 저축보국의 결실을 맺도록 저축조합에 가입, 필요로 하는 송금 및 생활비 이외는 가능한 한 저금할 것이며, 저금통장은 당 공장 사업장에서 보관하는 것으로 함(労務者は貯蓄報国の実をあぐる為貯蓄組合に加入し必要なる送金及び生活費以外は成るべく貯金することとし, 貯金通帳は当工場事業場に於て保管するものとす"이라고 규정하고 있다. 강제저축에 대한 지역별 사례 등 자세한 내용은 앞의 고쇼 다다시의 논문을 참조하기 바란다(古庄 正, 2006, 앞의 논문, 83~85쪽).
25) 강제동원 피해 생존자 서정만의 구술기록 중 일부, 일제강점하 강제동원피해 진상규명위원회, 2009, 『아흡머리 넘어 북해도로』, 145쪽. 이하 일제강점하 강제동원피해 진상규명위원회는 '진상규명위원회'로 약칭함.
26) 후쿠오카현(福岡縣) 소재 미쓰비시(三菱)광업 호죠(方城)탄광에 강제동원된 조용섭의 구술기록. 진상규명위원회, 2005, 『당꼬라고요?』, 58쪽.

사가현(佐賀縣) 소재 메이지(明治)광업 다테야마(立山)탄광으로 강제동원된 김상태는 "돈은 못 받았어. 안 줘. 뭐 집으로 부쳐준다 어쩐다 말로는 해도, 하나도 안 부쳤더만. 부쳐주지도 않고, 용돈도 없어"라며 탄식하였다.[27)

다음의 김기옥의 분노는 이를 대변해 주는 듯하다.

하루에 1원이면 얼마야. 30원? 30원이지. 그래 그것도 주나? 말만 그렇지. …〈중략〉… 그래서 강제노동이라고. 지금까지 보상 받는다고 애쓰는 거지. 월급 받아 할 것 같으면 왜 보상 받으려고 하겠어?[28)

미쓰비시광업 다카시마탄광도 이상의 사례와 전혀 다르지 않았다.

품삯은 뭐 그런걸 시방같이 이렇게 같이 줬나? 그때 몇 푼씩 줬어. 몇 푼씩 주기는 줬어. 그런데 배가 고프니까 이제 콩 볶아 놓은 거 사먹고, 고구마도 쪄 놓은 거 사먹고 그랬지. 용돈도 안 돼.[29)

다카시마탄광으로 강제동원된 김○봉은 또한 월급이 용돈도 되지 않기 때문에 집으로 송금한다는 것은 아예 생각조차 할 수 없었다고 한다. 하시마탄광으로 강제동원된 박○구도 마찬가지였다. "월급이 어디가 있어? 월급이… 돈이 어디가 있어?"라며 한마디로 잘라 말한다.[30)

그런데, 미쓰비시광업의 조선인 노무자 전체 예치금의 72%에 육박하

27) 진상규명위원회, 2006, 『똑딱선 타고 오다가 바다 귀신 될 뻔 했네』, 103쪽.
28) 규슈 오이타현(大分縣) 소재 사가노세키(佐賀關)제련소에 강제동원된 김기옥의 구술기록. 진상규명위원회, 2006, 위의 책, 228~229쪽. 니시나리타 유타카(西成田 豊)는 강제저축과 인출억제, 소액의 임금지급 등은 실질적으로는 임금수탈과 다름없다고 주장한다(西成田 豊, 2009, 『勞働力動員と強制連行』, 山川出版社, 48~49쪽).
29) 김○봉의 구술기록(2006.3.2). 지원위원회 소장.
30) 박○구의 구술기록(2006.3.3). 지원위원회 소장.

는 저금은 그 후 행방이 묘연하다. 노무자 공탁금 목록에 의하면 미쓰비시광업 다카시마탄광은 공탁 목록, 미공탁 목록 양자를 모두 검토해 보아도 전혀 확인되지 않는다. 앞에서 말한 다카시마탄광의 조선인 노무자 미불금이 광업소 측에서 보관 중이라는 사실과 공탁금 및 미공탁금 목록에 없다는 사실에 비추어 보면, 예치금도 광업소 측이 보관하고 있는 것으로 판단된다. 한편 저금 '비고'란에 '도주자 547명분'을 시작으로 항목별로 '도주자'의 내역이 기록되어 있는 것을 보면, 예치금은 〈표 5〉의 미불금과 별도로 관리하는 미불금이었음을 짐작할 수 있다.

〈표 6〉의 비고란에 '도주자'로 표기된 부분에 대해서는 주의가 필요하다. 당시 강제동원에 대한 소극적인 저항으로 현지에 도착한 후 탈출을 시도하는 사람들이 많았는데, 이와는 달리 일본 패전 후 작업장의 조업이 중단되자 개별적인 판단하에 귀환길에 오른 조선인들도 많았다. 일명 '야매배(밀선)' 라고 하는 목선을 자비로 조달하여 귀환하는 경우가 그것이다.[31]

> 어서 나가자고 야매배를 탈라고. 인제 뭔 배든지 탈라고. 그래서 알선을 막 했어. 뭔 배라도 타고 나갈라고 한께로 목선을 가지고 왔더만. 목선, 나무배라 그 말이여. 기계 큰 배가 아니고. 배 운전수. 선장! 선장이 아 염려 말고 나갑시다. 아 이런 배를, 목선을 타고 어디를 가요? 그러니께 저.. 러시아, 러시아도 갔다 왔어? 그래서 그 배를 타고, 또 오다가 바람이 세갔고, 어디서 하루저녁 자고 나왔어.[32]

---

31) 귀환을 서두르다가 선박이 난파 혹은 좌초하여 목숨을 잃는 경우도 다반사였다. 그 중 대표적으로는 히로시마에 강제동원된 조선인 노무자들이 해방 후 귀환선에 올랐다가 도중 태풍을 만나 좌초한 사건이 있는데, 최근 정부 조사에 의해 그 실태가 밝혀졌다. 진상규명위원회, 2009, 『해방직후 이끼·대마도 지역의 귀국 조선인 해난사고 및 희생자 유골문제 진상조사』.

32) 나가사키시 소재 미쓰비시광업 하시마탄광에 강제동원된 피해생존자 박○구의 진술기록(지원위원회, 2012, 『사망기록을 통해 본 하시마(端島)탄광 강제동원 조선인 사망자 피해실태 기초조사』, 32쪽). 이 기초조사에 의하면 하시마탄광 피해 생존자 43명 중 귀국조치를 해 주었다고 진술한 사람은 불과 2~3명에 지나지 않았다고 한다.

해방이 됐으니까 그래 저 자유로이 고향에 가라 그러더만. 일본사람들은 그 자리에 에~ 뭐 별로 없었고, 거기 저 사무실에 그전에 일하던 사람들이 그래 저 해방이 됐으니까, 이제 느그 나라로 가라고, …〈중략〉… 고마 밀선을 탔어요, 밀선을 70명 타는 밀선을 갔다가 탔는데,[33]

이러한 상황은 당시 명부에서도 확인된다. 예를 들어서 "종전 후 회사의 알선을 기다리지 않고 자유롭게 귀국하는 자는...."이라는 기록과 같이, 패전 후 회사로부터 아무런 조치가 없어서 단독으로 귀환을 감행하는 경우가 많았던 것이다.[34]

따라서, 이러한 부분도 포함하여 명부 작성 당시 '도주'로 처리했을 가능성이 있다. 또한 이동을 반복하는 토목공사장의 성격 상 조선인의 소재를 파악하기가 어려워 '도주'로 처리했을 가능성도 있다. 예를 들어서 도로, 하천, 터널조성 등 토목공사장이 많았던 나가노현(長野縣)의 경우를 보면, 조선인의 소재를 파악하기 어렵다는 사정을 다음과 같이 명기하고 있다.

본 현의 조선인 노무자가 취로하는 곳은 주로 토목건축 등 토공 운반작업인데, 공사 종료, 완성, 기타 사정에 의해 항상 노무자의 이동이 있으며 또한 고용관계도 여러 종류가 있다. 대별하자면 공사사업장과 직접 고용계약에 있는 자, 하청업자와 고용관계에 있는 자 등이 있다. 조사대상이 되는 공장 사업장이 대부분 이와 같은 실태에 있는 바, …〈중략〉… 종전과 동시에 혹은 종전 후 그 공사사업의 중지, 자연적인 작업중단에 의해 소속 노무자가 해산하거나, 계획수송에 의해 조선인 노무자가 귀국하는 등[35]

33) 아소광업에 강제동원된 피해 생존자 정원섭의 구술기록(지원위원회〈책임조사자 심재욱〉, 2011,『전시체제기 규슈(九州)지역 '아소(麻生)광업(주)' 강제동원 피해자에 대한 진상조사』, (69쪽~71쪽).
34) 아소광업 구바라탄광의 사례,『조선인 노동자에 관한 조사결과』후쿠오카현.
35) 「조선인노무자에 관한 건」에 의해 나가노현(長野縣) 지사명의로 제출된 보고서 상에 명시된 내용.

이상의 여러 사례를 종합해 보면, 소재 파악이 어려운 조선인 노무자를 일괄적으로 '도주'로 간주했을 가능성이 있으므로 유의해야 한다.[36)]

2. 미불금을 축소·왜곡하여 공탁하는 기업

경기도 평택 출신의 김민경은 1944년 10월부터 해방 시까지 약 1년 가까이 일본 히로시마시에 소재한 미쓰비시중공업 히로시마조선소에서 징용공의 신분으로 지내야 했다.

> 월급? 인자 월급 문제가 나왔으니까 또 얘기를 해야 되는데. 그 때 월급은 다 같은 게 아니야. 약간의 청년들 23살적이니까, 사회 나와서 기술 배운 애들도 있었고, 별별 애들이 다 있었지. 기술 방면으로 들어간 사람들은 월급이 한 달에 한 50~60원씩 탔어요. 그때도. 그러고 보통 평민(기술이 없는 사람-인용자주)으로는 월급이 내가 38원이가 40원인가? 그렇게 탔다구. 근데 첨에 들어가서는 한 달인가, 두 달인가를 그 월급을 줬는데, 나중부터는 반을 주고서 '50%는 주고 50%는 너희 고향의 부모처자를 위해서 보내줄 테니까, 50%만 너희가 쓰고 50%는 여기다 저장해 두고서, 우리가 보내준다고.' 이렇게 얘기했던 거라.[37)]

김민경의 증언에 비추어 보면, 한두 달을 제외한 나머지 기간 중의 월급의 반은 회사측에 보관되어 있어야 마땅하다. 그런데, 동 조선소의 공탁금 기록에 의하면 김민경의 미불금은 56엔 57전에 불과하다. 회사측에서 저축으로 돌렸다고 하는 임금 부분은 모두 사라지고 없는 것이다. 이러한 사태에 대해 히로시마조선소의 조선인 노무자들은 '미쓰비

---

36) 참고로 조선인 강제동원과 혹독한 노무관리로 유명한 미쓰비시광업 하시마탄광을 포함한 강제동원 작업장 등이 「일본 메이지 산업혁명 : 철강, 조선 그리고 탄광산업」의 이름으로 제39차 유네스코 세계유산위원회에서 등재가 결정되었다(「일본 메이지시대 산업유산 세계유산 등재」, 『연합뉴스』2015.7.5).
37) 미쓰비시중공업 히로시마조선소에 강제동원된 피해 생존자 김민경의 구술기록(진상규명위원회, 2008, 『내 몸에 새겨진 8월』, 70쪽).

시징용공 동지회'를 결성, 회사 측을 상대로 미불임금 반환을 요구하는 소를 제기하고 나섰다.[38]

다른 지역의 경우도 사정은 거의 동일하다. 이번에는 '조사결과'와 노무자 '공탁금 명부'에서 모두 기록이 확인되는 작업장을 통해 구체적으로 살펴보자.

사가현(佐賀縣)에 소재한 아소(麻生)광업(주) 구바라(久原)탄광은 기타규슈(北九州)에 군림하던 8개의 아소광업 중 유일하게 사가현에 소재한 탄광이다. '조사결과'에 의하면 구바라탄광은 1943년부터 1945년까지 조선인 노무자 각각 100명, 150명, 30명 등 총 280명의 할당을 일본정부에 요청하여 각각 91명, 126명, 21명의 총 238명을 수용하였다. 그러나 실제 등재된 인원수는 이보다도 적은 198명이다. 아래 〈표 7〉에서 보는 바와 같이, 1943년에 11명, 1944년에 106명, 1945년에 81명이 각각 동원되었다. 198명 중 '징용'에 의한 사람은 112명(56.6%)이며, '관 알선'에 의한 사람은 86명이었다.

〈표 7〉 아소광업의 조선인 노무자 연도별 현황

지역	광업소	1939	1940	1941	1942	1943	1944	1945	계
후쿠오카현	아소탄광	827	1,235	2,095	2,126	1,864	1,804	672	10,623
사가현	구바라탄광	—	—	—	—	11	106	81	198

주) 1. 상기 표는 『전시체제기 규슈(구주)지역 '아소(麻生)광업(주)' 강제동원 피해자에 대한 진상조사』〈표15〉를 참조하여 작성하였다.
2. 원 자료는 『조선인 노무자에 관한 조사결과』 후쿠오카현.
3. 구바라탄광 1945년도 조선인수 합계에 오류가 발견되어 수정·기입하였다.

그런데 〈표 7〉에서도 알 수 있는 것처럼 구바라탄광은 조선인 노무자

---

38) 2013.7.30. 부산고법은 미쓰비시중공업 히로시마조선소와 기계제작소에 강제동원되어 원폭피폭을 당한 홍순의 외 4명에 대해 각각 8천만 원씩 지급하라는 원고 일부 승소 판결을 내렸다(「부산고법, 미쓰비시 강제징용 피해자 배상 판결」 『연합뉴스』 2013.7.30).

의 비중이 아소광업 전체의 약 2%에 지나지 않을 정도로 작은 탄광에
속한다. 아소광업이 규슈지역 주요 탄광 중 조선인 노무자 규모가 상위
7위에 속할 정도로 조선인 노무자의 강제동원에 적극적이었던 점을 감
안하면, 구바라탄광의 동원규모는 매우 작다.[39]

조선인 노무자의 주요 출신지역은 강원도 71명을 필두로 경남(45명),
경기(38명), 황해(27) 등이 뒤를 이었다. 비교적 강원, 경기 이북지역에서
조선인을 동원한 것으로 파악된다. 그리고 198명 중 156명 이상이 작업
환경이 가장 열악하고 위험한 갱내 작업장에 배치되었다.[40]

이들 198명 전원에게는 회사로부터 받아야 할 미불금이 존재한다. 이
미불금을 구바라탄광은 어떻게 처리하였을까? 자료에 의하면, 구바라탄
광은 이들의 미불금을 공탁소에 예탁하였다. 다만 조선인 전원이 아닌
그 중 일부만 해당된다. 즉, 구바라탄광은 '조사결과'에 나타난 조선인
노무자 198명 중 140명(70.7%)에 대해서만 사가(佐賀)공탁국 이마리(伊
萬里)출장소에 공탁한 사실이 확인되는 것이다. 왜 전원의 미불금이 아
닌, 140명의 미불금만 공탁되었는지 그 이유는 알 수 없다. '조사결과'
상 조선인 노무자의 미불금내역은 1946년 7월 17일에 보고되는데, 실제
미불금이 공탁되는 것은 이듬해인 1947년 4월 16일이므로 그 사이에 상
당기간의 공백이 있다. 이 기간 중에 실제 공탁에서 누락된 58명은 공탁
사유가 해소된 것인지, 다른 방도가 강구된 것인지, 이 괴리의 실체는
현재로서는 확인되지 않는다.

주목할 점은 구바라탄광의 공탁내역이다. 탄광 측이 공탁한 금액을
자세히 검토해 보면, '조사결과'상의 미불금과 공탁소에 예탁된 공탁금
과의 사이에 일정한 규칙이 있음이 발견된다.

---

39) 지원위원회, 2011, 『전시체제기 규슈(九州)지역 '아소(麻生)광업(주)' 강제동원 피해
    자에 대한 진상조사』, 32~33쪽.
40) 지원위원회, 2011, 위의 책, 39쪽.

〈표 8〉을 보면, '조사결과'상의 미불금액과 공탁금액이 정확하게 일치하는 것은 단 17건에 불과하고, 나머지 123건 중 121건은 모두 공탁금액이 적다. 미불금보다도 20엔 적게 공탁된 경우가 56건이며, 30엔 더 적은 경우는 48건, 40엔 더 적은 경우도 17건으로, 140건의 공탁금 중 무려 86%에 해당하는 건수에서 미불금보다 적은 액수가 공탁되고 있었음이 확인된다. 더구나 그 액수가 20엔, 30엔, 40엔으로 10단위에서 정확하게 떨어지고 있어서 인위적으로 '공제'한 흔적이 역력하다. 그리고 보면, '조사결과' 상의 조선인 노무자 198명 중 미불금이 공탁된 자가 140명으로 10단위에서 깔끔하게 마무리된 것도 자연스럽지 않다.

〈표 8〉 '조사결과'상 미불금액을 기준으로 본 공탁금액의 편차

공탁금액의 편차	+20	+10	0	-10	-20	-30	-40
해당건수	1	1	17	—	56	48	17

의문을 해소시킬 만한 유용한 자료는 현재 없으나, "강제동원한 조선인수가 소규모인 구바라탄광 관련 자료들만 제출하고, 다수의 조선인을 동원한 '아소탄광'(의 다른 작업장-인용자주) 관련 자료는 누락시켰을 가능성이 크다"는 한국정부 조사보고서의 지적은 시사하는 바가 크다.[41] 다시 말해서 조선인 사용규모나 공탁금액 '공제'의 규칙성 등을 감안하여 볼 때, 아소광업은 의도적으로 조선인 노무자의 미불금을 축소·왜곡시키고자 한 것으로 보인다. 조선인 사용규모 제7위의 아소가 전후처리 과정에서 부과되는 책임을 회피하기는 어렵고, 그렇다고 하여 미불금을 모두 공개하고 공탁하기에는 부담이 커서, 그중 가장 규모가 작은 구바라탄광을 '면책'용으로 이용한 것은 아닌지 의심스럽다.[42]

---

41) 지원위원회, 2011, 앞의 책, 43쪽.
42) 구바라탄광의 미불금과 공탁금관계에 대해서는 정혜경 박사로부터 중요한 교시가 있었다. 지면을 통해 감사드린다.

3. 미불금을 공탁과 직접관리로 병행하는 기업

나가사키시 소재 나가사키항운 주식회사는 1944년과 1945년 두 해에
걸쳐 각각 조선인 노무자 100명씩을 할당해 주도록 요청하여 각각 78명
과 34명, 계 112명의 조선인을 확보하였다.[43] 그런데 실제 '제2호'표에
등재된 조선인은 총 113명으로 상기 회사측의 자료설명과는 1명의 차가
있다.

이들 113명의 조선인은 주로 충청남도와 전라북도 출신의 20대 청장
년층이었다.

> 70명이 잡혀갔는데 연기군에서 …〈중략〉… 거기에 이제 전라도 사람도
> 끼었는데 …〈중략〉… 전라도 사람이 또 한 30명 왔었거든.[44]

당시 연기군에서 강제동원된 김종구는 위와 같이 조선인 노무자의
출신지역에 대해 증언하며 강제동원된 인원이 대략 100여 명에 이른다
고 한다. 그의 증언대로 연기군을 포함한 충청지역에서는 약 62명, 전라
도지역에서는 36명이 동원되어 있었다.

〈표 9〉 나가사키항운 주식회사 조선인 노무자 출신지역

출신지	충남	충북	전남	전북	경남	경북	평남	경기	기타
인원수	58	4	1	35	1	4	2	1	7

> 회사 가서 일을 하는데 뭔 일을 하느냐 하면, 가대기(쌀가마니 따위의
> 무거운 짐을 갈고리로 찍어 당겨서 어깨에 메고 나르는 일)라는 것을 이
> 제 별로 해보지 않은 거지. …〈중략〉… 이제 배가 들어오면은 크레인으로
> 풀어놓으면은 이걸 메고서 창고에 쌓는 거라. …〈중략〉… 뭐냐하면 알기

43) 『조선인 노동자에 관한 조사결과』, 나가사키현.
44) 진상규명위원회, 2008,『내 몸에 새겨진 8월』, 439, 442쪽.

쉽게 말하자면, 풀어주고 실어주고 하는 일이야, 직업이 그거니까.[45]

주된 업무가 화물선으로부터 화물을 운반하는 하역(荷役)작업이었다. 연기군에서 동원된 동료들은 같은 숙소에 배정되어 두 명의 감독관의 감시를 받았다. 작업은 아침 9시부터 오후 5시까지 이어졌으며, 일당 4엔 30센을 받았는데, 여러 명목의 비용을 공제하고 나면 매월 손에 쥐는 것은 얼마 되지 않았다.

> 하루 나가는 게 이제 4원 30전에, 밥값 떼고 병원 치료비 떼고 그렇게 해서 남는 돈은 준다고. 한달 '간조(勘定:계산)'를 해줘요. 조금 주지. 그러면 열심히로 한 사람은 몇 푼 되고 열심히 못하는 사람은 시원치 않죠 뭐. 객지 나가서 나 하나 몸뚱이만 잘 살면 그만이지 뭐. 그 힘으로 참고 지내는 거죠.[46]

김종구도 많은 다른 조선인들이 그러했듯이 귀환 당시 자비(自費)로 '밀선'을 이용하여 돌아 왔는데, 지불할 여윳돈이 없어서 집에서 부친 돈으로 돌아올 수 있었다고 한다.

김종구의 증언처럼 회사에서 공제한 부분 중 미불금은 없었는가? 이에 대해서는 '조사결과'에 기록이 남아 있으므로 확인이 가능하다. 검색 결과, 김종구는 1945년 9월 30일에 귀환한 것으로 되어 있으며, 미불금은 전무(全無)이고, '퇴직 시의 대우'나 '후생연금보험 지급현황'도 적요란에 '불명'이라는 기재내용과 함께 공란으로 처리되고 있다.

그런데 다른 조선인 노무자들도 김종구처럼 미불금이 없었던 것은 아니다. 동일 기록에 의하면, 미불금은 35명분 총 1,472엔 91센이 존재하며, 이를 조합저축으로 예치해 두었다고 보고하고 있다.[47] 이는 1인당

45) 진상규명위원회, 2008, 『내 몸에 새겨진 8월』, 440, 442쪽.
46) 진상규명위원회, 2008, 위의 책, 446쪽.
47) 『조선인 노동자에 관한 조사결과』 나가사키현. 기록에 의하면 "미불금 총액 1천 4백

약 42엔 정도에 해당되는 금액이며, 김종구의 증언대로라면 약 10일분의 임금이다. 김종구의 증언에 나타난 월급에서 공제한 각종 공제금은 과연 어디로 사라졌는지 이에 관한 내역은 전혀 확인할 수가 없다.

35명분의 미불금은 모두 은행에 예치된 것이 아니었음이 확인된다. 노무자 공탁금 명부에서도 나가사키항운의 미불금과 그 공탁금 내역이 확인되는데, 다만 35명 중 단 4명분뿐이다. 총액은 248엔 79센.

<표 10> 나가사키항운의 미불금·공탁금 현황

미불금		
35명 (1,472.91엔)		
	공탁금	
	4명(248.79엔)	

정리하자면, 미불금이 존재하는 35명 중 4명은 공탁, 나머지 31명분은 은행계좌에 예치했다는 결론이다. 이 부분에 대해서는 『한국 경제협력 105』 자료 중 미공탁금 리스트에서도 확인된다. 이 자료에 의하면 금액은 총 30명분 1,124엔 12센이라고 한다. 앞의 35명 총 1,472엔 91센에서 4명의 공탁금 248엔 79센을 제한 1,224엔 12센에 100엔이 모자라는 숫자이다. 이 차액은 나가사키항운 측 설명의 112명과 실제 명부 인원 113명과의 편차에서 나온 결과가 아닌가 싶다. 나가사키항운이 35명의 미불금을 전액 공탁하지 않고 왜 4명만 공탁하고 나머지는 은행에 예치하였는지 그 이유는 알 수 없다. 나가사키항운의 경우는 미불금을 공탁과 미공탁으로 관리하는 경우, 미공탁금을 어떤 형태로 관리하는지를 볼 수 있는 사례로 그 의미를 갖는다고 하겠다.

72엔 91센은 **은행 나가사키지점 예입. 당사 조합저축으로 예입하여 본인 청구가 없으면 지불될 수 없는 금액임"을 명시하고 있다.

이상과 같이, 본 절에서는 강제동원 조선인 노무자의 미불금에 대해 기업이 이를 어떻게 관리·운용해 왔는지, 상정할 수 있는 세 개의 유형을 통해 실증적으로 살펴보았다.

첫 번째는 전혀 외부에 공탁·관리하지 않고 사내에 보관·관리하는 경우이고, 두 번째는 전액 공탁·관리하는 경우이며, 세 번째는 공탁과 예치를 병행하는 경우였다. 이와 같이 조선인 노무자의 미불금을 관리하는 행태는 각기 다르게 나타나고 있지만, 일괄되게 공통적으로 나타나는 현상이 한 가지 있다. 바로 미불금의 은폐·축소이다. 다시 말해서 각 유형의 기업들은 미불금의 채무 변제에 노력하는 듯한 모습을 보이면서, 실질적으로는 채무 이행을 회피할 목적으로 미불내역을 왜곡, 누락시키거나 축소한 것이다.[48]

그나마도 이 글에서 취급한 재벌기업이나 조선인을 적극적으로 수용한 기업들은 이미 잘 알려져 있었기 때문에 수면에 드러난 것이다. 문제는 수면 밑에 숨어 있는 방대한 규모의 군소(群小) 기업군이다. 재벌기업의 계열이나 협력업체로 연결되어 있는 이들 기업의 관련 자료를 찾는 노력이 필요하다. 특히 '함바(飯場)' 단위로 조직되는 토목건축, 건설, 탄광 등의 업종의 경우, 이동의 빈번함과 이합집산, 하청과 하도급이 통상적이어서 관련 자료 입수가 매우 곤란할 것으로 보인다.

IV. 맺음말

이 연구에서는 강제동원된 조선인 노무자의 미불금이 실제로 어떻게 관리·운용되고 있었는지를 대표적인 미불금 관련 명부를 중심으로 살

---

48) 물론 미불금을 감액없이 전액 공탁하는 경우도 생각할 수 있다. 그러나 이것을 실증적으로 입증하기는 어렵다. 왜냐하면 이를 위해서는 임금대장 원부와의 대조가 필수불가결한데 기업이 소장하고 있을 법한 임금대장 원부를 확보하기가 어렵기 때문이다.

펴보았다. 그 결과에 대해서는 앞서 세 유형을 통해 설명했던 바 중언 부언이 되므로 생략하기로 하고, 이 연구의 과제가 갖는 의미에 대해 다시 한번 정리하면서 결론에 갈음하고자 한다.

필자가 사용한 자료는 공탁금 관련 자료 중 노무자 개개인을 특정할 수 있는 명부류이다. 다시 말해서 구체적으로 기업이 누구에게 얼마를 지불해야 하는지를 명약관화하게 명시한 장부인 것이다. 그런데, 지불해야한다고 명기한 장부가 있고, 실제로 그 지불을 유예하여 법무국에 공탁한 장부가 각각 존재하여 미불금 처리 내역을 비교할 수가 있는데, 양자를 정밀하게 살펴보면 양자 간에 괴리가 있음을 발견할 수가 있다. 그 괴리를 추적한 결과, 미불금에 대해 가능한 한 지불을 자체 관리로 유예하거나, 또는 실제보다 적은 액수의 지급으로 무마하고자 한 기업의 행태와 조우하였다. 이 연구는 그 괴리의 실체를 처음으로 규명하고 있다는데 연구사적 의의가 있다. 미불금 처리는 일본의 전후처리를 엿볼 수 있는 또 다른 영역이기도 한데, 안타깝게도 학계에서는 조선인 노무자 미불금에 대한 연구 자체가 생경하여 관련 연구가 거의 없다. 향후 새로 발굴된 자료를 중심으로 관련 연구가 지속되기를 기대해 본다.

참고로, 조선인 노무자의 미불금은 현재 어떻게 처리되고 있는지, 이에 대해 간단히 소개하기로 하자.

한국정부는 강제동원 피해조사·진상조사를 개시한 후 2008년부터 그 업무를 확대하여 피해사실에 따른 지원업무도 개시하였다.[49] 이에 의하면 피해 생존자에게는 연간 80만 원의 의료지원금이 생존하는 동안 지원되며, 현지에서 사망하였거나 행방불명된 피해자에 대해서는 그 유

---

49) 지원금 업무의 개시는 한일협정문서 공개에 따른 후속 조치로서 '태평양전쟁 전후 국외강제동원 희생자 등 지원에 관한 법률'(법률 제8669호, 2007.12.10)의 제정으로 개시되었다. 동법은 '일제강점기 강제동원 피해 진상규명에 관한 특별법'과 함께 '대일항쟁기 강제동원 피해조사 및 국외강제동원 희생자 등 지원에 관한 특별법'(2010.3.22)으로 해소되어 폐지된다.

족에게 2,000만 원의 위로금을, 강제동원에 의해 부상장해를 입은 피해
자에게는 본인 혹은 그 유족에게 최고 2,000만 원에서 최하 300만 원에
해당하는 위로금을 각각 지원하고 있다. 그 밖에도 "노무제공 등을 한
대가로 일본국 및 일본 기업 등으로부터 지급받을 수 있었던 급료, 여러
가지 수당, 조위금 또는 부조료 등" '미수금'[50)에 대해 1엔을 2,000원으로
환산하여 지급하고 있다.[51) 지금까지의 처리 현황을 보면 아래 〈표 11〉
과 같다.

〈표 11〉 지원금 신청 및 지급결정 현황(2013.8.현재)[52) (단위 : 건, %)

	전체	사망·행불	부상장해	미수금	생존
신청	95,401	19,111	25,358	25,841	25,091
지급결정	67,045	17,967	9,603	15,077	24,398
인용률	70.28%	94.01%	37.87%	58.35%	97.24%

'미수금'은 강제동원 피해자라면 생존 여부와 상관없이 신청할 수 있
으며, 또한 사망·행불, 부상장해의 지원금 지급과 중복되어도 상관없
다. 다만, '미수금'의 여부와 금액을 확인할 수 있는 객관적인 자료의 제
시가 전제된다. 위의 표에 의하면 '미수금' 수급자는 1만 5,000여 명으로,

50) '미수금'이라 함은 노동자의 입장에서 마땅히 지급받아야 하나 받지 못하고 남아 있
는 각종 채권을 의미한다. 그런데 동일한 내용에 대해서 기업의 입장에서는 아직도
지불하지 못하고 남아 있는 채무의 의미로서 '미불금'으로 표현된다, 본 논문에서는
기업입장에서 지불해야 할 채무를 어떻게 관리하고 있었는지를 검토하였기에 미불
금이라는 개념으로 사용하였음을 다시 한 번 밝혀 둔다.
51) 액면가가 100엔에 미치지 못할 경우에는 '미수금 액수를 일본국 통화 100엔'으로 보
고 지급하도록 규정하고 있어서('대일항쟁기 강제동원 피해조사 및 국외 강제동원
희생자 등 지원에 관한 특별법' 제5조 제2항) 결국 미수금 지원금은 최하 20만원인
되는 셈이다.
52) 심재욱, 2013.11.12, 「일제 강제동원 피해규모 및 지원액 추산」(국회의원회관에서
개최된「일제강점기 강제동원 평화 문제 간담회」프로시딩), 47쪽, 〈표9)에 의함. 참
고로, '대일항쟁기 강제동원 피해조사 및 국외 강제동원 희생자 등 지원에 관한 특
별법'의 개정(2013.12.30.)에 의해 추가 신청(2014.1.1.~2014.6.30.)이 있었으며, 그에
따라 지원금 지급 처리는 더욱 증가하였다.

한국정부가 조사완료한 약 22만 6,000여 명의 6.7%에 지나지 않는다. 이 논문에서 분석한 결과와 더불어 생각해 보면, 이들 극히 일부에 지나지 않은 '미수금' 수급자들은 그마저도 축소·왜곡된 '미수금'을 수급한 셈이 될 수도 있다. 이를 바로잡기 위해서는 기업별로 보관중인 원부를 확보할 필요가 있다.

그러나 그간의 일본정부 및 가해기업의 행태로 보아, 이는 극히 지난할 뿐만 아니라 요원하다.[53] 그간 한일 강제동원 전문가, 운동가, 시민단체 등 양식 있는 사람들의 협력과 노력이 행해져 왔지만 그것만으로는 역부족이다. 지금은 정부차원에서의 끊임없는 진실규명 추구와 대응이 절실하게 요구된다.

아울러 한국정부는 공탁금(미공탁금) 자료의 추가 확보와 더불어, 우편저금, 후생연금보험 등 여전히 확보되지 않은 자료의 발굴에도 노력해야 할 것이다. 공탁하지 않은 회사가 보관중인 '미수금'이 그 후 어떻게 관리되고 있는지 행방을 찾는 작업도 중요하다. 이 논문의 분석결과가 이러한 연구 활동을 더욱 촉발시키는 기폭제가 된다면, 더 이상 바랄 나위가 없겠다.[54]

---

53) 2013년 들어 연일 계속되는 아베(安部)정권의 우경화, 군국주의화 노선(「日, 자위권 넘어 '敵기지 선제타격'까지 거론」, 『문화일보』 2013.11.12) 하시모토 도오루(橋下 徹) 오사카시장의 잇따른 망언에서 보이는 군대위안부 강제동원 부정(「위안부 부정도 모자라… 하시모토의 일본유신회, 위안부 검증팀 만들기로」, 『조선일보』 2013.11.9), 일본 재계의 한일협정에 의한 "완전하고 또한 최종적으로 해결된" 문제라는 인식(「日재계 "강제징용 배상, 對韓투자 막아" 압력」, 『동아일보』 2013.11.7) 등이 전망을 어둡게 하고 있다.

54) 강제동원 피해는 물적 피해만 있는 것이 아니다. 인적 피해, 특히 현지에서 사망한 희생자에 대한 조사와 유골의 발굴·수습·봉환이 절실히 필요하다. 지원위원회가 그 업무를 담당하여 일정의 성과를 가져온 것은 그나마 다행한 일이다. 지난 2013년 한국정부 최초의 사할린 한인 희생자의 유골이 가족의 품으로 돌아온 것을 시작으로 2014년에 18위, 2015년에 13위가 고국으로 돌아왔다. 고국으로의 귀환에 70년의 긴 세월이 걸린 것이다(「사할린 원혼」 67년만에 고국 품으로」, 『한겨레』 2013.8.30., 「사할린 강제동원 韓人 유골 13位 국내로 봉환」, 『조선일보』 2015.9.11.).

【참고문헌】

고쇼 다다시(古庄 正), 1985, 「在日朝鮮人労働者の賠償要求と政府および資本家団体の対応」, 『社会科学討究』 第31巻 第2号.

_____, 1991, 「＜資料＞連行朝鮮人未払い金供託報告書」, 『駒沢大学 経済学論集』 第23巻 第1号.

_____, 1992, 「朝鮮人強制連行問題の企業責任」, 『駒沢大学 経済学論集』 第24巻 第2号.

_____, 1993, 「日本製鉄株式会社の朝鮮人強制連行と戦後処理－『朝鮮人労務者関係』を主な素材として－」, 『駒沢大学 経済学論集』 第25巻 第1号.

_____, 1995, 「足尾銅山・朝鮮人強制連行と戦後処理」, 『駒沢大学 経済学論集』 第26巻 第4号.

_____, 2002, 「未払金供託の問題点－日鉄強制連行事件より－」, 『月刊 社会民主』 566.

_____, 2006, 「朝鮮人戦時労働動員における民族差別」, 『在日朝鮮人史研究』 第36号.

_____, 2007, 「供託をめぐる国家責任と企業責任」, 『在日朝鮮人史研究』 第37号.

_____, 2011, 「足尾銅山・朝鮮人戦時動員の企業責任－村上安正氏の批判に答える－」, 『在日朝鮮人史研究』 第41号.

_____, 2013, 『足尾銅山・朝鮮人強制連行と戦後処理』, 創史社.

김광열, 2008, 「한국의 역사청산 법제화 운동에 대한 연구 －일제강제동원피해 규명운동의 사례를 중심으로－」, 『한일민족문제연구』 제14호.

표영수・오일환・김명옥・김난영, 2008, 「조선인 군인・군속 관련 '공탁서'・'공탁명세서' 기초조사」, 『한일민족문제연구』 제14호.

심재욱, 2013.11.12., 「일제 강제동원 피해규모 및 지원액 추산」 (국회의원회관에서 개최된 「일제강점기 강제동원 평화 문제 간담회」 프로시딩).

정혜경, 2013, 「일제말기 조선인 노무자 공탁금 자료의 미시적 분석」, 『동북아역사논총』 제45호.

朴慶植, 1965,『朝鮮人強制連行の記錄』, 未来社.

古庄 正編, 1993,『強制連行の企業責任ー徴用された朝鮮人は訴える』, 創史社.

古庄 正・田中 宏・佐藤健生他編, 2000,『日本企業の戦争犯罪』, 創史社.

山田昭次・古庄 正・樋口雄一, 2005,『朝鮮人戰時労働動員』, 岩波書店.

朝鮮人強制連行真相調査団, 1974, 『朝鮮人強制連行・強制労働の記録ー北海道・千
　　　島・樺太編』, 現代史出版会.

＿＿＿＿＿＿＿＿＿＿＿＿＿, 1992,『朝鮮人強制連行の記録ー四国編』, 柏書房.

＿＿＿＿＿＿＿＿＿＿＿＿＿, 1993,『朝鮮人強制連行の記録ー大阪編』, 柏書房.

＿＿＿＿＿＿＿＿＿＿＿＿＿, 1993,『朝鮮人強制連行の記録ー兵庫編』, 柏書房.

＿＿＿＿＿＿＿＿＿＿＿＿＿, 1997,『朝鮮人強制連行の記録ー中部・東海編』, 柏書房.

＿＿＿＿＿＿＿＿＿＿＿＿＿, 2001,『朝鮮人強制連行の記録ー中国編』, 柏書房.

長崎在日朝鮮人の人権を守る会編, 1983,『原爆と朝鮮人』第2集.

石井寛治, 1991,『日本経済史』, 東京大学出版会.

金英達著作集, 2003,『朝鮮人強制連行の研究』, 明石書店.

西成田 豊, 2009,『労働力動員と強制連行』, 山川出版社.

竹内康人, 2012,『戦時朝鮮人強制労働調査資料集 2 -名簿・未払い金・動員数・遺骨・
　　　過去清算-』, 神戸学生青年センター出版部.

김○봉의 구술기록(2006.3.2). 대일항쟁기 강제동원 피해조사 및 국외 강제동원 희생
　　　자 등 지원위원회 소장.

박○구의 구술기록(2006.3.3). 대일항쟁기 강제동원 피해조사 및 국외 강제동원 희생
　　　자 등 지원위원회 소장.

일제강점하 강제동원피해 진상규명위원회, 2005,『당꼬라고요?』.

＿＿＿＿＿＿＿＿＿＿＿＿＿＿＿＿＿, 2006,『똑딱선 타고 오다가 바다 귀신 될
　　　뻔 했네』.

＿＿＿＿＿＿＿＿＿＿＿＿＿＿＿＿＿, 2008,『내 몸에 새겨진 8월』.

＿＿＿＿＿＿＿＿＿＿＿＿＿＿＿＿＿, 2009,『아홉머리 넘어 북해도로』.

대일항쟁기 강제동원 피해조사 및 국외강제동원 희생자 등 지원위원회〈책임조사자
　　　심재욱〉, 2011,『전시체제기 규슈(九州)지역 '아소(麻生)광업(주)' 강제동원 피해
　　　자에 대한 진상조사』.

대일항쟁기 강제동원 피해조사 및 국외 강제동원 희생자 등 지원위원회, 2012,『사망
　　　기록을 통해 본 하시마(端島)탄광 강제동원 조선인 사망자 피해실태 기초조사』.

일본 기업재건정비 과정과 조선인 노무자 미수금 문제

배 석 만

I. 머리말

전후 일본은 강제 징용으로 끌려왔다가 돌아가는 조선인 노무자가 마땅히 받아야 할 임금, 퇴직금, 연금, 보험금 등을 지불하지 않았다. 이 조선인 노무자 미수금[1])에 대해서 일본정부는 1946년 10월 후생성 통첩으로 공탁을 지시했고, 해당 기업은 불성실하게나마 따랐다. 기업이 공탁한 미불금은 실제 조선인 노무자에게 지불해야하는 금액과 큰 차이가 있었다. 기업들이 여러 가지 방법으로 미불금을 은폐·축소했기 때문이다. 공탁 대상의 미불금 규모는 해당 기업이 알아서 책정하는 것이었음으로 얼마든지 축소할 수 있었고, 미불금이 없다고 해도 규제할 장치가 마련되지 않았기 때문이다.

---

1) 기업의 입장에서 보면 '미불금'이다. 이하에서는 주어가 조선인 노무자인 경우는 미수금으로, 기업인 경우에는 미불금으로 쓴다. 혼동의 염려가 있음에도 불구하고 이렇게 쓴 것은 기업이 주체가 될 경우 미수금과 미불금이 회계상 전혀 다른 의미이기 때문이다.

마땅히 지불되었어야 하는 미불금의 공탁이 국가권력에 의해 지시되고, 기업이 마지못해 축소된 액수를 공탁하거나 아예 은폐하는 상황이 벌어진 이유는 무엇이었을까. 일반적으로 공탁은 해당자가 수령을 거부하거나, 수령이 불가능할 때, 또 해당자를 찾을 수 없을 때 이루어지는 민법상의 행위이다. 공탁을 통해 채무자는 해방 채무와 관련한 법적 의무에서 해방되는 것이다.

조선인 미수금 문제는 기존 연구를 통해 명확해졌듯이 사실 당시 일본정부의 일정한 노력과 기업의 적극적 대응으로 충분히 해결될 수 있었다. 이와 관련해 재일조선인단체들의 움직임 같은 변수가 있기는 했지만 근본적인 문제라고 보기 힘들고, 공탁의 근거인 '거소불명'의 경우도 당시 해당 조선인 노무자들과 교신이 가능했다는 사실들이 밝혀지고 있기 때문이다.[2]

기업의 입장에서도 미불금 청산은 절대적으로 거부해야할 대상은 아니었다. 미불금의 규모가 '전시보상특별세'나 재외자산 손실처럼 기업 존속의 사활이 걸릴 만큼 크지 않았던 반면, 재일조선인단체의 움직임에서 보듯이, 정치적으로는 큰 이슈가 되어 가뜩이나 패전직후 혼란한 작업장을 보다 큰 소용돌이에 빠지게 할 개연성을 가지고 있었기 때문이다. 사실 패전직후에는 개별 기업, 사업장 별로 미불 임금 등이 지불되거나, 제3자에게 인도되는 경우가 있었다.[3] 일본제철 가마이시(釜石)제철소의 사례[4]에서도 동일한 움직임이 나타났다.

이렇게 보면 왜 일본정부와 미불금을 가지고 있던 일본 기업들이 상

---

2) 당시에 미수금 문제가 해결되지 않은 것은 조선인연맹 등 재일 조선인 단체의 미수금 위탁 요구에 대항하기 위한 미군정과 일본정부의 정치적 판단에 따른 저지도 하나의 요인으로 작용하였다. 古庄正, 2000, 『日本企業の戦争犯罪』, 創史社.
3) 정혜경, 2014, 「일제말기 조선인 노무자 공탁금 자료의 미시적 분석」, 『동북아역사논총』 45, 동북아역사재단.
4) 古庄正, 2000, 앞의 책 참조.

식적이지 않은 공탁이라는 선택을 했을까 라는 문제에 직면하게 된다. 또한 초기 미불금 지불에 그다지 강력하게 저항하지 않았던 해당 기업들이 정부의 공탁 지시를 일사분란하게 따랐다. 그리고 그나마도 축소해 공탁하거나 아예 은폐를 자행하면서 적극적으로 미불금 문제를 없애려고 한 배경이 궁금해진다.

본 연구는 이와 관련해 전후 일본의 기업재건정비 과정에 주목하였다. 본 연구가 기업재건정비 과정과 조선인 노무자 미수금 문제를 연계시키는 이유는 기업재건정비법을 축으로 한 일본정부의 기업재건정비 정책의 추진 과정을 미수금의 미지불, 은폐·축소, 공탁 문제를 발생시킨 출발점으로 보기 때문이다. 결론부터 얘기하면 철저한 청산보다는 '빠른 청산'을 통한 기업의 정상화를 목적으로 했던 일본정부의 재건정비 정책이 조선인 노무자 미수금 문제에 대한 기업의 은폐·축소, 공탁의 여지를 만들었고, 기업은 이것을 적극적으로 활용했다는 것이다. 본 연구는 그 과정을 살펴보고, 조선인 노무자의 대규모 동원이 이루어졌던 하리마(播磨)조선소의 사례를 통해 주장을 보다 구체화시켜 볼 것이다.

조선인 노무자 미수금 문제가 발생하게 된 원인으로 전후 일본 기업재건정비 과정에 주목한 연구는 필자가 아는 한도에서는 아직 없다. 주지하듯이 미수금 문제는 그 실태 규명을 중심으로 연구가 일정하게 이루어졌고,[5] 기업재건정비의 경우도 일본경제사 영역에서 일찍부터 주

---

5) 古庄正, 1986, 「在日朝鮮人労働者の賠償要求と政府および資本家団体の対応」, 『社会科学研究』 31-2; 古庄正, 1991, 「[資料]連行朝鮮人未払い金供託報告書」, 『駒沢大学経済学論集』 23-1; 古庄正, 1992, 「朝鮮人強制連行問題の企業責任」, 『駒沢大学経済学論集』 24-2; 古庄正, 1993, 「日本製鉄株式会社の朝鮮人強制連行と戦後処理 : '朝鮮人労務者関係'を主な素材として」, 『駒沢大学経済学論集』 25-1; 古庄正, 1995, 「足尾銅山・朝鮮人強制連行と戦後処理」, 『駒沢大学経済学論集』 26-4; 古庄正, 2007, 「供託をめぐる国家責任と企業責任」, 『在日朝鮮人史研究』 37; 竹内康人, 2012, 「供託と協定で奪われた未払い金 : 明らかになった朝鮮人未払い金の実態」, 田中宏・中山武敏・有光健, 『未解決の戦後補償』, 創史社.

목받았던 주제이다.[6] 이 연구는 이들 기존 연구 성과를 토대로 한 것이다. 특히 일본정부의 기업재건정비정책과 관련해서는 기존 연구에 크게 의존했음을 밝혀둔다. 아울러 자료의 제약 등으로 추론한 부문이 많아서 '시론'의 수준에 머물고 있음도 지적해 둔다. 그럼에도 불구하고 이 연구는 전후 일본의 경제부흥정책 속에서 조선인 노무자 문제를 살펴보는 연구가 본격적으로 이루어지는데 일정 부문 공헌할 것으로 기대한다.

II. 일본정부의 전후 기업재건 구상: 회사경리응급조치법과 기업재건정비법

1. 전시채무 보상의 좌절

모든 시작은 패전직후 곧바로 시작된 일본정부의 전후 부흥 정책에 있었다. 패전직후 일본 경제는 생산 감퇴와 인플레이션으로 인해 심각한 경제위기에 봉착할 수밖에 없었다. 시데하라(幣原)내각은 정체와 혼란을 신속하게 극복하기 위해 기업재건에 착수했다. 이를 위해 구체적으로 입안한 정책이 '전시채무(戰時債務)'의 보상 추진과 전시기업의 '신(新)·구(舊) 회사 분리' 구상이다.

전시채무란 태평양전쟁 다시 일본정부가 명령, 또는 계약의 형태로 지불 보증한 대금이나 전쟁보험금 등을 지칭하는 정부의 기업에 대한

---

6) 植草益, 1979,「占領下の企業分割」, 中村隆英編,『占領期日本の経済と政治』, 東京大学出版会; 宮崎正康 外, 1982,「占領期の企業再編成」,『年報 近代日本研究』4, 山川出版社; 麻島昭一, 2002,「昭和電工の企業再建整備の考察」,『専修大学社会科学研究所月報』474; 呂寅滿, 2007,「企業再建ー再建整備の実施とその意義」, 武田晴人編,『日本経済の戦後復興ー未完の構造転換』, 有斐閣.

채무이다. 주로는 군수품의 미불금, 국가에 의해 징발되어 격침된 선박 보상, 공장의 소개(疏開)경비 등이었다. 전시채무 보상정책에 호응해 관련 기업들이 일본정부에 청구한 규모는 총 건수 137만 5,510건, 금액 809억 엔에 달하였다.[7] 일본정부는 이 전시채무를 기업에 보상하는 형식으로 자금을 제공해 기업정비재건을 추진하려고 하였다. 기업의 입장에서도 마땅히 정부로부터 받아야 할 돈이었으며, 만약 받지 못할 경우는 모두 손실로 처리할 수밖에 없어 심각한 경영난에 직면할 수 있었다.

한편 신·구 회사 분리는 기업이 패전으로 불필요해지거나 배상의 대상이 되는 군수생산설비 자산을 제외하고 민수전환이 가능한 설비, 자재, 필요인원을 적당한 방법으로 분리해 신회사를 설립하는 것을 내용으로 하였다. 이런 조치의 목적은 물론 신속히 생산을 개시하기 위한 것이었다. 그리고 신회사의 분리로 불필요한 설비만을 보유하게 된 구회사는 청산절차를 밟는다는 것이었다.

일본정부의 구상 중 우선 전시채무 보상은 의도대로 이루어지지 않았다. 연합국군총사령부(GHQ)의 강력한 반대 때문이었다. 재벌 해체, 배상 지정 등을 통해 경제비군사화·민주화정책을 추진하던 GHQ의 입장에서는 전시채무 보상이라는 일본정부의 구상을 용납할 수 없었기 때문이다. 일본정부는 저항했지만, 결국 GHQ의 의사를 받아들일 수밖에 없었다. 전시채무 보상은 정부가 기업에 보상해야 하는 채무에 대해 100% 과세하는 형식을 통해(전시보상특별세) 실질적인 보상이 이루어지지 않은 채 기업의 손실로 남았다.[8] 반면에 신·구 회사 분리 구상은 1946년 8월 '회사경리응급조치법(법률 제7호)'과, 같은 해 10월 '기업재건정비법(법률 제40호)'로 현실화되었다. 경제비군사화를 명분으로 전쟁

---

7) 大藏省財政史室, 1983, 『昭和財政史―終戦から講和まで』 第13卷, 699쪽.
8) GHQ의 이와 같은 조치는 일제의 전쟁 수행에 기업이 동조한 것에 대한 일종의 벌칙 같은 것으로 해석할 수도 있다.

채무의 보상을 저지한 GHQ와 전후 경제혼란의 극복을 명분으로 한 일
본정부의 타협의 산물이었다.

2. 회사경리응급조치법-전쟁채무의 봉쇄

회사경리응급조치법은 기업 재무회계 경리에서 신·구 계정을 분리
한 후, 신 계정으로 사업을 계속하는 한편으로 구 계정의 채권채무 결재
를 정지시키는 것을 핵심 내용으로 하였다. 동법의 적용 대상이 되는
기업은 자본금 20만 엔 이상의 전시채무의 대정부 청구권을 가지고 있
는 기업이었고, 이들은 '특별경리회사'로 지정되었다. 따라서 동 법은 정
부의 전시채무 보상이 좌절된 것으로 인한 기업의 피해를 최소화하기
위한 제도적 장치로 작용하였다. GHQ의 반대로 전쟁채무 보상이 좌절
되자, 동 채무의 결제를 구 계정으로 분리한 후 정지시켜 해당 기업을
보호하려는 조치였던 것이다. 물론 이 과정은 GHQ와 일본정부의 조율
을 통해 이루어졌다. 1948년 11월까지 특별경리회사로 취급된 회사는
8373사에 달하였다.[9] 회사경리응급조치법의 주요 내용을 정리하면 다
음과 같다.

- 회사경리응급조치법의 적용을 받는 특별경리회사의 범위는 다음과
같이 정한다. 자본금 20만 엔 이상의 회사로 1946년 8월 11일 오전 0
시를 기준으로 이미 전시보상금 등의 교부를 받았거나 혹은 아직 교
부를 받지 않았지만 청구권이 있는 회사, 또는 재외자산을 가지고 있
는 회사. 이 회사들은 자동적으로 특별경리회사에 해당한다(제1조).
- 특별경리회사로 지정된 회사는 1946년 8월 11일 오전 0시를 기준으로
결산을 행하고, 이후에는 경리를 신계정과 구 계정으로 분리해, 동 회
사가 현재 하고 있는 사업의 계속 및 전후(戰後) 산업의 회복진흥에
필요한 자산을 특별관리인의 결정에 기초해 신 계정에 소속시키고,

9) 大藏省財政史室, 1983, 앞의 책, 736·752쪽.

이후 생산 활동은 신 계정에서 행한다. 그 외의 자산은 구 계정에 소
속시킨다(제5조).
- 특별경리회사의 재산, 특히 구 계정에 속하는 재산은 공정한 관리가
필요하므로 특별관리인을 선정해 그 임무를 맡긴다(제6조). 특별관리
인으로는 취체역, 기타 회사 임원에서 2명, 구 채권자로부터 2명, 총
4명을 선임하는 것을 원칙으로 한다(제17조 1항). 특별관리인의 등기
사항은 주무대신에 제출해야 한다(제17조 5항).
- 구 채권의 변제나 소멸 행위는 원칙적으로 인정하지 않는다. 구 채권
은 원칙적으로 보류시킨다(제14조).
- 특별경리회사는 파산선고를 하지 못한다. 특별경리회사의 재산에 대
해 이미 진행된 강제집행, 가차압, 가처분, 경매 수속은 해당 회사가
특별경리회사로 지정된 기간 동안 중지한다. 또 동 자산이 신 계정에
소속된 경우에는 회사경리응급조치법이 적용되는 한도에서 위의 수
속은 효력을 상실한다(제15조).
- 특별경리회사의 해산, 합병 등의 문제에 대해서는 회사가 '기업재건정
비법'의 규정에 의해 특별손실을 계산하고, 기업정비계획을 작성하여
주무대신의 허가를 신청하도록 되어 있기 때문에 그 이전에 회사가
해산, 합병, 조직 변경 또는 자본의 증감을 단행하는 것은 재건정비의
실행상 지장이 될 것으로 판단된다. 따라서 특별경리회사는 원칙적으
로 해산, 합병, 조직 변경, 자본의 증감을 인정하지 않으며 그것에 관
한 모든 사원의 동의, 주주총회의 결의, 또는 사원총회의 결의는 효력
이 발생하지 않는다(제15조).

3. 기업재건정비법

회사경리응급조치법이 전쟁에 협력한 일본 주요 기업들을 특별경리
회사로 지정하고 전쟁채무를 봉쇄하는 것을 통해 신속하게 생산 활동에
복귀하도록 한 법령 이름 그대로의 '응급조치'의 성격이었다면, 기업재
건정비법은 이들 특별경리회사의 봉쇄된 구 계정의 전쟁채무를 정리·
청산한 후 그 결과를 신 계정에 반영해(신·구 계정의 병합) 종결함으로
써 재건정비를 완료하는 '근본적 조치'의 성격을 가졌다.

기업재건정비법에 의한 구 계정 전쟁채무의 정리·청산과정은 다음과 같은 절차로 이루어졌다. 우선 해당 기업은 구 계정의 손실과 이익의 항목(이 항목도 정비법에 의해 규정됐다)을 산출하여 손익을 계산하고(특별손실 계산), 손실이 발생했을 경우 이를 '특별 손실'로 하였다. 특별 손실이 발생한 기업은 손실의 처리가 필요했는데, 그 원칙 역시 정비법에 의해 규정되었다. 가장 우선적인 처리방법은 자본금의 최대 90%, 이것으로 해결되지 않을 경우에는 구 채권의 최대 70%, 자본금의 잔액, 구 채권의 잔액 순으로 부담이 규정되었다. 즉 주주가 1순위로 손실을 부담하고 이것으로 여의치 않으면 채권자가 2순위로 부담하는 원칙이었다. 특별손실이 발생한 회사와 그렇지 않더라도 자본금 100만 엔 이상의 회사는 구 계정의 특별손실 계산과 손실 처리 계획을 담은 '정비계획서'를 주무대신에게 제출하도록 하였다. 그리고 제출된 정비계획서가 주무대신의 인가를 받으면 신·구 계정의 재병합을 할 수 있었다. 인가받은 정비계획서대로 특별손실 계산, 손실처리, 신·구 계정 재병합이 완료되면 회사경리응급조치법에 따른 특별경리회사에서 자유로워지며, 이후 경영이 국가의 간섭 없이 이루어져서 완전한 민간기업으로 재출발할 수 있는 것이었다. 이와 관련해 기업재건정비법 및 동 시행규칙(1946년 10월 29일 대장성, 후생성 등 성령[省令] 제1호)의 주요 내용을 정리하면 다음과 같다.

- 특별손실 계산의 손실 및 이익 대항목은 다음과 같이 구성된다(제3조). 손실 대항목은 전시보상특별세, 재외재산 손실, 제2봉쇄예금 등 손실, 종전 또는 전시보상특별조치법의 시행에 의해 발생한 손실, 이연(繰延) 자산 손실, 특별경리회사 지정에 의한 결산으로 종료하는 사업연도의 손실 및 이월 손실, 구 계정 총손금(總損金), 기타 손실(시행규칙 제2조 1항)이고, 이익 대항목은 특별경리회사 지정에 의한 결산으로 종료하는 사업연도의 이익금 및 이월이익금, 적립금 중 '시행규칙 제2조 제2호 ㅁ'로 규정된 항목, 구 계정의 총이익금, 기타 이익(시행규칙 제2조 제2호), 자산재평가이익(제8조 제3항)이다.

- 손실 합계를 이익 합계로 보전(補塡)하고, 이하 남은 손실을 특별손실
  로 한다(제4조).
- 특별손실의 부담순위(제7조)
  1. 자본금의 10분의 9까지.
  2. 구 채권의 10분의 7까지.
  3. 자본금의 잔액
  4. 구 채권의 잔액
- 특별관리인은 정비계획의 인가 신청을 주무대신이 지정하는 기일로
  부터 3개월 안에 해야 한다(시행규칙 제6조 1항).
- 특별손실 계산 후, 특별경리회사의 특별관리인은 정비계획을 제출해
  주무대신의 인가를 받아야 한다. 제출의무가 있는 특별경리회사는 자
  본금 100만 엔 이상의 회사 등이다(제5조).
- 정비계획서에는 특별손실 계산 외에도 회사의 존속, 해산, 합병, 제2
  회사 설립, 자산 처분, 미불입주금 불입, 자본 증감 등 19항목에 대한
  상세한 내용을 기재한다(제6조, 8조, 시행규칙 제7조).
- 신청하지 않는 특별경리회사에 대해서는 주무대신이 해산을 명할 수
  있다(17조).
- 신청한 정비계획이 불인가 처분을 받았을 경우에는 다시 신청한다(16조).
  재신청에도 불인가를 받을 경우에는 해당 회사에 대해 해산명령을 할 수
  있다(17조).

정비계획서의 제출 및 실시 과정을 보면 우선 1948년 말까지 전체 대
상 기업 5114개 중 94%가 계획서를 제출하였다. 그리고 제출 기업에 대
한 주무대신의 인가, 불인가, 해산명령 등으로 처리된 것이 1948년 말까
지 84%, 1949년 6월까지 94%였다. 즉 정비계획서의 제출과 여기에 대한
주무대신의 행정적 처리는 1949년 상반기까지 대부분 완료됐다고 할 수
있다. 인가된 계획서를 토대로 실제로 해당 기업이 정비계획을 실행한 실
적은 1949년 말까지 51%, 1950년 9월까지 66%로 계획서 제출만큼 신속
하게 이루어지지는 않았지만, 미완료 기업의 대부분이 중소기업이었기
때문에 기업재건정비는 1950년 말까지 사실상 완료됐다고 평가된다.[10]

10) 呂寅滿, 2007, 앞의 글, 133쪽.

III. 기업재건정비 과정과 미수금 문제의 상관관계

1. 미수금 처리의 강요

패전 후 생산 감퇴와 인플레로 인한 심각한 경제위기에서 신속하게 탈출하기 위해 일본정부는 일찍부터 태평양전쟁기 군수기업들의 생산 활동 복귀에 전력을 경주했고, GHQ와의 지루한 줄다리기 끝에 1946년 8월의 회사경리응급조치법과 10월의 기업재건정비법으로 전후 청산과 경제 부흥의 제도적 틀을 마련하였다. 그 내용은 전쟁채무의 동결과 신·구 계정의 분리, 구 계정의 특별손실 계산 및 처리, 신·구 계정 재합병의 과정으로 요약된다.

그런데 이 과정의 핵심은 전쟁 협력기업들의 구 경리장부를 정리하는 것이 가장 기본적 전제였음으로 징용된 조선인 노무자들에게 기업이 지불하지 못한 임금, 퇴직적립금, 보험금 등 미불금의 처리 역시 필요했다. 기업재건정비의 제도적 틀이 마련된 것과 동일한 시기에 미불금 처리와 관련된 정부의 명령이 이루어졌다는 사실이 기업재건정비정책과 조선인 노무자 미수금 문제가 직접적으로 연동되어 있었음을 강력하게 뒷받침한다. 즉 1946년 8월 회사경리응급조치법과 10월 기업재건정비법이 제정된 것과 동시에 「조선인 노무자 등에 대한 미불금 등의 공탁에 관한 건」(民事甲 제516호, 1946년 8월 27일자)과 후생성 통첩에 의한 미불금 공탁 지시(10월 12일자)가 이루어졌다.

기업재건정비가 경리 장부상의 회계 조작만으로 끝나는 것이 아니라 결과에 따라서는 기업 축소, 신 회사 설립, 해산 등을 통해 노동자의 해고, 이동 등이 대규모로 발생할 수 있었기 때문에 귀환한 조선인 노무자 미수금 문제만이 아닌 1946년 8월 시점의 구체적인 노동대책 역시 추가로 마련되어야 하였다. 이것 역시 「보상 중지로 인한 기업 정비에 수반한 노동대책」이라는 이름으로 1946년 10월 2일자 각의 결정안이 공표되었다. 여기서는 기업 정비로 인한 노동자의 신·구 계정 재배치 및 그 외 노동자의 정리원칙, 정리 노동자에 대한 퇴직금 지불 방침 등이 결정되었다. 퇴직금 취급과 관련해서는 별도로 1년 뒤인 1947년 10월 21일자 각의 결정으로 「기업재건정비법에 의한 퇴직금 취급에 관한 건」이 마련되어 보다 구체화되었다.[11]

결국 패전 직후 혼란된 상황에서 지불하지 못한 조선인 노무자 미수금은 1946년 10월의 시점에서는 어떤 식으로든 정리가 진행되어야 하는 상황이었다. 구 계정의 신속한 청산을 통해 국내 주요 기업들이 하루라도 빠르게 생산 활동을 정상화해 경제회복에 역할을 하기 바라는 일본 정부의 입장에서 대규모 조선인 귀환 노동자를 일일이 찾아내 미불금을 지불하도록 기업에 요구할 수는 없었다. 이런 상황에서 공탁이라는 카드를 일본정부가 신속한 구 계정 정리·청산에 효과적인 방법이라고 생각했을 것임은 쉽게 짐작할 수 있다.

반면 기업의 입장은 조금 복잡해졌다. 특별경리회사로 지정된 기업은 기존 경리를 신·구 계정으로 분리하고 구 계정 정리·청산과 이를 통해 발생하는 특별 손실의 처리를 일차적으로는 자력으로 해야 했다. 그리고 그 처리 결과를 정부로부터 승인을 받아야 비로소 '자유의 몸'이 되는 상황이었다. 따라서 기업의 생존 여부는 궁극적으로 특별 손실을 얼마나 줄이느냐에 달려 있었다. 이 지점이 기업이 패전 직후의 자세를 바꾸어 미불금의 축소·은폐를 시도하도록 유혹하는 출발점이었다. 이것은 근본적으로는 기업재건정비법 자체의 '제도적 유혹'이기도 하였다.

---

11) 大藏省財政史室, 1983, 앞의책, 736~744쪽 참조.

2. 제도적 유혹

앞서 보았지만, 일본의 주요 기업들이 전쟁 협력의 흔적을 지우고 다시 정상적인 경영으로 돌아가는 것은 사실상 분리된 구 계정의 손익을 계산한 결과에 달려 있었다. '특별손실계산'이라고 하는 이 계산의 결과 손실이 발생하지 않을 경우 바로 신·구 계정의 합병을 통해 특별경리회사에서 졸업할 수 있었다. 손실이 발생하더라도 그 처리가 자본의 증자 내지 감자, 채권의 처리 등 원칙적으로 기업 스스로 감내해야 하는 것이었기 때문에 손실의 규모를 최대한 줄일 필요가 있었다. 그런데 문제는 손실을 줄이는 이익의 대항목에 조선인 노무자의 미불금이 합쳐질 가능성이 있었다는 점이다.

앞서 보았듯이 기업재건정비법은 손실을 보전하는 이익의 대항목으로 ① 특별경리회사 지정에 의한 결산으로 종료하는 사업년도의 이익금 및 이월이익금, ② 적립금 중 '시행규칙 제2조 제2호 ㅁ'로 규정된 항목, ③ 구 계정의 총이익금, ④ 기타 이익(시행규칙 제2조 제2호), ⑤ 자산재평가 이익(제8조 제3항)을 규정하였다. 이 중 ②의 적립금에 조선인 노무자에 대한 미불금이 포함되었을 가능성이 있다는 것이다.

물론 대차대조표의 대변에 계상되는 적립금을 이익으로 계상하는 자체가 재무 회계 상에 문제가 되지는 않는다. 적립금은 말 그대로 기업의 해당 분기 이익 중 일부를 적립하는 것으로 다양한 명목이 존재할 수 있다. 특별한 용도가 아닌 단순히 장래의 긴급한 사항이 발생했을 때 사용하기 위한 유동자금 확보를 목적으로 한 이익 유보도 있고, 시설투자를 위한 유보, 법정적립금(연금, 퇴직금), 기업별 상황에 따라 임의로 설정하는 법정외적립금 등이 모두 적립금이기 때문이다. 이 때문에 기업재건정비법 시행규칙 제2조 제2호 ㅁ항에서는 기업재건정비법 제3조 제2호 ㅁ항에서 규정한 적립금 중 특별손실 계산의 이익 항목으로

잡을 수 있는 것과 그렇게 할 수 없는 것을 명시해 놓았다. 전문을 개략적으로 인용하면 다음과 같다.

> (기업정비재건법 제2조 제2호 ㅁ항) 기업재건정비법 제3조 제2호 ㅁ항의 금액에 대해서는 다음의 열거하는 것으로 한다.
> 1. 적립금 기타 명칭에 관계없이 특별경리회사가 각 사업연도의 이익금액 중 이익금 처분에 의해 유보한 금액. 단 법률 제34조의 4호 제1항의 규정에 의해 규정된 금액 및 이월된 이익금(대차대조표의 부채의 부에 계상한 적립금 중 종업원의 퇴직금 지급을 위해 유보한 금액) 과 구 계정 및 신 계정의 병합까지 구 계정의 지출로 지불된 퇴직금에 상당하는 금액 이외의 후생연금보험법 부칙 제9조 또는 제12조의 규정에 의한 구 퇴직적립금 및 퇴직수당법에 의해 적립된 퇴직적립금 및 준비적립금은 제외된다(밑줄은 필자).
> 2. 액면가 이상의 금액으로 주식을 발행해 그 액면을 넘는 금액 내에서 적립한 금액.
> 3. '1'에 해당하는 것을 제외하고, 합병 또는 자본 감소에 의해 발생한 이익금 중에서 적립한 금액
> 4. '1'에 해당하는 것을 제외하고, 정부명령에 의해 적립한 금액. 단 물가통제령 제19조 및 제21조의 규정에 의한 가격차익에 의해 적립한 금액은 제외한다.
> 5. 수선적립금, 상각적립금, 기타 여기에 준하는 것들 중에서 특별경리회사가 각 사업연도에 있어서 이익금 처분을 하지 않고 유보한 금액. 단 법률 제34조의 4호 제1항의 규정에 의해 규정된 금액 및 이월된 이익금(대차대조표의 부채의 부에 계상한 적립금 중 종업원의 퇴직금 지급을 위해 유보한 금액) 과 구 계정 및 신 계정의 병합까지 구 계정의 지출로 지불된 퇴직금에 상당하는 금액 이외의 후생연금보험법 부칙 제9조 또는 제12조의 규정에 의한 구 퇴직적립금 및 퇴직수당법에 의해 적립된 퇴직적립금 및 준비적립금은 제외된다(밑줄은 필자).

위의 기업재건정비법 시행규칙 제2조 제2호 ㅁ항을 보면 특별손실 계산에서 조선인 노무자 미수금의 대종을 차지하는 퇴직금, 수당, 연금,

보험금 관련 적립금은 이익금으로 계상할 수 없도록 명시하고 있음을 확인할 수 있다. 그러나 특별손실 계산을 행하는 주체는 어디까지나 해당 기업 자체이고, 실무를 담당하는 특별관리인도 해당 회사 임원과 채권자로 최대한 손실 규모를 줄여야 하는 사람들이었다. 특별손실 계산의 결과는 정비법의 규정에 의해 주무대신에게 제출되어 인가를 받게 되어 있었지만, 주무대신이 이미 귀국한 조선인 노무자 미수금이 이익금에 섞여 있는 지를 엄정하게 검토할 이유는 없었다. 일본정부 역시 기업의 특별손실을 최대한 줄이는 입장에 서 있었기 때문이다. 이런 일본정부의 자세는 특별손실계산의 이익 항목의 가장 큰 부문을 차지한 자산재평가의 기준 결정 과정에서 잘 나타난다.

사실 기업이 가장 큰 기대를 한 것은 자산재평가이익이었다. 해당 기업이 보유한 자산을 전후 시가로 재평가하여 이익에 계상하는 것으로, 전후 급격한 인플레이션을 감안하면 대부분의 기업이 그것만으로 특별손실을 보전할 수 있었기 때문이다. 그러나 자산재평가는 기업의 기대대로 이루어지지 않았다. 일본정부가 시가에 의한 재평가를 통해 특별손실을 보전하도록 주장한 데에 대해 GHQ가 인플레이션의 영향을 명분으로 장부가격으로 하도록 주장했기 때문이다. 일본정부와 GHQ 간의 의견 대립은 팽팽했으며, 기업재건정비를 계획보다 지연시키는 역할을 하였다. 결국 일본정부가 GHQ의 주장을 부분적으로 수용하는 것으로 조정됐고, 1947년 2월 '기업재건정비법에 기초한 자산의 평가환(評價換)에 대한 인가기준'이 결정되었다. 그 내용은 처분하는 자산은 시가, 처분용 외의 고정자산(무형고정자산 포함)은 장부가격, 처분용 외의 유동자산은 공정가격으로 하는 것이었다.[12]

일본정부와 GHQ의 조정에 의해 마련된 자산재평가 기준이 특별손실

---

12) 呂寅滿, 2007, 앞의 글, 131쪽.

의 규모를 줄이는데 결정적인 역할을 한 것은 사실이지만, 기업의 기대
에는 못 미치는 것이었다. 그리고 이것은 적립금 부문에 있어서의 유혹
을 보다 증폭시켰을 것이다.

1946년 10월 2일 각의에서 결정된 「보상 중지로 인한 기업정비에 수
반한 노동대책」에는 '종업원의 정리에 있어서 국적, 신조, 사회적 지위
를 이유로 차별적 취급이 있어서는 안 된다'고 명시하고 있다.[13] 따라서
1946년 10월 시점에 마련된 일본정부의 기업재건정비의 제도적 틀 속에
서 논한다고 하더라도 이를 계기로 정리되는 노동자들에 대한 미불금은
당연히 조선인, 일본인 관계없이 동일하게 지불하고 청산되어야 하였
다. 그리고 '거소불명'으로 지불이 곤란할 경우도 국적에 상관없이 공탁
되어야 했던 것이다. 법적 장치는 이렇게 만들었지만, 일본정부에 이것
이 제대로 지켜지는지에 대해 철저하게 감독하기를 기대할 수는 없었
다. 그 이유는 일본정부의 입장이 철저하고 엄정한 전쟁 청산보다 경제
위기를 신속하게 극복할 생산의 정상화에 있었고, 이를 위해 기업이 특
별손실을 최대한 줄이는 데 역량을 집중했기 때문이다. 또 특별손실의
규모를 줄이는 것이 생존과 직결되어 있었던 기업의 처지를 생각하면,
손실을 줄이는 주요 항목인 적립금에서 법에 규정한 대로 퇴직금, 수당,
연금, 보험금 관련 적립금을 제외하는 것은 생존을 도외시한 '양심의 선
택'일 수밖에 없었다. 따라서 당시 일본 특별경리회사에 지정된 기업의
처지에서 미불금의 원칙적 처리를 선택하기는 어려웠을 것이다. 광범위
한 미불금의 축소·은폐가 어쩌면 당연해 보이는 이유이다. 이하에서는
특별경리회사로 지정된 개별 기업의 구체적 사례를 통해 이러한 정황을
확인해 보도록 하겠다.

---

13) 大藏省財政史室, 1983, 앞의 책, 741쪽.

Ⅳ. 하리마(播磨)조선소의 사례

정식명칭 '주식회사 하리마조선소'는 효고현(兵庫県)에 있는 조선소로 해방 당시 징용된 조선인 노무자가 2,000명 이상 일했던 일본 주요 조선소 중 하나였다. 1929년 설립됐고, 효고현의 본사 공장 외에 마쓰노우라[松の浦]와 구레[吳]에 별도의 조선소가 있는 체제였다. 패전 당시 자본금은 6000만 엔(3750만 엔 불입)으로 생산능력은 최대 2만 톤급(G/T) 선박을 건조할 수 있는 선대(船臺)와 7만 톤급 선박을 수리할 수 있는 선거(船渠)를 가지고 있었다. 이를 이용해 연간 6만 2000톤의 선박 건조와 96만 톤의 선박 수리를 할 수 있는 능력을 보유하였다.[14] 전전(戰前) 최대 건조실적은 국가적 지원하에 전시 필요선박 양산을 목적으로 한 '전시계획조선'이 정점에 달했던 1944년으로 상선(商船) 25만 4489톤, 함정 2만 4278톤이었다.[15]

하리마조선소는 1946년 8월 11일자로 특별경리회사로 지정되었고, 신·구 계정 분리와 구 계정 특별손실 계산, 이를 통해 발생한 특별손실금의 처리 계획 등을 내용으로 하는 기업정비계획서를 1948년 8월 14일자로 제출하였다. 산출된 특별손실액은 2257만 엔이었고, 그 처리 방법은 일차적으로 불입자본금 3750만 엔의 60%를 감자해 발생한 감자이익 2250만 엔으로 보전하고, 나머지 7만 엔은 특별손실가계정을 설정해 정리하는 것으로 하였다. 제출된 정비계획서는 1949년 2월 15일자로 인가되어 같은 해 4월 25일 정비계획이 시작되었다. 정비계획 시작일자로 자본금 감액이 단행되어 기존 6000만 엔의 자본금이 1500만 엔(전액 불입)으로 감자되었다. 그리고 2달 뒤인 6월 20일 자본금 8000만 엔(전액 불입)의 증자를 실시하는 한편으로 신·구 계정의 합병을 단행하였다.[16]

---

14) 株式會社播磨造船所, 1949, 『株式會社播磨造船所槪況書』, 4~5쪽.
15) 株式會社播磨造船所, 1949, 『社債目論見書』, 8쪽.

하리마조선소의 특별손실 계산서의 구체적인 내역은 〈표 1〉과 같다.

〈표 1〉 하리마조선소 특별손실계산서(단위: 엔)

손실지부	금액	이익지부	금액
전시보상특별세	33,666,130	법정적립금	1,570,000
재외자산	15,771,536	특별적립금 기타	10,015,588
은행예금	536,000	당기 이익금	4,359,633
단기채권	2,409,286	任卦品	2,939,659
매상채권	1,372,137	국채이자	22,383
주식의 손실	352,370	미정리수취계정 이자	16,012,888
미불입장수 관련 손실	190,850	기타	653,602
任卦品	7,611,549	합계(B)	35,573,753
고정자산(배상시설)	3,298,071	특별손실액(A-B=C)	65,250,203
지불이자	7,312,365	자산재평가 이익(D)	42,679,622
구계정 재산관리비용 등	1,467,000		
이월손실금	22,101,396		
기타	4,735,266		
합계(A)	100,823,956	최종 특별손실액(C-D)	22,570,581

자료: 株式會社播磨造船所, 1949, 『增資目論見書』, 50쪽에서 작성.

〈표 1〉을 보면 하리마조선소의 구 계정 전체 손실액은 1억 엔 정도이며, 이 중 가장 많은 비중을 차지하는 것은 GHQ의 반대로 인해 좌절된 전시채무보상 결과물인 전시보상특별세로 30%를 차지했다. 그 다음은 이월손실금, 그리고 재외자산 손실로 이 세 항목을 합친 것이 전체 손실의 70%였다. 반면 손실을 보전할 이익 총액은 3550만 엔이었다. 가장 큰 비중을 차지한 것은 미정리 수취계정 이자였는데 이익에 계상된 총액은 1600만 엔에 달했다. 그리고 그 다음의 비중을 차지한 것이 조선인 노무자 미수금이 섞여있을지도 모르는 1000만 엔의 특별적립금이었다.

하리마조선소는 특별손실 계산의 결과 6500만 엔의 특별손실이 발생했다(〈표 1〉의 C). 그러나 자산재평가를 통해 발생한 이익 4270만 엔을

---

16) 株式會社播磨造船所, 1949, 『增資目論見書』, 50쪽.

통해 특별손실을 보전해 최종적으로 산출된 특별손실액은 2257만 엔이었다.

그러면 이제 1000만 엔의 특별적립금과 157만 엔의 법정적립금이 어떻게 계상된 것인지 추적해 조선인 노무자 미수금의 포함 여부를 검토해 보도록 하겠다. 이를 위해서 작성한 것이 〈표 2〉 이다. 1945년 6월 현재의 영업보고서를 통해 패전직전 각종 적립금의 규모를 확인하고 이후 1950년까지의 영업보고서를 통해 적립금에 어떤 변동이 있었는지 확인하였다. 아쉬운 것은 패전 직후인 1945년도 하반기 영업보고서(33기)를 발견할 수 없었다는 점이다.

〈표 2〉 패전 전후 대차대조표 상의 적립금 변화 추이(단위: 엔)

	32기 (44.12-45.6)	34기 (46.3-6)	35기 (46.6-8)	36기 (46.8-49.6)	37기 (49.6-12)	38기 (49.12-50.6)	39기 (50.6-12)
법정적립금	1,420,000	1,570,000	1,570,000		1,000,000	2,500,000	2,950,000
별도적립금	3,860,000	4,060,000	4,060,000		1,000,000	2,500,000	3,000,000
시설확장유보금	2,200,000						
퇴직수당기금	672,000	672,000	672,000				
저예치금 (諸預り金)	941,475	3,190,083	2,707,890		119,055,716	95,351,796	96,199,333
종업원예치금 (預り金)	7,729,130						
납세충담금	4,000,000				542,559	2,777,184	2,868,420
공원퇴직수당 적립금	2,814,773	1,467,290	1,467,290	1,303,577	1,301,859		
납세적립금	3,600,000						
배당충당적립금						2,500,000	5,000,000
재평가적립금							541,288,644
합계	27,237,378	10,959,373	10,477,180	1,303,577	122,900,134	105,628,980	651,306,397

자료: 株式會社播磨造船所, 1944-1950, 『營業報告書』32期, 39期에서 작성.

가장 먼저 주목되는 것은 1945년 6월 현재 773만 엔이라는 거액의 종업원 예치금이 사라진 점이다. '아즈카리킨(あずかりきん)'은 말 그대로 맡겨 둔 돈으로 예금을 의미하는 '요킨(よきん)'하고는 대차대조표 상에서도 '預り金'과 '預金'으로 구분해 쓰고 있다. 하리마조선소 사사(社史)를 보면 종업원은 직원과 공원(工員)으로 나누고 있다. 〈표 2〉에서도 퇴직수당 적립금이 직원(퇴직수당기금)과 공원(공원퇴직수당 적립금)으로 나누어져 있는 것을 확인할 수 있다. 그렇다면 종업원 예치금은 정확하게 어떤 용도인지는 알 수 없으나 당시 하리마조선소에 근무한 직원, 일본인 및 조선인 노무자의 예치금임은 확실하다.[17] 비록 자료의 한계로 하리마조선소에서는 확인할 수 없었지만, 종업원 예치금에 조선인 노무자에게 지불해야 할 다양한 형태의 돈이 들어 있었다는 사실은 미쓰비시[三菱]광업을 사례로 삼아 미수금 피해 실태를 연구한 허광무의 연구에서 확인되었다.[18]

하리마조선소 사사는 패전당시 조선소의 전체 공원 수가 1만 3811명이었고, 그 중 조선인 노무자가 872명이라고 기록하고 있다. 조선인 노무자는 1941년 1월 경상남도로부터 징용된 123명이 최초이고, 1944년 9월부터 10월까지 전라남도로부터 1710명이 징용되었는데, 일반적으로 교양 수준이 낮고 무학력자가 많아서 '무단 퇴산(退散)'하는 자가 속출해 패전 당시에는 872명이 남아 있었다. 그리고 이들 872명은 1945년 10월 6일 조선으로 송환했다고 기록하고 있다.[19] 1945년 12월 현재 하리마조선소의 전체 종업원은 4889명으로 직원 1160명, 공원 3729명이었다.[20]

17) 하리마조선소 사사(社史)를 보면 화공(華工)이라고 불렸던 중국인 노동자 400여 명도 근무하고 있었다. 播磨造船所50年史編纂室, 1960, 『播磨造船所50年史』, 149쪽.
18) 허광무, 2014, 「일제말기 강제동원 조선인 노무자의 미불금 피해 실태 -규슈[九州]지역의 미불금 관리 실태를 중심으로-」, 『동북아역사논총』 45, 동북아역사재단.
19) 播磨造船所50年史編纂室, 1960, 앞의 책, 149~150쪽.
20) 播磨造船所50年史編纂室, 1960, 위의 책, 224쪽.

그렇다면 종업원 예치금 773만 엔은 패전과 함께 퇴사한 직원, 공원들에게 지불됐어야 하고, 퇴사하지 않고 잔존한 종업원 4889명분은 남아있어야 하였다. 그러나 주지하듯이 귀국한 조선인 노무자가 관련된 돈을 받지 못했음에도 불구하고, 〈표 2〉에서 보듯이 종업원 예치금은 34기 영업보고서에서 단 한 푼도 남아있지 않고 사라졌음이 확인된다.

사라진 종업원 예치금이 어디로 갔을까를 생각해 보면 우선 패전 직후의 혼란 속에서 조선소 유지를 위한 긴급한 운영자금 수요에 대응해 전용됐을 가능성이 있다. 세금 관련 적립금이나 시설확장유보금이 같이 사라진 것은 이런 정황을 보여준다. 그런데 보다 흥미로운 사실은 34기 영업보고서의 1946년 6월 시점의 적립금 현황이다. 1945년 6월 2700만 엔 수준의 적립금은 1년이 지난 상황에서 1000만 엔 수준으로 대폭 줄어들었음에도 불구하고 세부 항목을 자세히 보면 늘어난 적립금 항목이 있다는 것이다. '제예치금' 항목이 230만 엔 가까이 증가했고, 법정적립금과 별도적립금도 각각 15만 엔, 20만 엔 정도가 늘어서 전체적으로 265만 엔 정도가 이들 항목으로 추가 적립되었다. 법정적립금은 의무사항이라 자연스러운 증가로 볼 수도 있지만, 제예치금의 급격한 증가는 의문을 가지게 한다. 종업원 예치금의 미불금이 여기에 포함된 것은 아닐까 라는 추정이 가능한 대목이다. 그리고 이들 증액된 적립금들은 〈표 2〉에서 보듯이 기업재건정비가 시작되는 1946년 8월을 기점으로 전부 사라진다. 이것은 〈표 1〉의 특별손실계산서의 이익부 적립금 항목으로 들어가서 전쟁손실을 보전하는 데 사용되었다. 금액도 법정적립금은 정확히 일치하고 나머지도 약 900만 엔 정도로 대략 일치한다고 봐도 무방하다. 그렇다면 결국 종업원 예치금 중 조선인 노무자 예치금이 포함된 230만 엔이 제예치금에 합산되었고 특별손익 계산의 이익 항목에 잡혀서 하리마조선소의 전쟁 손실 보전에 사용되었다고 추론할 수 있다. 단언할 수는 없지만, 하리마조선소의 재무회계만을 놓고 보더라도 조선인 노무자에 대한 미불금 처리가 은폐·축소된 정황은 확인된다고 하겠다. 실제 하리마조선소가 조선인 노무자에 대한 미불금으로 공탁하려고 한 자금은 자료상 확인되는 것으로 우편저금 3453엔 뿐이었다.[21]

직원과 공원퇴직수당 적립금의 변화 양상도 위와 같은 추론을 뒷받침한다. 퇴직금은 앞서 보았듯이 기업재건정비법과 시행세칙에 의해 특별손실 계산에서 제외하도록 명시하고 있다. 귀환한 조선인 노무자가 퇴직금을 받아서 나오지 않은 것이 확인되는 이상 어떤 식으로든 영업보고서 상에 남아 있거나 공탁되어야 했다. 〈표 2〉를 보면 직원용으로 보이는 퇴직수당기금 67만 엔은 특별손실 계산에 사용되었음이 확인되고, 공원퇴직적립금 281만 엔은 특별손실 계산에 사용되지는 않았으나, 1950년 6월 시점에서 사라졌다. 구체적으로 보면 1945년 6월 현재의 281만 엔 중 1946년 6월 146만 엔으로 줄어든 것은 패전 후 퇴사한 공원들의 퇴직금 지불에 사용됐다고 볼 수도 있으나, 나머지 130만 엔의 경우 기업재건정비계획이 일본정부로부터 인가를 받아 실제 실행에 옮겨지는 과정에서 사라진 것이다. 130만 엔 속에 조선인 노무자의 퇴직금이 포함되었음이 확실하다고 할 때 일본정부가 만든 법제도에 의한다 하더라도 공탁되어야 했지만 그런 정황은 확인할 수 없는 것이다.

V. 맺음말

이 연구는 일본이 왜 조선인 미수금 문제를 해결하지 않았는가 하는 문제를 일본 기업의 입장과 전후 일본 경제부흥정책의 관점을 상호 연관시켜 파악해 보려는 시도였다. 이하에서는 본 연구의 과제에 대한 분

---

21) 大蔵省, 1950-53, 『経済協力·韓国105·朝鮮人に対する賃金未払債務調』.

석 내용을 간단하게 요약하고, 이후 연구 과제를 제시하는 것으로 결론
에 대신하고자 한다.

일제가 패전한 후 귀환하는 조선인이 임금, 퇴직금, 연금, 보험금 등을
받아서 돌아오는 것은 사실 그다지 어려운 문제가 아니었다. 일본이 항
복한 직후 돌아온 것이 아니고 귀환하기까지는 몇 달의 시간이 더 필요
했기 때문이다. 본격적으로 조선인 노무자의 귀환이 시작된 것은 1945년
12월부터였다. 그러나 조선인 노무자는 마땅히 받아야 할 돈을 받지 못
한 상태에서 귀국하지 않을 수 없었다. 물론 이때는 전후 혼란기로 생
산의 급격한 감퇴와 경영 혼란에 직면한 기업이 제대로 이런 것을 챙길
수가 없었고, 또 일본 및 조선을 점령한 GHQ와 주한미군정의 정세판단
이 작용하였다는 측면도 제기될 수 있다. 그러나 일정하게 혼란이 수습
되어 가던 1946년에 들어서도 미수금 문제는 해결의 기미를 보이지 않
았다는 점에 문제의 중요성이 있다. 그리고 이렇게 된 가장 중요한 배
경 중의 하나가 일본정부의 기업재건정비정책에 있었다.

1946년 8월부터 10월에 걸쳐 일본정부는 회사경리응급조치법과 기업
재건정비법을 발표해 전쟁에 협조한 군수기업을 평화기업으로 탈바꿈
시키기 위한 제도적 틀을 완비하였다. 그리고 이 과정에서 조선인 미수
금은 귀국한 조선인 노무자들을 찾아서 지불하는 것이 아니라 일괄 '거
소불명'을 근거로 공탁되었다. 일본정부가 조선인 미수금을 공탁하도록
한 것은 구 계정의 신속한 청산과 이를 통해 국내 주요 기업들이 하루
라도 빠르게 생산활동을 정상화해 경제회복에 역할을 하기 바랐기 때문
이다. 이러한 일본정부에 대규모 조선인 귀환노동자를 일일이 찾아내
미수금을 지불하도록 기대하는 것은 어려웠다. 이런 상황에서 공탁이라
는 카드는 신속한 구 계정 정리·청산에 효과적인 방법이었음을 쉽게
짐작할 수 있다.

반면 기업의 입장은 국가의 기업재건정비 제도의 구축과 회계경리에

있어서 해결되지 않는 돈들을 공탁하라는 지령에 의해 조금 복잡해졌다. 기존 경리를 신·구 계정으로 분리하고 구 계정 정리·청산과 이를 통해 발생하는 특별 손실의 처리를 스스로의 힘으로 해야 하며, 그 결과를 정부로부터 승인 받아야 비로소 '자유의 몸'이 되는 상황에서 기업의 생존 여부가 궁극적으로는 특별손실을 줄이는 데 달려 있었기 때문이다. 이 지점이 기업이 패전 직후의 자세를 바꾸어 미불금의 축소·은폐를 시도하도록 유혹하는 출발점이었다. 왜냐하면 공탁을 하지 않더라도 제도적으로 규제할 장치가 없었고, 이들 공탁하지 않은 돈은 적립금에 포함해 전쟁손실을 줄이는 데 유용하게 사용할 수 있었기 때문이다. 따라서 일본정부가 구축한 기업재건정비제도는 일본 기업으로 하여금 조선인 노무자 미수금을 축소·은폐하도록 유인한 '제도적 유혹'이기도 하였다. 그리고 앞에서 분석한 하리마조선소의 사례는 이러한 정황을 잘 보여준다고 하겠다.

법과 제도로만 따진다면 일본정부의 기업재건정비와 그 일환으로서의 미수금 공탁은 그 자체로 하자가 있는 것은 아니었다. 문제는 기업이 이 제도를 지키지 않아도 되었고, 일본정부는 이것을 방조했다는 것이다. 그리고 이러한 제도적 환경과 생존을 위해 필사적으로 특별손실을 줄여하는 기업들의 입장이 상호 결합하여 만들어낸 결과가 광범위한 미불금의 축소·은폐였다.

그러면 조선인 노무자 미수금 축소·은폐의 범위와 규모는 어느 정도였을까. 이를 밝히기 위해서는 보다 많은 개별 기업의 사례 분석이 필요하다. 특히 축소·은폐 확인의 열쇠를 쥐고 있는 적립금의 내용 확인이 필요하다. 그리고 이를 위해서는 각 기업의 영업보고서 작성의 기초자료인 재무회계 장부 등의 1차 자료 확보가 필요하다. 특히 개별 특별경리회사가 일본정부 주무대신에게 제출한 기업재건정비계획서의 발굴이 이루어져야 할 것이다.

한편으로는 조선인 미수금 공탁 문제와 관련하여 전혀 다른 범주의 기업에 대한 조사도 필요하다. 이른바 '특수청산'이라고 불렸던 재외기업(在外企業, 본점이 일본 외부에 소재한 기업)이다. 이들은 크게 두 부류로 나누어졌는데, 폐쇄기관으로 지정된 기업과 이들을 제외한 기업으로서의 '재외기업'이다.

폐쇄기관 청산 과정은 일본 국내 기업의 기업재건정비와 동일한 시기에 출발했다. 1946년 10월 5일자로 GHQ가 폐쇄기관 청산명령을 내렸다. 이에 따라 1947년 3월 공포된 '폐쇄기관령', '폐쇄기관정리위원회령'에 의거, 폐쇄기관정리위원회가 설치되어 청산에 착수하였다. 청산이 대체로 완료된 것도 기업재건정비와 거의 비슷한 시기이고, 그 결과로 1952년 3월 31일부로 폐쇄기관정리위원회는 해산하였다. 한편 재외기업 총 1134개(조선 소재 기업 291개 포함)의 청산은 1949년 1월 8일 GHQ 각서에 의해 재산정리가 지시되면서 본격적으로 시작되었다. 같은 해 2월 4일 대장성 관리국은 '재외회사본방내점포정리요강(안)'을 발표해 재외기업의 일본 내 재산에 한정해 청산을 실시하도록 하였다.

재외기업 청산과정에 대한 구체적인 연구가 필요한 이유는 청산 과정에서 역시 정리되지 않는 자금들에 대한 축소·은폐, 공탁 등이 이루어졌기 때문이다. 특히 청산 종결 후 잔여 재산은 원칙적으로 일본정부에 이관되어 관리되는 것이었지만, 한편으로는 이러한 재산들을 토대로 청산 기업의 임원, 주주, 채권자 등 경영 관계자들이 새로운 회사를 설립할 수도 있었기 때문이다. 그리고 실제로 조선은행, 조선식산은행, 조선우선 등 일제시기 조선에 본점이 소재했던 많은 기업들이 청산 후 남은 재산을 가지고 새로운 회사를 설립하고 있다. 따라서 조선인 노무자 미수금 공탁 문제와 관련해 이에 대한 구체적인 분석이 필요한 것이다. 이후의 과제이다.

【참고문헌】

大藏省, 1950-53, 『經濟協力・韓国105・朝鮮人に対する賃金未払債務調』.

大藏省財政史室, 1983, 『昭和財政史ー終戦から講和まで』第13巻.

播磨造船所50年史編纂室, 1960, 『播磨造船所50年史』.

株式會社播磨造船所, 1949, 『社債目論見書』.

株式會社播磨造船所, 1944~1950, 『營業報告書』32期~39期.

株式會社播磨造船所, 1949, 『株式會社播磨造船所槪況書』.

株式會社播磨造船所, 1949, 『增資目論見書』.

정혜경, 2014, 「일제말기 조선인 노무자 공탁금 자료의 미시적 분석」, 『동북아역사논
총』 45, 동북아역사재단.

허광무, 2014, 「일제말기 강제동원 조선인 노무자의 미불금 피해 실태 -규슈九州지역
의 미불금 관리 실태를 중심으로-」, 『동북아역사논총』 45, 동북아역사재단.

古庄正, 1986, 「在日朝鮮人労働者の賠償要求と政府および資本家団体の対応」, 『社会
科学研究』 31-2.

_____, 1991, 「資料連行朝鮮人未払い金供託報告書」, 『駒沢大学経済学論集』 23-1.

_____, 1992, 「朝鮮人強制連行問題の企業責任」, 『駒沢大学経済学論集』 24-2.

_____, 1993, 「日本製鉄株式会社の朝鮮人強制連行と戦後処理 : '朝鮮人労務者関係'を
主な素材として」, 『駒沢大学経済学論集』 25-1.

_____, 1995, 「足尾銅山・朝鮮人強制連行と戦後処理」, 『駒沢大学経済学論集』 26-4.

_____, 2000, 『日本企業の戦争犯罪』, 創史社.

_____, 2007, 「供託をめぐる国家責任と企業責任」, 『在日朝鮮人史研究』 37.

宮崎正康 外, 1982, 「占領期の企業再編成」, 『年報 近代日本研究』 4, 山川出版社.

麻島昭一, 2002, 「昭和電工の企業再建整備の考察」, 『専修大学社会科学研究所月報』 474.

呂寅滿, 2007, 「企業再建 -再建整備の実施とその意義」, 武田晴人編, 『日本経済の戦後
復興ー未完の構造転換』, 有斐閣.

竹内康人, 2012, 「供託と協定で奪われた未払い金 : 明らかになった朝鮮人未払い金の

　　　実態」, 田中宏・中山武敏・有光健,『未解決の戦後補償』, 創史社.

植草益, 1979,「占領下の企業分割」, 中村隆英編,『占領期日本の経済と政治』, 東京大学
　　　出版会.

조선인 노무자의 미수금에 관한 재일본조선인연맹의 활동

최 영 호

I. 머리말

여기에서는 조선인 노무자의 미수금 문제에 한정하여, 해방직후 조련 (재일본조선인연맹)이 이 문제에 대해 조직적으로 어떻게 관여해 왔는지 알아보기로 한다. 가능한 이제까지 알려진 관련 자료들을 소개하여 앞으로 많은 사람들이 이에 대해 관심을 갖고 관련 연구자들이 더욱 심도 있는 연구를 할 수 있도록 연구 인프라를 제공하고자 한다.

이제까지 조련에 관한 연구에서는 조직이 어떻게 형성되어 왔는지를 중심으로 연구가 진행되어 왔으며 그 가운데 조련의 조직적 활동을 사안별로 다루어 왔다. 지난 1989년 박경식(朴慶植) 연구자에 의해 해방 이후 재일한인 운동사에 관한 선구적인 저서[1]가 출간된 이래 수많은 관련 연구가 한국과 일본에서 진행되어 왔다. 그 가운데 2009년에 조련의 활동에 관한 오규상(吳圭祥)의 종합적인 연구서가 출간되었고,[2] 2013년

---

1) 朴慶植, 1989, 『解放後在日朝鮮人運動史』, 三一書房.
2) 吳圭祥, 2009, 『ドキュメント在日本朝鮮人連盟1945-1949』, 岩波書店. 필자는 서평

에는 정영환(鄭榮桓)의 저서가 발간되어 지난 연구서들이 깊이 다루지 못한 조련 자치대와 청년 일꾼의 활동 등을 언급하고 조련의 초기 하부 조직 상황을 밝혔다.[3]

그러나 조련이 결성 직후에 조선인 노무자의 미수금 문제에 대해 어떻게 관여해 왔는지에 대해서는 위의 자료는 물론 기존 조련 관련 연구서에서 간략하게 언급하고 있을 뿐, 이에 대한 집중된 연구가 제기되지 않았다. 이러한 연구의 문제점은 미수금 혹은 미불금, 공탁금에 관한 연구에서도 마찬가지로 그대로 나타나고 있다. 이것은 기본적으로 관련 자료의 부족에 따른 것이다. 조련의 경우, 수많은 연구자들의 노력에 힘입어 중앙조직의 자료가 그런대로 발굴이 되었지만, 지방조직의 자료는 좀처럼 나오고 있지 않다. 이러한 한계를 극복하는 방법으로 필자는 기존에 발굴된 중앙조직 자료에서 미수금 교섭 관련 활동을 정리해 내는 작업과 함께, 지방의 조련활동 자료, 언론보도 자료, 점령군 자료 등을 발굴하고 분석하여 조련 지방조직의 움직임을 규명하는 작업이 병행되어야 한다고 생각한다.

필자 역시 조선인 노무자의 미수금 문제와 조련의 관계에 관한 연구에서 아직 도입 단계를 벗어나지 못하고 있음을 고백하지 않을 수 없다. 따라서 여기서는 이에 대한 문제의식을 분명히 하는데 그칠 수밖에 없다. 앞으로의 연구에 도움이 되기 위해서 여기서는 가능한 기존 연구 성과를 정리하는 작업에 치중하고자 한다. 결국 이 글은 본격적인 연구 성과라기보다 기존 연구의 정리라고 하는데 그 의의를 가지고 있다.

을 통해 이 책을 한국에 소개했다. 최영호, 2009, 「〈서평〉 吳圭祥, 『ドキュメント在日朝鮮人連盟 1945-1949』, 岩波書店」, 『한일민족문제연구』 16집, 255~261쪽.

3) 鄭栄桓, 2013, 『朝鮮独立への隘路 : 在日朝鮮人の解放五年史』, 法政大学出版局. 필자는 서평을 통해 이 책을 한국에 소개했다. 최영호, 2013년 6월, 「〈서평〉 朝鮮独立への隘路: 在日朝鮮人の解放五年史(鄭榮桓, 2013, 法政大學出版部)」, 『재외한인연구』 30호, 163~172쪽.

미수금이라는 용어는 '받지 못한 금액'을 의미하는 단어로 일본의 작업장에서 일하다가 해방을 맞은 조선인 노무자들이 한반도에 귀환하면서 일본기업으로부터 받지 못한 보수를 말한다. 따라서 일본에서 작업하던 노무자에게 논의를 국한시키고, 또한 조선인 군인·군속, 그리고 일본군위안부의 미수금 문제는 논외로 하고자 한다. 조선인 노무자의 미수금은 일본공탁소에 공탁된 '공탁분'과 그렇지 않은 '미공탁분'으로 크게 나눌 수 있다. 그리고 미수금 가운데 조련이 받은 것으로 되어 있는 금액은 '미공탁금' 가운데 '제3자 인도분'에 해당된다. 미수금의 종류는 공탁금의 내역을 통해 확인할 수 있는데, 사업장마다 각각 표기가 다르고 수많은 명목의 수당과 저금 종류가 기재되어 있어 이를 종합하기가 매우 어렵다. 미수금 항목을 크게 나누면 급료, 수당, 상여금, 저금, 여비, 보급금, 예치금, 유가증권, 후생연금, 연금탈퇴금, 우편저금, 생명보험금, 적립금, 보험탈퇴금, 조합탈퇴금, 퇴직적립금, 퇴직상여금, 전별금, 상해위로금, 상해부조료, 사망자위로금, 유해매장료, 유족부조료, 유골인취비, 장제료, 유족출두 여비 등을 생각할 수 있을 것이다.

미수금의 전체 규모가 정확히 알려지지 않는 가운데, 일본정부가 노무자 미수금의 규모를 얼마 정도로 파악했는지 일본 국립공문서관 쓰쿠바(筑波) 분관에 소장되어 있는 『경제협력·한국105』 자료군에서 찾아볼 수 있다.[4] 한국과의 국교정상화 교섭 과정에서 일본정부가 청구권 협상을 위해 참고한 것으로 보이는 이 자료군에는 일본의 각 지방정부가 미수금 상황을 어떻게 보고했고 중앙정부가 어떻게 정리했는지에 관한 자료가 들어있다. 특히 이 자료군 속의 후생노동성 자료 「조선인의 재일자산조사보고서철」[5]은 점령당국의 지시에 따라 일본정부가 어떻게

---

4) 김경남 연구자는 비교적 이른 시기인 2009년에 『經濟協力·韓國105』를 열람하고 분석하여 일반에 소개했다. 金慶南, 2009, 「GHQ占領期における供託金の事務手続きと名簿原本の出所について: '経済協力·韓国105'分析を中心に」(強制連行真相究明ネットワーク, 神戸学生青年センター).

미수금 문제에 대응했는지 잘 보여주고 있다. 일찍이 1946년 10월에 후생성 노정국장은 각 지방에 지시6)를 내려 조선인 노무자의 미수금 현황을 조사하여 보고하도록 했으며, 1947년 12월에는 노동성이 주체가 되어 공탁 현황을 포함하여 미수금 현황을 조사하도록 지방에 지시를 내렸다.7) 1948년 3월에 노동성이 점령당국(민간재산관리부)에 보고한 바에 따르면, 그때까지 50,701명분의 미수금 5,443,150엔이 공탁되었고, 13,294명분의 미수금 2,400,686엔이 '위임받지 않은' 제3자에게 인도된 것으로 되어 있다.8)

또한 『경제협력·한국105』 자료군 속의 대장성 자료 「조선인에 대한 임금미불채무조사」9)를 보면 1950년대 초 일본정부가 미수금 규모를 어떻게 파악하고 있었는지 알 수 있다. 1950년 10월 일본노동성 노동기준국장은 각 지방에 조사 지시10)를 내려 미수금에 관한 조사결과를 보고받고 정리했다. 이때 조사표에는 미불임금 등의 채무에 대하여 기업명, 채무 종류, 채무액, 인원 수, 공탁 유무, 공탁한 공탁소, 공탁한 연월일을 기재하게 했다.11) 노동성이 조사한 결과를 모은 자료군 가운데 노동

5) 「朝鮮人の在日資産調査報告書綴」(分類:厚生労働省2009年度, 排架番号:つくば書庫 6/ 6-91/ 1738).
6) 厚生省労政局長, 地方長官宛, 1946年 10月 12日, 「朝鮮人労務者に対する未払金その 他に関する件」(労発572号). 이 通達文은 戦後補償問題研究会編, 1992, 『戦後補償問 題資料集第7集: 戦後補償関係法令通達集(Ⅱ)「未払金·軍事郵便貯金」関係』, 戦後補 償問題研究会, 75~81쪽에도 실려 있다.
7) 労働省労働基準局長, 都道府県労働基準局長宛, 1947年 12月 1日, 「朝鮮人労務者に 対する未払金について」(基発418号).
8) 労働省給与課長, 都道府県労働基準局長宛, 1948年 3月 30日, 「朝鮮人労務者に対す る未払金について」(本給発35号).
9) 「朝鮮人に対する賃金未払債務調査」(分類:大蔵省2000年度, 排架番号:つくば書庫5/ 5-53/ 3451).
10) 労働省労働基準局長, 都道府県労働基準局長宛, 1950年 10月 6日, 「帰国朝鮮人に 対する未払賃金債務等に関する調査について」(基発917号).
11) 고바야시 히사토모(小林久公), 2011, 「조선인 강제동원 피해자의 미불금에 대해」, 『역사와 책임』 창간호, 188~191쪽.

성 노동기준국 급여과가 1953년 7월에 각 지방에서 올라온 보고 자료들을 정리한 집계표가 있다.[12] 해당 집계표에 따르면 '공탁분' 80,279명, 10,987,264엔, '미공탁분' 51,947명, 4,392,526엔 89전, '제3자인도분' 17,361명, 2,063,880엔 19전, 합계 149,587명, 17,438,671엔 08전의 조선인 노무자 미수금이 기재되어 있다.

이 글에서는 조선인 노무자의 미수금 가운데에서도 '제3자 인도분', 그 중에서도 조련이 관여한 것을 대상으로 삼고 있다. 노동성이 1950년에 지시하여 정리한 자료에는 「제3자에 대한 인도분」이 지방별, 사업소별, 채무의 종류, 채권자 수, 금액, 비고 등으로 따로 정리되어 있다. 비고란에는 인도를 받은 단체의 이름과 단체의 대표자 그리고 인도 일자 등이 기재되어 있다. 이 자료가 조선인 단체의 수수 결과를 모두 기록하고 있다고 보기는 어렵지만, 그 단서를 파악하는데 매우 유효한 자료라고 생각된다. 이 자료에 따르면 23개 지역에 있는 총 57개 사업장이 조선인 노무자 17,361명분의 미수금을 조련과 건청(조선건국촉진청년동맹), 그리고 조선인 노동자 대표에게 인도했다고 되어 있다.

인도한 시기에 대해서는 이를 기재하지 않은 사업장이 있는데 이를 기재한 사업장만을 가지고 보면 야마구치(山口)현에서 1945년 9월 30일 가장 이른 시기에 조선인 노무자 조장에게 미수금을 인도한 것으로 되어 있고, 조련의 경우에는 도쿄 아라카와(荒川) 분회가 일찍이 1945년 11월 12일에 미수금 청구 활동을 시작한 것으로 되어 있다. 건청 조직에 대한 인도에 대해서 필자는 아직 관련 사실을 발견하지 못하고 있어 개인적인 연구조사 과제가 되고 있다. '제3자 인도'는 대체로 1946년 1월부터 5월 사이에 성행했으며, 후쿠오카(福岡)현의 경우에는 뒤늦게 1947년 3월 1일에 가서 인도한 사례가 보이기도 한다. 각 지방별로 '제3자 인도

---

12) 労働省労働基準局給与課, 1953年 7月 20日,「帰国朝鮮人労務者に対する未払賃金債務等に関する調査集計」.

분'을 정리하면 다음 표와 같다.

조선인 단체에 대한 미수금 인도 현황

지방별	사업장	채권자수	금액	관련 조선인 단체
宮城県	1	643	53,159.17	조련 宮城県 栗原지부
山形県	3	466	77,563.34	조련 山形県본부, 最上지부, 県본부 총무부
茨城県	2	221	93,434.40	조련 茨城県 多賀지부, 那河지부
栃木県	1	2,751	495,217.72	조련 栃木県 足尾지부
東京都	3	258	54,189.83	조련촉진동맹多摩川지부, 조련荒川 분회, 건청본부
神奈川県	1	1,926	232,759.05	조련 橫浜지부 사회부
新潟県	1	1	87.49	조련 新潟지부
石川県	4	161	58,127.00	조련 石川県본부
長野県	4	843	157,224.21	조련 長野지부, 조련 大町지부
岐阜県	2	230	140,011.29	조련 岐阜県 吉城지부 총무부
静岡県	2	921	41,394.08	조련 静岡西部二俣분회
愛知県	7	1,859	337,956.96	조련 愛知県본부, 조련名古屋지부, 小牧지부, 종업원대표
滋賀県	1	3	583.20	조련 滋賀県 醒井지부
三重県	3	1,469	488,530.44	조련 三重県본부, 三瀬谷지부, 四日 市지부, 大阪住吉지부
大阪府	1	5	2,150.00	조련 大阪본부
兵庫県	7	1,856	403,341.68	조련 兵庫県본부, 大阪본부, 阪神지부, 尼崎분회, 赤穂지부, 건청三田지부,
岡山県	1	39	2,330.24	조련 岡山県본부
広島県	1	100	5,164.95	金田組 (대표 金田壽雄)
山口県	2	120	4,360.17	조련 船木분회, 組長
愛媛県	2	2,026	105,701.90	조련 四國본부 사회부, 新居浜지부,
福岡県	2	26	4,993.83	조련 東北지부 총무부, 月隊班長
長崎県	3	740	130,406.52	조련 長崎県본부, 諫早지부
大分県	3	697	75,190.72	조련 大分県본부
계	57	17,361	2,963,878.19	

II. 해방직후 조선인 노무자의 미수금

지난 2005년 5월 한국의 '일제강점하강제동원피해진상규명위원회'는 유골송환 문제를 협의하는 가운데 일본정부에 대해 공탁금 관련 자료를 제공하라고 하는 요청을 공식 제기했다. 이에 따라 일본정부는 2007년 12월 약 11만 건에 달하는 공탁금 명부를 한국에 제공했다. 그러나 이때 인도된 공탁금 명부는 군인과 군속에 한정된 것이었고 노무자의 명부는 여기에 포함되지 않았다.[13] 따라서 한국정부는 일본정부에 대해 징용노무자 관련 명부를 지속적으로 요청했고 그 결과 2010년 3월 일본민주당 정부가 노무자 공탁금 관련 자료의 사본을 한국에 전달했다. 위원회는 서둘러 관련 자료의 DB 작업에 들어갔으며 노무자 6만 4천여 명의 공탁 금액, 약 3천 5백만 엔을 확인했다. 공탁금이란 강제동원 기간 중 노무자에게 지급해야 할 급여·수당·부조금 등을 공공기관 특히 각 지방 공탁소에 위탁한 것을 말한다. 2008년 일제강점하 강제동원피해자에 관한 지원위원회가 한국에 설치된 이후 2015년 9월 시점까지 군인, 군무원, 노무자, 일본군위안부, 기타, 모두 합하여 총 112,555건에 달하는 위로금 지원 신청이 접수되었다. 이 가운데 미수금 피해자로 위로금을 신청한 건수가 총 33,328건에 달하고 있고, 이 가운데 33,169건이 심의 대상이 되어 지급 적부가 가려지고 지급 금액이 결정되어 지급 절차를 밟고 있다.[14]

---

13) 2007년에 한국정부에 전달된 공탁자료에 관한 분석결과는, 표영수·오일환·김명옥·김난영, 2008, 「조선인 군인·군속 관련 '공탁서'·'공탁증명서' 기초분석」『한일민족문제연구』 14집, 293~330쪽.

14) 위원회는 홈페이지를 통해 심의결과를 발표하고 있다. http://www.jiwon.go.kr(2015년 9월 30일 검색) 그러나 몇 건이 지급 대상이 되었고 얼마가 지급되었는지에 대해서는 밝히고 있지 않다. 2013년 12월 말에 필자가 입수한 내부 자료에는 14,000건에 대해 458억 원 가량이 지급된 것으로 나타나 있다. 최영호, 2015, 『한일관계의 흐름 2013-2014』, 논형, 144쪽.

현재 개인의 미불금 명세서에 대해서는 일본법무성 산하의 각 지역 공탁소에 소장되어 있으며 피공탁 당사자만이 자신의 인적사항을 기재하고 열람할 수 있다. 반면에 공탁 관련 공문서 및 기업별 지역별 공탁 현황을 담은 문서는 일본공문서관에 소장되어 있다. 일본의 시민단체가 발굴하여 공개한 자료에는 개인별로 공탁 건수 13만여 건에 달하며, 공탁을 한 기업 300여 개의 공탁 현황, 임금과 원호금을 포함하여 40여 종에 달하는 공탁급부 내역이 수록되어 있다.15) 최근 들어 일본의 시민단체가 관련 자료의 발굴과 공개에 주력하고 있으나 이미 공개된 자료에 대해서조차 세세한 분석에는 아직 이르지 못하고 있는 실정이다.

일본의 공탁제도는 전쟁기간 동안 전쟁 비용을 확보하고자 하는 정책적 목적으로 실시되었다. 그러나 전후에는 일본경제의 안정을 위한 방법의 일환으로 채택되어 점령당국에 의한 기업 폐쇄조치와 맞물려 실시되었다. 일본정부 주도에 의한 기업 공탁은 1946년 10월부터 부분적으로 시작되었으며 1952년 샌프란시스코 평화조약 발효를 전후하여 가장 활발하게 실시되었고 1990년대 초까지 공탁 조치가 계속 이루어졌다. 특히 샌프란시스코 발효 이전 시기에는 일본정부가 점령당국과 결탁을 통하여 공탁을 실시한 것으로 나타났다. 조선인 노무자 미수금의 공탁은 1946년 6월 통첩「조선인 노무자에 대한 미불금에 관한 조사의 건」과 1946년 8월 27일자 통달「조선인 노무자 등에 대한 미불금 등의 공탁에 관한 건」(民事甲제516호), 1950년 2월 28일자「국외거주 외국인 등에 대한 채무의 변제를 목적으로 하는 공탁 특례에 관한 政令」(政令 제22호) 등에 의해 제도적으로 실시되었다.

이때 일본정부는 조선인의 미수금을 당사자나 당사자 친족에게 통보하지 않은 채 공탁 조치했다. 일본의 점령당국과 남한의 미군정 당국도

---

15) 竹内康人(編), 2012,『戰時朝鮮人强制勞働調査資料集 : 名簿・未払い金・動員数・遺骨・過去淸算』, 神戶学生青年センター出版部.

이러한 일본정부의 조치에 대해 소극적이고 방관적인 태도로 일관했다. 1952년부터 시작된 한·일양국의 청구권 교섭과정에서 일본정부는 일관되게 공탁사실을 은폐해 왔고 1965년 한·일 국교정상화 이후에도 일관되게 그 존재를 부정해 왔다. 이러한 상황에서 2000년대에 들어 한국에서 관련 위원회가 발족되어 일본측에 자료 전달을 요구하는 한편, 이에 부응하여 일본에서도 '강제동원진상규명네트워크'와 같은 시민단체가 결성되어 자료 발굴과 공개를 요구하면서 조선인 노무자 미수금과 관련된 공탁금 자료의 존재가 밝혀지게 된 것이다.

조선인 미수금의 역사와 실태에 관하여 본격적으로 정리된 연구는 아직 없으며 다만 부분적으로 이를 조사 분석한 연구가 있을 뿐이다. 이 문제에 관한 연구를 개척한 연구자로서 단연코 고쇼 다다시(古庄正) 교수를 들 수 있다. 그는 1981년 이후 일본제철 주식회사와 아시오(足尾) 구리광산에 동원된 조선인 피해자들을 중심으로 하여 관련 공탁 자료를 발굴하고 수차례에 걸쳐 연구 논문과 발표를 통해 이 문제를 연구계에 지속적으로 제기해 왔다.[16] 이와 함께 그는 시민단체 활동 등을 통하여 일본정부와 기업에 대해 강제동원 실태에 관한 진상조사와 조선인 노무자의 미수금 피해에 대한 '보상'을 지속적으로 요구해 왔다. 그는 2007년의 연구논문에서도 패전직후 공탁과정에서 일본정부가 미수금 피해자를 일괄적으로 '거소불명' 처리하여 실질적으로 공탁금을 몰수했다는 것과, 일본 기업들이 대부분 공탁에 소극적으로 임했을 뿐 아니

---

16) 古庄正, 1986, 「在日朝鮮人労働者の賠償要求と政府および資本家団体の対応」, 『社会科学研究』 31巻 2号, 617~644쪽 ; 古庄正, 1991, 「資料連行朝鮮人未払い金供託報告書」, 『駒沢大学経済学論集』 23巻 1号, 79~246쪽 ; 古庄正, 1991, 「朝鮮人強制連行名簿調査はなぜ進まないか」, 『世界』, 108~115쪽 ; 古庄正, 1992, 「朝鮮人強制連行問題の企業責任」, 『駒沢大学経済学論集』 24巻 2号, 1~66쪽; 古庄正, 1993, 「日本製鉄株式会社の朝鮮人強制連行と戦後処理 : 朝鮮人労務関係を主な素材として」, 『駒沢大学経済学論集』 25巻 1号, 1~83쪽 ; 古庄正, 1995, 「足尾銅山・朝鮮人強制連行と戦後処理」, 『駒沢大学経済学論集』 26巻 4号, 1~95쪽.

라 일부 기업들이 허위로 적은 액수를 공탁했던 것을 비판한 바 있다.[17]

　조선인 미수금을 둘러싼 일본 점령당국과 남한 미군정당국의 대응에 관한 연구로는 매튜 어거스틴(Matthew Augustine) 연구자의 문제 제기를 높이 평가할 수 있다. 일본정부와 일본기업 일변도의 공탁 문제를 규명하고자 하는 연구 움직임에 대해 그는 새로운 시각을 제공했기 때문이다. 그는 2010년 7월 동북아역사재단의 '수요포럼' 모임에서 「패전직후 냉전에 따른 일본의 강제동원 미불금 동결」[18]을 주제로 하여 발표했다. 이때 그는 스탠포드대학 아시아태평양 연구센터에서 조선인 노무자 미수금 공탁문제에 관한 점령당국의 정책을 연구해 온 결과를 한국에서 발표한 것이다. 그의 발표는 2011년에 동북아역사재단의 영문 잡지에 정리되어 게재되었다.[19] 그는 이 논문을 통하여 1946년 3월 점령당국이 산하기관으로 민간재산관리과(Civil Property Custodian Section)를 설치하고 일본은행에 점령당국 관리계정(Custody Account)을 개설했으며, 이윽고 일본정부를 통해 기업들에게 노무자 미불금 문제에서 조련을 배제하도록 하고 일본은행 관리계정에 미불금을 예치하도록 지시하는 과정을 밝혔다. 또한 그는 1946년 5월 홋카이도(北海道) 노무자 미불금 지급을 위해 남한 군정청에 대해 피해자 조사를 지시한 것과, 같은 해 10월 일본정부가 점령당국 관리계정과 별도로 후생성 계정을 개설하고 여기에 미불금을 예치하도록 한 소위 공탁조치에 대해서 점령당국이 암묵적으로 승인한 것, 일본정부가 예치된 미불금으로 일본기업에 대해 '손해' 보상을 한 것 등을 밝혔다. 다만 그는 공탁정책의 주체인 일본정부의 움직임에 대해서는 접근하지 못했고 한국과 일본의 시민단체에 의한 공탁

---

17) 古庄正, 2007, 「供託をめぐる国家責任と企業責任」, 『在日朝鮮人史研究』 37号, 5~21쪽.
18) The Cold War Freeze over Forced Mobilization Funds in Early Postwar Japan.
19) Augustine, Matthew R., Summer 2011, Restitution for Reconciliation: The US, Japan, and the Unpaid Assets of Asian Forced Mobilization Victim, *The Journal of Northeast Asian History*, Volume 8, Number 1, 5~37쪽.

문서 공개 현황을 파악하지 못했다.

일본의 연구자 다케우치 야스토(竹內康人)는 2012년 8월에 출간된 공동 저서에서 해결되지 않은 전후처리 문제 가운데 하나로 미수금 문제를 다루었다.[20] 여기서 그는 근래 발굴되어 연구계에 널리 나돌고 있는 1949년의 대장성(大藏省) 공탁 조서를 소개하면서 미불금(공탁금) 문제를 가지고 일본정부에 대해 전후보상을 촉구했다. 그는 1950년을 전후하여 지방법무국과 도쿄법무국, 그리고 각 기방 우체국이 조선인 노무자의 미수금을 보관하면서 관련 명부를 작성했음에도 불구하고, 한국과의 수교회담에서 일본정부는 이러한 자료나 미수금 실태를 나타내는 자료를 일체 감추고 역으로 한국정부에 대해 미수금 피해의 증명을 요구했다는 점을 강렬하게 비판했다. 그의 글은 여러 미해결 전후보상 문제 가운데 미불금 문제를 대강 정리하고 소개하고 있으며 미수금 문제의 역사와 실태에 관한 구체적인 실증작업에는 이르지 못한다고 해도 이 문제의 윤곽을 밝히고 있어 주목된다.

이러한 한계에도 불구하고 이들 연구자의 선행노력에 따라 패전 직후 일본에서 점령당국과 일본정부가 조선인 노무자들의 당연한 청구 권리를 무시하고 미수금 문제를 발생시킨 점에 대한 문제제기가 이루어졌다고 할 수 있다. 하지만 현 시점에서 선행연구를 통해서는 각 지역별로 조련이 어떻게 미수금 문제와 관여하여 어느 정도의 수수 성과를 거두었는지 대강의 규모를 파악하기도 어렵다. 또한 조선인 노무자 미수금에 관하여 일본정부가 1946년에 어느 정도 자율성을 가지고 시작했는지, 일본 기업들이 전국적으로 어느 정도 미불금을 공탁했는지, 기업별로 어떠한 항목을 공탁했는지, 일본정부가 공탁 예치한 금액 가운데 어느 정도를 기업에 대한 보상으로 사용했는지, 오늘날 일본정부로부터

---

20) 竹內康人, 2012, 「供託と協定で奪われた未払い金 : 明らかになった朝鮮人未払い金の実態」, 田中宏・中山武敏・有光健, 『未解決の戰後補償』, 創史社, 174~188쪽.

전달받아 한국정부가 보유하고 있는 공탁 자료가 어떠한 한계를 가지고 있는지, 등에 관하여 구체적으로 파고 들어가면 실증해야 할 문제들이 많다. 미수금 문제에 관한 구체적 연구조사 면에서는 아직 도입부 수준에 머물고 있다고 할 수 있다.

Ⅲ. 조련의 미수금 관련 활동

1. 점령당국과 일본정부의 귀환통제

조련의 미수금 관련 활동을 이해하기 위해서는 우선 재일조선인 귀환과 관련하여 조련이 어떻게 관여했고 어떻게 배제되었는지를 이해해야 한다. 점령당국은 일찍부터 경제질서 유지를 위해 귀환자의 휴대화폐와 반출화물을 규제했다. 연합국군은 1945년 10월 12일의 각서 「법정통화의 지정과 화폐 및 채권의 유출입 금지에 관한 고시」[21]에 의거하여 일본과 남한에서 금·은·유가증권 등의 반입과 반출을 엄격하게 금지했다. 구체적으로 일본으로 귀환하는 사람이 휴대할 수 있는 금액으로 장교의 경우 500엔까지, 하사관의 경우 200엔까지, 민간인의 경우 1,000엔까지로 정했다. 마찬가지로 일본에서 나가는 비(非)일본인에 대한 경제적 규제도 병행했다. 1945년 10월 15일의 지령각서에 의해 각 귀환자가 들고 갈 수 있는 금액으로서 한 사람당 1,000엔으로 하고, 이 금액의

---

21) SCAPIN-44, 1945.9.22, AG 091.3. ESS, Control over Exports and Imports of Gold, Silver, Securities and Financial Instruments ; SCAPIN-127, 1945.10.12, AG 091.31. ESS, Supplemental Instructions Relating to Import and Export Control. 점령군의 일본에 대한 통화정책은, 1945년 9월 1일의 태평양미국육군총사령부 포고 제3호와 일본정부와의 교섭을 통해, 남한에 대한 통화정책은, 9월 7일의 태평양미국육군총사령부 포고 제3호를 통해, 각각 실시되었다. 高石末吉, 1970, 『覚書終戦財政始末(第1卷)』, 大蔵財務協会, 26~37쪽 ; 森田芳夫·長田かな子, 1979, 『朝鮮終戦の記録(資料篇第1卷)』, 巖南堂書店, 249~250쪽.

초과분에 대해서는 그것을 몰수하면서, 채권증서나 재산소유증서와 마찬가지로 그 수령증을 대신에 교부하도록 지시한 것이다.[22]

이러한 휴대통화의 규제는 기본적으로 1946년 말까지 실시한 귀환계획 기간 중에 전혀 완화되지 않고 일관되게 적용되었다. 다만 1946년 1월의 수출규제의 완화책의 일환으로 일본에서 발행한 우편저금·은행예금통장·보험증서와 일본의 금융기관이 발행한 수표·외환어음·예금증서 등 일본에서 지불수단으로 사용될 수 있는 것은 휴대가 허용된 일이 있었다.[23] 그러나 그것은 당시 남한과 일본 사이에 금융거래가 일체 금지되어 있었던 상황에 비추어 개별 조선인 귀환자들에게 있어서는 당장 그다지 경제적 도움이 되지 못하는 조치였다.

휴대화폐 규제는 일본에서의 생활을 청산하고 해방된 조국에 돌아가려는 당시 귀환자들에게 지나치게 가혹한 조치였다. 조련이 1946년 6월 귀환에 필요한 비용으로 귀환자들에게 공지한 바에 따르면 하물포장비로 한 꾸러미당 500엔, 하물수송비로 한 꾸러미당 600엔, 숙박비로 1인 1박에 30엔, 선상에서의 잡비로 하루 1인당 150엔이 들었다.[24] 이 가운데 선상 잡비는 공식적으로 인정된 1,000엔 가운데 지불해야 하는 금액이었기 때문에 점령당국의 화폐규제 지시를 그대로 준수한다고 하는 것은 빈털터리로 귀환하는 것을 의미했다. 따라서 조선인 귀환자들은 단속을 피해 밀항과 화폐 은닉 행위를 감행했으며, 반면에 점령군 당국은 이러한 조선인들을 '질서문란자'로 인식하게 되었다.

또한 남한에 일본인들이 남아있을 때에는 자연스럽게 이들과 화폐 교환이 이루어졌으나 이들이 귀환해 가면서 직접적인 화폐 교환도 곤란

22) SCAPIN-142, 1945.10.15, AG 370.05. GC, Reception Centers in Japan for Processing Repatriates.
23) SCAPIN-532, 1946.1.2, AG 091.714. ESS/FI, Supplemental Instructions Relating to Import and Export Control.
24) 『민중신문』, 1946년 6월 25일.

해졌다. 공식적으로는 조선은행권과 일본은행권의 교환비율이 1:1이었
으나 실질적으로 남한에 어렵사리 들고 온 일본은행권의 교환비율이 낮
아 귀환자들을 더욱 곤혹스럽게 한 것도 사실이다. 조련 오사카 본부의
조직부장으로서 1945년 11월에 남한에 파견된 장정수(張錠壽)는 부산에
서 일본 화폐를 조선 화폐로 교환하려고 하니 10대 4의 교환율 밖에 적
용되지 않았다고 비판했다.[25] 여기에다가 해방직후 남한의 급격한 인플
레이션으로 인한 화폐가치 하락도 귀환자들의 경제적 상황을 어렵게 했
다. 해방당시 남한에서 쌀 한 되의 시중 소매가격이 220원이었던 것이
일시적으로 75원까지 내렸다가 새해 들어 급격한 인플레이션이 찾아와
2월에는 320원, 3월에는 600원으로 치솟았다. 곡물가격이 대체로 저렴했
던 1945년 12월조차도 1,000엔으로는 겨우 쌀 2말밖에 살 수 없었다고
한다.[26]

점령당국은 휴대통화의 규제와 함께 반출하물의 규제도 실시했다. 처
음에는 중량의 한도를 정하지 않고 귀환자가 한 번에 지고 갈 수 있는
분량까지로 했다.[27] 그러다가 1946년 3월 27일의 각서를 통해 한 사람
당 250파운드(113.4kg)까지 휴대 가능하다고 하며 하물 규제를 다소 완
화했다.[28] 이 각서에는 '한 번에 나를 수 있는'이라는 문구가 없고 일본
정부에 대해 '추가분의 하물을 취급하는데 필요한 조치'를 취할 것을 지
시하고 있다. 따라서 '250파운드까지는 수차례에 걸쳐 운반할 수 있다'
고 해석할 수 있으며, 실제로 조선인 귀환자들과 단체도 그렇게 이해했
다. 그래서 조련이 3월 중에 점령당국의 지시사항인 「집단귀환 계획 설
정을 위한 귀환 희망자 조사」에 협력하는 대신에 반출하물규제의 완화

25) 張錠壽, 1989, 『在日六〇年·自立と抵抗 : 在日朝鮮人運動史への証言』, 社会評論社,
   145쪽.
26) 『민중신문』, 1946년 7월 25일.
27) SCAPIN-822, 1946.3.16, AG 370.05. GC, Repatriation. Annex 6.
28) SCAPIN-822/1, 1946.3.27, AG 370.05. GC, Repatriation.

를 요구해 왔던 까닭에 이 각서는 조련의 요구에 대한 회답이라고 조련 측이 자의적으로 해석했다.[29]

그런데 5월 7일의 각서에 다시 '한 번에 나를 수 있는'이라는 문구가 명시되었다.[30] 이 규정이 단지 짊어질 수 있는 하물의 중량을 나타낸 것에 지나지 않으며 아무런 완화조치가 아니라는 점을 거론하며, 조련 과 남한 군정청은 점령당국에 대해 그 완화를 요구했다. 그 결과 7월 20 일 방침이 변경되어 8월 1일부터 조선인·대만인·중국인의 하물 중에 서 짊어질 수 없는 것도 선적이 가능하게 됐다. 더욱이 변경된 조치에 따라 종전의 250파운드의 하물 이외에도 귀환자의 소유품인 의류·일상 용품·가정용품을 250파운드 여분으로 선적할 수 있게 되었다. 나아가 9월 2일부터는 4,000파운드 이하의 기계류·공구의 선적도 가능하게 되 었다.[31] 또한 9월 4일 미8군 작전지령 제77호『재일조선인의 소유재산 제한량의 조선행 수송』에 따라서 4,000파운드 이상의 물건도 경제과학 국(ESS)의 허가가 있으면 선적이 가능하게 되었으며 더욱이 이미 귀환 한 사람의 몫까지도 반출이 가능하게 되었다. 동시에 4,000파운드를 기 준으로 하여 초과하지 않는 하물과 초과하는 하물에 대해 각각 다른 수 송허가신청의 수속을 정하고 하물포장에서 운송까지의 모든 비용은 짐 주인의 부담으로 했다.[32]

1946년에 들어 점령당국은 집단귀환에 대한 구체적 계획을 세우기 위 해, 일본정부의 행정조치를 통해 조선인 귀환희망 의사의 유무상황을 파악하게 했다. 이때 조선인 귀환문제에 대한 점령당국의 기본입장은 어디까지나 귀환자의 의사에 따라 귀환을 행하여야 한다는 것이었고 귀

29)『민중신문』, 1946년 3월 25일.
30) SCAPIN-927, 1946.5.7, AG 370.05. GC, Repatriation. Annex 6.
31) SCAPIN-927/6, 1946.7.20, AG 370.05. GC, Repatriation. Annex 6.
32) GHQ/SCAP RECORDS, G3-00049.

환의사가 없는 자는 일본법령을 준수해야 한다는 방침이었다. 이에 비하면 일본정부는 될 수 있는 한 모든 조선인들을 귀환시키려는 기민정책을 취했으며 '잔류' 조선인에 대해서는 교묘한 권리제한 방식을 취하여 법형식상으로는 일본국민으로 취급하면서도 개별적으로는 외국인으로 취급하는, 즉 통치의 대상으로 취급하며 일본국민 대우를 하지 않는 방침을 적용했다. 일본정부는 조선인의 민족주의 감정을 이용하여 될 수 있는 한 모든 조선인을 일본에서 떠나게 하는 것이었다. 게다가 일본의 사회적 문제가 될 수 있는 조선인 수형자에 대해 점령당국의 정책은 수형기간을 마치고나서 그들의 의사에 따라 귀환시키는 것이었으나, 일본정부의 방침은 수형자로 하여금 귀환을 조건으로 하여 형을 보류·면제하거나 나아가서는 귀환하지 않으면 불이익을 받는다고 협박하기도 하여, 귀환 희망자 수를 확대시켜 갔다.[33]

점령당국은 남한의 미군정 관계자들과 함께 1월 중순에 Tokyo Conference를 열고 계획수송 방침을 확정했다.[34] 이윽고 2월 17일의 각서를 통하여 조선인·대만인·중국인·류큐(琉球)인에 대한 등록을 3월 18일까지 1개월 이내에 실시하게 하고, 이때 귀환희망 여부에 대해 명확히 파악할 것과, '귀환특권'의 최후통첩임을 알리도록 하여 계획통제에 따르도록 유도할 것을 지시했다. 또한 조선인 귀환 희망자에 대해서는 희망 귀향지가 38도선 이남인지 이북인지를 구별하여 집계하도록 지시했다.[35] 아울러 일본정부 관계자와 함께 재일조선인 단체대표들을 사령부에 소집하여 이 송출계획 지시의 취지에 관하여 설명했다.[36]

33) ワグナー[Edward W. Wagner], 1989, 『日本における朝鮮少数民族: 1904年-1950年(復刻版)』, 龍渓書舎, 85쪽.
34) Gane, William J., 1951, *Foreign Affairs of South Korea, August 1945 to August 1950*, Northwestern University (Doctoral Dissertation), 136~139쪽.
35) SCAPIN-746, 1946.2.17, AG 053. GC. Registration of Koreans, Chinese, Ryukyuan and Formosans.
36) 1946년 3월 6일 오전의 설명회에, 조련에서 신홍제·이병석·이재동 등이, 건청에서

일본정부는 3월 13일 「1946년 厚生·內務·司法省令 제1호」와 그 시행규칙인 「1946년 厚生·內務省 고시 제1호」를 통해 등록령을 공포하고, 3월 18일을 기하여 전면적으로 조선인 거주자 등록을 개시했다. 이 등록의 결과 집계된 조선인의 총수는 수형자 3,595명을 포함하여 647,006명으로 나타났고, 그 중에 귀환 희망자 총수가 수형자 3,373명을 포함하여 514,060명으로 전체의 79.5%로 집계되었고, 그 중 북한으로의 귀환 희망자가 수형자 289명을 포함하여 9,701명으로 집계되었다.[37)]

이처럼 신속하게 거주자 등록이 실시되고 귀환희망자 비율이 높게 된 것은 일본정부의 적극적인 귀환 추진정책과 아울러 조련의 순응적 협력이 있었기 때문이다. 일본정부는 패전직후 조선인의 관리를 위해 조련을 잠정적으로 이용했다. 본래 점령당국의 방침은 오로지 일본정부의 후생성의 책임 하에 귀환업무를 수행하게 하는 것이었으나 일본정부는 적극적인 귀환 계획이나 책임 부서가 명확하지 않았으며 그 대신 조선인 단체를 이용하여 조선인을 스스로 통제하게 했다. 조련이 귀환통제에 직접 관여하고 등록자 명부기재의 대행을 하게 된 것은 조선인 노무자 임금교섭의 대행과 함께 조직의 확대에 결정적인 요인이 되었다.

이원유·서종실·허운용 등이, 그리고 공화신문사에서 천원(千垣)·강호달 등이 참석하여, 조선인 참석자만 20명에 달했다. 「日本政府側立會ノ下ニ行ハレタルマ司令部ノ朝鮮人團體代表者ニ對スル對談要旨」, 1981, アジア問題硏究所, 『戰時强制連行華鮮勞務對策委員會活動記錄』, アジア問題硏究所, 155~167쪽.

37) 森田芳夫, 1955, 『在日朝鮮人処遇の推移と現状』(法務硏究報告書第43集3号), 法務硏修所, 59쪽.

2. 조련의 귀환업무 관여와 배제

점령당국의 지시에 따라 귀환업무 책임부서로서 1945년 11월 24일 인양원호국이 개설될 때까지 일본정부는 우선 각 지역의 흥생회(興生會) 조직을 활용하여 잔류 조선인 노무자들의 지도와 귀환 지도를 담당하게 했으며 인양원호국 개설 이후에도 조련 기구를 활용하여 스스로 통제하게 했다.[38] 지역에 따라 조직의 성격이 다르게 나타났지만,[39] 기본적으로 점령당국에 의해 11월 15일에 흥생회가 해산되는 시점까지는 흥생회와 조선인 단체가 귀환업무에 관여했고, 흥생회 해산 이후에는 대체로 조련이 귀환업무에 적극 나서게 되었다고 할 수 있다.

조련은 중앙조직이나 대부분의 지방조직에서 흥생회 소속원이 중심이 되어 만들어졌다. 해방직후 9월 9일에 결성된 조련 준비위원회는 중앙흥생회 소속원이 주도했으며, 이 조직이 최초로 내놓은 「회보 창간호」(1945년 9월 25일)에 따르면 「선언」 가운데 "귀국동포의 편의"를 언급했고 「강령」에서도 "귀국동포의 편의와 질서를 기함"을 설정했다.[40] 이것은 조련의 설립 취지 가운데 하나로 귀환자 원호를 분명히 했음을 극명하게 보여주고 있다. 또한 YMCA 관계자가 조련의 위원장에 추대된 것도 귀환원호단체의 성격이었기 때문에 가능한 일이었다.[41] 일본의 신문보도를 통하여 조련 준비위원회가 결성되는 소식과 함께 조련이 '질서 있는' 귀환을 호소했다고 하는 소식이 전국적으로 알려진 것도 초기 조련의 성격을 분명히 말하고 있다.[42] 조련은 전국대회와 함께 개최된 10

---

38) 최영호, 1955, 『재일한국인과 조국광복』, 글모인, 138~140쪽.
39) 홋카이도와 시마네현의 경우, 다른 지방에 비해 조련 조직이 뒤늦게 이루어졌으며 따라서 귀환원호 활동과 미수금 청구 활동에서도 저조한 편이었다. 최영호, 1955, 『재일한국인과 조국광복』, 122~123쪽.
40) 최영호, 2008, 『한일관계의 흐름 2006-2007』, 논형, 158~159쪽.
41) 최영호, 1995, 『재일한국인과 조국광복』, 119쪽.
42) 『新潟日報』, 1945年 9月 14日; 『山形新聞』, 1945年 9月 14日; 『佐賀新聞』, 1945年 9月 15日.

월 17일의 제1회 중앙위원회 회의에서 시모노세키(下關)와 하카타(博多)에 출장소를 설치하기로 결정했으며 그 이후로 난립된 조선인 원호단체를 수습해 갔다.[43]

일본정부는 흥생회 해산에 즈음하여 조련에게 조선인 귀환에 대한 원호와 송출 업무를 위임했다. 조련 재3차 전체대회 회의록 가운데 첨부되어 있는 『총무부경과보고』에는 조련이 귀환자 송출업무를 위임받게 되는 과정에 관하여 비교적으로 상세하게 언급되어 있다. 흥생회 해산을 바로 앞두고 1945년 11월 12일 조련은 "후생성·운수성 대신과 강경 담판을 하여 계획수송 일체를 취급하게 되었고 대중운동을 전개하여 수용시설 설치와 선박배선 확대를 요구했으며 조직이 강화되어 감에 따라 그 활동이 하루하루 강력하게 전개되어 갔다"고 기록하고 있다. 그리고 도쿄 우에노(上野)·시나가와(品川)역에 출장하여 열차 배치, 귀국 상담, 정리, 또는 환자나 영양실조에 걸린 귀환자에 대해 구제 등을 실시했다고 한다.[44] 또한 일본정부는 12월에 점령당국에 의하여 '철도운임의 소급 환급' 지시가 내려졌을 때 이것이 귀환자 당사자에 대한 환급을 전제로 하는 지시였음에도 불구하고, '조련'의 환급 요구에 대해 일본정부가 그 요구를 들어주었고, 그 밖에 조련에 의한 조선인 예금인출 요구와 조선인 노동자에 대한 미지급 급여 지불 요구를 부분적으로 허용하기도 했다.[45]

일본정부가 조련에게 귀환원호와 송출업무를 잠정적으로 위임한 것은 조련에게 조선인에 대한 일차적 통제기관이 되도록 암암리에 허용한

---

43) 시모노세키와 하카타에는 해방직후 재일조선인 단체와 남한에서 파견된 각종 조선인단체가 난립하여 활동하고 있었는데, 조련 조직이 강화되면서 기존의 단체를 흡수 정리하거나 지도하는 형태로 수습해 간 것으로 보인다. 최영호, 1995, 『재일한국인과 조국광복』, 120쪽.

44) 재일본조선인연맹, 1946, 『총무부경과보고』, 재일본조선인연맹, 30쪽. [朴慶植編, 1983, 『朝鮮問題資料叢書第九卷 : 解放後の在日朝鮮人運動Ⅰ』, アジア問題研究所, 92쪽.]

45) 최영호, 1995, 『재일한국인과 조국광복』, 138쪽.

것이기도 하다. 따라서 이것은 조련에게 한편으로 조직의 활성화를 꾀하는 기회가 되었고 다른 한편으로는 재일동포 사회에서 무분별한 젊은 이들에 의한 폭력행위와 불법행위를 야기하게 하는 요인 가운데 하나가 되었다. 해방 이후 12월 말까지 일본 공안당국이 파악한 조선인의 불법행위는 총 136건으로 나타났다. 그 중에 조련이 관여한 '퇴직위로금 부당요구'와 '귀환문제를 둘러싼 불온행위'가 가장 많은 것으로 나타났고, 조련에 대한 단속이 강화되는 1946년에 들어서도 총 5,336건 중에서 '관공서에 대한 부당요구'와 '철도수송 위반'이 가장 많은 것으로 지목되었다.[46]

그러나 조선인 귀환을 미끼로 한 조련과 일본정부와의 애매한 공생관계는 오래 지속되지 않았고 귀환 상황의 부진과 일본사회의 '잔류' 조선인에 대한 노골적인 배척으로 인해 점차 극단적인 대립관계로 바뀌어 갔다. 특히 조련이 남한의 경제적 빈곤 실태를 귀환 희망자들에게 알리면서 귀환자 송출 계획에 차질이 빚어졌고 이에 따라 일본정부는 조련의 주도권을 박탈하기에 이르렀다. 『총무부경과보고』자료에 따르면 조련이 직접 관여하여 귀환자들의 예정된 귀환을 주저하게 했다고 기록되어 있다. 귀환을 주저하게 한 이유로는, 남한 미군정이 식민지 잔재를 청산하지 않고 친일파 관리를 등용하고 있다는 것, 그리고 물자 부족에 따른 경제적 혼란과 식량·필수품 부족이 현실적으로 만연하다는 것을 꼽았다.[47]

일찍이 1946년 4월 25일 인양원호원 업무과는 각 지방의 교육민생부장에게 "종래 조련이 주체가 되고 일본의 지방정부가 협력해 온 것을 앞으로는 지방정부가 주도권을 장악하고 조련으로 하여금 협력하게 하도

46) 坪井豊吉, 1975, 『在日同胞の動き』, 自由生活社, 231~237쪽.
47) 재일본조선인연맹, 1946, 『총무부경과보고』, 30~31쪽. [朴慶植編, 1983, 『朝鮮問題資料叢書第九卷：解放後の在日朝鮮人運動Ⅰ』, 92쪽].

록 할 것"을 지시하여, 조련의 주도권을 배제하도록 했다.[48] 이어 5월 28일에는 인양원호원 업무과는 각 지방의 교육민생부장에게 「조선인 송환에 관한 연합국군최고사령부 발표의 건」(發業 제316호) 공문을 하달하여, 점령당국의 의사를 전달하는 형태로 4월 22일부터의 송출계획 실시에 있어서 조련은 아무런 관계가 없음을 확인시켰다.[49]

이와 함께 내무성 경보국은 점령당국의 지원 아래 거주자 등록 업무가 끝나자마자 3월 25일부터 20일간에 걸쳐 전국적으로 철도수송과정에서의 조련의 불법행위에 대해 특별단속을 실시했다. 나아가 일본정부는 귀환 계획이 원활하게 이루어지지 않는 요인 가운데 하나로 조련의 주도적인 귀환 원호활동을 지목하고, 조련을 배제함으로써 계획대로 송환을 추진할 것을 획책했다. 내무성 경보국 공안과장은 5월 13일 「조선인의 송환 경비에 관한 건」이라고 하는 통달을 각 지방 경찰부장에게 내려, "만약 그들의 송환이 중지되면 다수의 조선인이 국내에 잔류하여 치안경비상 중대한 지장을 초래할 것"이라고 전제하고, 조선인단체 등의 지도자를 활용하고 지역을 나누어 순차적으로 송환할 것, 그리고 지정 기일에 반드시 출발하도록 하는 방안을 모색하고 가능한 현지 진주군에게 협력을 요청할 것을 지시했다.[50] 아울러 공안과장은 6월 21일에 「재일조선인에 대한 단속지령」(警保局公安發甲 제35호)을 내리고, 일본정부의 귀환업무에 대한 조련의 조직적 '방해공작'에 대해서 현지 점령당국과의 협력 아래 그 책임자를 강제 송환하는 등, 강력한 조치를 취하도록 각 지방에 지시했다.[51]

---

48) 引揚援護院援護局業務課長発, 各都道府県教育民生部長宛, 1946年4月25日, 「非日本人ノ送還ニ関スル件」(発業第179号) ; 鄭栄桓, 2013, 『朝鮮独立への隘路 : 在日朝鮮人の解放五年史』, 61쪽.
49) 森田芳夫, 1955, 『在日朝鮮人処遇の推移と現状』, 62쪽.
50) 鄭栄桓, 2013, 『朝鮮独立への隘路 : 在日朝鮮人の解放五年史』, 61쪽.
51) 京都府警察史編纂委員會, 1980, 『京都府警察史』. 京都府警察史編纂委員会, 592~597쪽.

3. 조련의 미수금 보상 요구

조련 중앙조직의 미수금 관련 활동에 대해서는 일찍이 박경식이 1989
년 저서에서 대강의 내용을 언급한 바 있다. 그는 일본패전과 함께 홋
카이도 탄광을 필두로 하여 조선인 노무자의 투쟁이 시작되었으며 이러
한 미수금 획득 투쟁이 10월에 들어 본격화 되었으며 이러한 움직임이
조련의 미수금 청구 활동에 실마리를 제공했다고 했다. 그리고 10월 15
일의 조련 전국대회에 홋카이도 조선인 노무자 대표가 참가했으며 이들
의 요구에 따라 김두용(金斗鎔) 등이 파견되어 파업 투쟁을 지도했다고
했다.[52]

또한 고쇼 다다시가 2000년에 출간된 저서를 통하여 일본정부의 공탁
과정을 비판적으로 기술하는 가운데 부분적으로 언급한 바 있다. 그는
일본정부와 일본기업의 반격에 의해 조련의 미수금 청구 활동이 '좌절'
되는 전환점이 된 시점을 확인하는 가운데 조련 중앙본부의 활동을 언
급했다. 즉 조련 중앙본부가 1946년 1월에 일본건설공업통제조합에 대
해 '보상'을 요구했다가 좌절된 일로부터 일본정부의 반격이 시작되었다
고 지적한 것이다. 그는 조련의 요구에 대해 통제조합이 이를 거부하고
일본정부에 대해 적절한 조치를 강구하도록 요구했으며, 나아가 미군
헌병사령부에 '자기방어 소요를 책동하는 중'이라는 정보를 보내 점령당
국의 협조 아래 일본경찰의 단속 강화를 시도했다는 것을 밝혀냈다.[53]

이와 함께, 『총무부경과보고』 자료를 보면 조련 중앙본부가 해방직후
일본에 있는 조선인의 재산을 보호하는 일에 조직적으로 나섰다는 것을
알 수 있다. 1946년 1월 6일 박성발(朴成發), 정문옥(鄭文玉), 조충기(趙

---

52) 朴慶植, 1989, 『解放後在日朝鮮人運動史』, 46~48쪽.
53) 古庄正, 2000, 「強制連行・未払金はどのように没収されたか：個人の財産権と国家・
企業」, 49~50쪽.

忠紀), 이철(李哲)을 위원으로 하여 특수재산접수위원회를 구성하고, 대표적인 전쟁협력단체 일심회(一心會)로부터 현금 819,968엔 13전을 접수했으며, 종이 124연(ream, 500매)과 철조 457정을 인수했다. 이외에도 1945년 12월 3일에 조선장학회를 실질적으로 접수하여 이사(理事) 진용을 개편하고 과거 관변단체적인 성격으로부터 '학생동맹'에 의해 유지되는 재단적 성격의 단체로 바꾸어 놓았다. 그리고 도쿄 흥생회로부터 건물과 현금 25만 엔을 접수하기도 했다.[54]

또한 『총무부경과보고』 자료에 따르면 조련 중앙본부가 각 지방의 미수금 청구 활동을 지원하며 통일적 교섭 지침을 마련하고 조선인 노무자의 사용주에 대해 다음과 같은 각서를 제시하고 단체 교섭을 주선했음을 알 수 있다.[55]

일본 제국주의 침략전쟁의 모든 기간을 통하여 우리 조선민족의 희생을 강요한 참혹한 착취적 노무고용 조건에 의하여 노예적 곤경에 신음하던 조선 노동자는 영광스러운 연합국의 승리로 인하여 조국재건과 침략자 일본 제국주의의 괴멸에 의하여 굴욕적 노예상태에서 해방되어 민족적 국제적 인격으로 자유평등의 권리를 탈환한 것이다.

그리하여 귀사가 사역한 조선 노동자에 관하여 이 새로운 사태의 관점으로 종래의 대우와 장래의 처우 방법에 대하여 재일본조선의 일체의 이익을 대표하는 본 연맹은 심심한 관심을 가지고 있다. 원래 우리 동포 노동자의 과반수가 소박하고 무지문맹함을 기화로 삼아 열악한 노동조건의 강제와 급여금품의 부정횡령에 의하여 물질적으로는 물론 정신적으로 심신을 침식하고 또 패전 후 궁핍한 기한(飢寒) 상태에 대하여 하등 성의 있는 대책이 없을 뿐만 아니라 일본정부의 기만적 정책이지만 그 대책 지시까지라고 노동자의 무지를 이용하여 책임회피를 기도하는 비인도적 폭학

---

54) 재일본조선인연맹, 1946, 『총무부경과보고』, 20~21쪽. [朴慶植編, 1983, 『朝鮮問題資料叢書第九卷：解放後の在日朝鮮人運動Ⅰ』, 87쪽].
55) 재일본조선인연맹, 1946, 『총무부경과보고』, 33~35쪽. [朴慶植編, 1983, 『朝鮮問題資料叢書第九卷：解放後の在日朝鮮人運動Ⅰ』, 93~94쪽].

행위는 전쟁범죄적 밀리타리즘(militarism)의 엄연한 실례가 아니고 무엇인가. 본 연맹은 포츠담선언의 원칙을 이해하는 견지에서 이러한 기본적 인권의 유린을 묵시할 수 없다.

본 연맹은 귀사의 이러한 죄악적 폭력상태와 배덕적 행위의 책임을 철저히 추궁하고 포츠담선언에 의하여 보장된 조선인의 복리와 권위를 옹호하는 영광스런 권리를 재확인하는 바이다. 이에 본 연맹은 귀사에 대하여 급속히 별지 조건에 대한 회답을 요구하는 동시에 즉시 성의있는 이행을 요구하는 바이다. 이 요구조건을 완전히 이행하여 귀사가 인도적 사회적 도덕적 신의를 천하에 표명할 것을 확신하는 바이다.

년   월   일   재일본조선인연맹   ○○○본부 노동부장 ㊞

아울러 조련 중앙본부는 조선인 노무자를 '강제노동자'와 '자유노동자'로 나누고 각각의 신분에 따라 일본기업에 대한 요구조건을 통일적으로 마련하고 지방본부 노동부장의 이름으로 단체교섭에 임하게 했다. 요구조건으로는 (1) 지난 5년간 노동자 사용 수, 취로기간, 현재 인원의 본적·성명·연령, 노동자 가족의 성명·연령, 급여금, 지급금, 식량·주택·위생 기타 처우에 관한 상황, 사망·상병·행방불명·귀국별로 본적·성명·연령·원인·일시·조치 기타 처우 상황에 관한 종합적인 정보를 제공할 것, (2) 사망자의 경우, 1인당 유족부조료 1만 엔 이상을 지급하고, 회사 소정의 각종 위로금·조위금·향화료(香花料)·위문금을 지급하며, 법정 매장료·유족연금을 지급할 것, (3) 부상자의 경우, 한쪽 팔이나 다리의 불구자에게는 1인당 5,000엔 이상, 손가락이나 발가락을 상실한 자에게는 1,000엔 이상, 기타 부상자에게는 부상 정도에 따라서 응분의 위자료를 지급할 것, (4) 귀국자에 대해서는 근속년수 1년당 1,000엔씩 퇴직금·위로금을 지급하고, 후생연금·원천징수저금·해방 이후 하루당 8엔씩의 임금·귀국시까지의 식량과 피복 등을 지급하도록 했다. 마지막으로 사망자·행방불명자·귀국자에 대한 지불은 조련 중

앙본부에 위탁·일임하여 조련으로 하여금 해당자의 유가족이나 본인에게 전달하게 하라고 요구했다.[56]

조련 중앙본부가 위와 같은 통일적 교섭 지침과 요구조건 지침을 언제 마련했는지는 분명하지 않다. 조련이 1945년 11월 25일에 열린 제2차 중앙위원회에서 노동부를 신설하기로 결정한 것[57]으로 보아 아마도 이때 통일적인 지침을 결정한 것이 아닌가 생각한다. 고쇼는 조련 중앙본부의 결정 시기를 특정하지 않았으나 1946년 1월에 들어 조련이 일본건설공업통제조합 소속 14개 회사에 요구조건을 제출한 것에 주목하고, 조련의 '과다한' 요구가 결과적으로 일본 기업체의 태도를 경직하게 하고 일본정부와 점령당국의 조련 배제 방침을 분명히 하게 되는 계기가 되었고 궁극적으로는 조선인 노무자의 '유리한 상태'를 악화시키는 계기가 되었다고 보았다.[58]

다만 조련 중앙본부가 노동부를 설치하고 통일적인 지침을 마련하기 이전에도 각 지방에서 전개되는 미수금 교섭에 조직적으로 관여했던 것이 분명하다. 예를 들어 아시오 구리광산의 사례에서 보는 바와 같이 1945년 11월 4일에 조련 도치기현 지방조직이 사업장에 대하여 조선인 노무자에 관한 종합 정보 등을 요구하고 '강제노동자'의 노동연금·예금·저금·의복 등에 관한 일체 사항을 조련 중앙본부에 제출하도록 요구했다.[59] 이것은 이미 11월 초 이전에 조련 중앙본부의 조직적 관여가 있었다는 것을 말해 주고 있다. 또한 이 글 서론에서 언급된 바와 같이 「조선인의 미불임금 채무조사」속의 '제3자 인도분'에서 조련 도쿄지방 조직이 1945년 11월 12일에 처음 미수금 청구 교섭을 전개한 점으로 미

56) 재일본조선인연맹, 1946, 『총무부경과보고』, 35~39쪽. [朴慶植編, 1983, 『朝鮮問題資料叢書第九卷: 解放後の在日朝鮮人運動Ⅰ』, 94~96쪽].
57) 吳圭祥, 『ドキュメント在日本朝鮮人連盟1945-1949』, 322쪽.
58) 戰後補償問題硏究会編, 1992, 『戰後補償問題資料集第7集』, 128쪽.
59) 戰後補償問題硏究会編, 1992, 『戰後補償問題資料集第7集』, 127~128쪽.

루어 볼 때에도 중앙조직의 관여가 제2차 중앙위원회 이전에도 있었음을 짐작하게 한다.

　조련 지방조직의 미수금 청구 활동으로서는, 고쇼 다다시 연구자에 의해 이와테(岩手)현과 아키타((秋田)현, 그리고 도치기(栃木)현의 움직임이 소개되었다. 그는 일찍이 1992년 논문과 자료 해설을 통하여 조련 이와테현 본부가 1946년 4월 가마이시(釜石) 광업소와의 단체 교섭을 통하여 25만 엔 정도의 지급금을 얻어냈으며 같은 지역의 다른 사업장에도 수수 사례가 있었음을 밝혔다. 이때 지급받을 돈으로 업무상 사망자 5천엔과 업무 외 사망자 2,500엔을 기준으로 하여 단체 교섭에 들어갔고 6월 초에 가마이시 광업소를 제외한 모든 기업들이 이 제안을 무조건 받아들였다고 그는 보았다.[60] 이때 조련 이와테현 본부는 앞서 언급한 중앙본부의 각서를 사업장에 제시한 것으로 보인다.[61] 또한 고쇼는 2000년에 출간된 저서를 통하여 조련이 해방직후 하나오카(花岡)광산, 오사리자와(尾去澤)광산, 고사카(小坂)광산 등 아키타현의 광산 사업장과의 교섭을 통해 조선인 노무자 1명당 퇴직 위로금 1,000엔과 여비 150엔을 받아낸 것을 비롯하여 '상당한 성과'를 거두었다고 평가했다.[62]

　또한 도치기현의 조련 활동과 관련하여 고쇼는 아시오 구리광산을 중심으로 하여 비교적 상세한 연구 성과를 남겼다. 그는 1995년 3월의 논문에서 아시오 구리광산의 조선인 노무자 피해 실태를 규명하는 과정에서, 일본정부 자료와 지역신문 기사를 분석하여 미수금 피해와 관련하여 이 지역 조련 단체가 어떻게 미수금 청구 활동을 전개했는지 밝혔

---

60) 古庄正, 1992, 「朝鮮人強制連行問題の企業責任」, 21~22쪽 ; 戦後補償問題研究会編, 1992, 『戦後補償問題資料集第7集』, 129~131쪽.
61) 조련 이와테현본부 노동부는 중앙본부로부터 하달된 앞의 각서와 요구조건을 제시했다. 戦後補償問題研究会編, 1992, 『戦後補償問題資料集第7集』, 18~20쪽.
62) 古庄正, 2000, 「強制連行・未払金はどのように没収されたか : 個人の財産権と国家・企業」, 古庄正・田中宏・佐藤健生他, 『日本企業の戦争犯罪 : 強制連行の企業責任 3』, 49쪽.

다. 그는 특히 1945년 11월 초에 아시오에서 발생한 조선인 '폭동'의 진상을 규명하고 이 문제가 조선인 노무자 귀환자의 미수금에서 비롯된 것이며 여기에 조련 지방조직의 지원 아래서 일어났다고 하는 점을 밝혔다.[63] 고쇼는 그 후 조련 관련 자료를 분석하여 2003년 7월 한일민족문제학회와 재일조선인운동사연구회가 합동으로 개최한 학술발표회에서, 아시오광산이 '금일봉'으로서 조련에 353,250엔을 인도했다는 것을 발표했다.[64] 앞에서 언급한 바와 같이 「조선인의 미불임금 채무조사」 가운데 조련 아시오 지부에 인도했다고 하는 495,217엔 72전과는 일치하지는 않지만, 아시오지역의 미수금 청구 교섭실태가 고쇼에 의해 어느 정도 밝혀졌다고 할 수 있다.

한편 홋카이도의 경우에는 조련의 청구 활동은 보이지 않고 남한 군정청 관계자가 노무자를 대신하여 예탁 활동을 보였다. 여타 지역과는 달리 홋카이도에서는 조련 조직이 뒤늦게 결성되었고 일찍부터 「조선민족통일동맹」이 단체교섭에 나섰기 때문이다.[65] 그러나 삿포로 군정부대는 「조선민족통일동맹」의 교섭권을 인정하지 않았고, 그 대신 일찍부터 도쿄의 점령당국과 남한 군정청의 연락사무소와 연계하여 체계적

---

63) 1945년 11월 3일 저녁 조선인 노무자들은 조련 栃木県足尾支部와 群馬県太田支部의 지원을 받아 아시오 광업소 소장에 대해 식량대책과 퇴직금 등을 요구하며 단체행동에 들어갔다. 이에 대해 후생성이 11월 10일 조정안「古河足尾鑛業所就労朝鮮人労務者紛争議調停の件」(給発第106号)을 제시하며 귀환수송 대책과 함께 퇴직위로금・저금・예금・사상자위자료미수금 지불을 약속했으나 조련측은 내용이 미흡하다고 하여 이를 거부했다. 이것은 조선인 노무자에 대한 대책이 미흡하기도 했지만 조련에게 아무런 지급이 보장되지 않았기 때문이었다. 이에 足尾진주 군정부대장은 12월 5일, 1945년 8월 15일 이전에 1년 미만 근무하고 퇴직한 조선인 노무자의 예금과 협화회 자금, 그리고 분쟁의 원활한 해결에 대한 대가 24,000엔을 조련에 제공한다는 중재안을 제시하면서 분규는 수습되었다. 古庄正, 1995, 「足尾銅山・朝鮮人強制連行と戦後処理」, 51~65쪽.

64) 고쇼 다다시가 2003년에 발표한 내용의 요지는, 2003年 10月, 『在日朝鮮人史研究』 33号, 192~194쪽에 실려 있다.

65) 桑原真人, 1982, 『近代北海道史研究序説』, 北海道大学図書刊行会, 335쪽.

인 예탁 활동을 추진하면서 조선인들의 조속한 귀환을 종용했다.[66] 체계적인 예탁으로서는 우선 일본과 남한 사이에 송금액에 상당하는 석탄을 수송함으로써 사실상 결재하는 것으로 했고,[67] 일본은행에 점령당국의 관리 구좌를 개설하여 여기에 일본기업이 조선인 노무자의 미수금을 예치하게 하는 것이었다.[68] 또한 일본의 점령당국이 남한 군정청에 관련 서류를 송부함으로써 이 서류에 맞추어 남한 군정청이 조선인 귀환자에게 미수금에 해당하는 금액을 조선은행권 화폐로 지급하는 방식을 취하기로 했다.[69]

1946년 3월 11일 삿포로의 제74군정부대 담당자(H. E. Pickerill)가 점령당국의 관리 구좌에 예치된 조선인 노무자의 미수금 3,074,360엔 01전에 대한 지급을 점령당국에 요청하고, 5월 27일 경제과학국 담당자(McDiarmid)가 서울을 방문하여 2,059,817엔 16전을 조선인 귀환자에게 지급하도록 지시한 일이 있다.[70] 하지만 남한 군정청이 조선인 귀환자에 대해 개별

---

66) 西川博史, 2007, 『日本占領と軍政活動 : 占領軍は北海道で何をしたか』, 現代史料出版, 100~101쪽. 홋카이도 군정부대의 체계적인 예탁과 귀환 권유에 힘입어 해방직후 북해도에 있던 조선인 노무자 27만 명이 11월 3째 주에 4만 명으로 감소했다. 노무자 미수금을 둘러싸고 우후죽순처럼 생겨난 조선인 단체는 군정부대나 미군정청 관계자에 눈에 비윤리적이고 무질서한 모습으로 각인되었다. Gane, William J., 1951, *Foreign Affairs of South Korea, August 1945 to August 1950*, 127~136쪽.

67) Economic and Scientific Section Finance Division, APO-500, MEMORANDUM, 1945.10.29. [戰後補償問題研究会編, 1993, 『戰後補償問題資料集第8集 : GHQ関連文書集(朝鮮人未払金政策等)』, 戰後補償問題研究会, 35쪽].

68) Headquarters 74th Military Government Company APO 928-Sapporo, Funds Consisting of or Pertaining to the Unsettled Accounts of Koreans Who Have Been Repatriated from Hokkaido, 1946. 5. 5. [戰後補償問題研究会編, 1993, 『戰後補償問題資料集第8集 : GHQ関連文書集(朝鮮人未払金政策等)』, 戰後補償問題研究会, 46쪽].

69) Ltr fr Hq 74th Mil Govt, APO 928-Sapporo, File AG 122.1, 1946. 5. 5, subject: "Funds Consisting of or Pertaining to the Unsettled Accounts of Koreans Who Have Been Repatriated from Hokkaido" to GHQ SCAP, FRS/SM/It, 1946. 6. 4. [戰後補償問題研究会編, 1993, 『戰後補償問題資料集第8集 : GHQ関連文書集(朝鮮人未払金政策等)』, 戰後補償問題研究会, 58쪽].

70) Ltr to CG, XXⅣ Corps, AG 131, CPC/GP, subject: "Funds Consisting of or Pertaining to the Unsettled Accounts of Koreans Who Have Been Repatriated from Hokkaido." [戰後

적으로 미수금을 지급했다고 하는 기록은 아직 발견되지 않고 있으며, 1946년 6월에 일본 점령당국과 남한 군정청 사이의 의견불일치로 석탄 수송에 의한 결재 방식이 중단되었고,[71] 남한 군정청은 부분적이고 개별적인 미수금 지급 방식에 대해 계속 문제를 제기하고 있어서[72] 결국 전혀 미수금이 지급하지 않은 것으로 해석할 수밖에 없다.

Ⅳ. 맺음말

이상으로, 조선인 미수금 문제의 윤곽을 살펴보고 조련의 미수금 보상 요구 활동 관련한 선행연구를 정리했다. 그리고 약간의 관련 자료와 연구를 분석하여 조련이 미수금 문제에 대해 어떻게 조직적으로 관여했는지 살펴보았다. 이 글을 통해 조련 중앙본부가 결성직후부터 재일조선인 재산을 접수하고 노무자 미수금 청구를 위한 단체 교섭 지침을 마련했으며, 조련 지방조직은 조선인 노무자 대부분이 아직 귀환하지 않고 사업장 주변에 남아있던 시기에 단체교섭을 주도하며 미수금 청구 활동을 전개했다는 것이 어느 정도 소개되었다고 본다.

조련은 귀환 동포의 원호와 재일동포들의 일반 복지를 위해 조직되었는데 이 기회를 이용하여 한반도의 공식 기관이 설립되기 이전에, 그리고 미군정 연락소와 같은 공식적 조직을 무시하고, 일본인 사업장으로부터 조선인 노무자의 미수금을 대신하여 일부 합의금을 얻어내고 조

補償問題硏究会編, 1993, 『戦後補償問題資料集第8集 : GHQ関連文書集(朝鮮人未払金政策等)』, 戦後補償問題硏究会, 64쪽].

71) General Headquarters SCAP, Unsettled Accounts of Korean Miners Who Have been repatriated from Hokkaido, 1946. 6. 24. [戦後補償問題硏究会編, 1993, 『戦後補償問題資料集第8集 : GHQ関連文書集(朝鮮人未払金政策等)』, 戦後補償問題硏究会, 66쪽].

72) Augustine, Matthew R., Summer 2011, Restitution for Reconciliation: The US, Japan, and the Unpaid Assets of Asian Forced Mobilization Victim, 20쪽.

선인 귀환자로부터는 기탁금을 받아냈다. 이것이 조련의 조직 활동을
위한 중요한 재원이 된 것은 부정할 수 없다. 따라서 1950년에 주일한국
대표부는 GHQ에 대해 조련의 재산을 한국정부에 반환하도록 요구한
일이 있다.[73]

그런데 일본 패전부터 1945년 12월까지는 조련이 대체로 아무런 어려
움이 없이 단체 교섭을 지원하거나 추진할 수 있었지만 이듬해에 들어
서는 점차 조선인 노무자들이 사업장을 떠나면서 점차 단체 교섭이 어
려워져 갔다. 미수금 문제의 전문가 고쇼 다다시가 조선인 노무자의 교
섭 조건이 악화된 가장 중요한 원인으로서 조련의 조직적 관여를 들고
있는데, 필자는 이와 함께 조선인 노무자가 대거 귀환해 감으로써 기업
체를 상대로 협상력을 상실하게 된 것을 들고 싶다.

조련의 『총무부경과보고』 자료에 따르면 1946년 10월 시점까지 조련
중앙본부가 파악한 각 지방의 미수금 청구 성과로 총 340건, 관계인원
43,314명, 해결금액 26,876,844엔이었다고 되어 있다.[74] 앞서 머리말에서
언급한 「조선인의 미불임금 채무조사」속의 '제3자 인도분'에 나타난 사
업장 수 57건, 채권자 수 7,361명, 예탁 금액 2,963,878엔 19전과 비교하
여 보면, 훨씬 더 많은 '성과'가 조련 본부에 보고된 것을 알 수 있다. 이
와 같이 조련 중앙본부가 파악한 금액이 일본정부가 지방정부를 통해
파악한 '제3자분' 금액에 비하여 훨씬 많은 이유는 무엇일까.

이 부분을 해명하는 자료가 없는 까닭에 현 상황에서는 추측에 의지
할 수밖에 없다. 그것은 조련의 '성과' 속에는 소위 단체교섭 중재 수수
료에 해당하는 금액, 즉 조선인 노무자의 미수금이라 할 수 없는 금액이

---

73) Property of former League of Korean Residing in Japan, DS to GS, 1950. 6. 10. [戰後補
   償問題研究會編, 1993, 『戰後補償問題資料集第8集 : GHQ関連文書集(朝鮮人未払金
   政策等)』, 戰後補償問題研究會, 220쪽].
74) 재일본조선인연맹, 1946, 『총무부경과보고』, 32~33쪽. [朴慶植編, 1983, 『朝鮮問題資
   料叢書第九卷 : 解放後の在日朝鮮人運動Ⅰ』, 93쪽].

포함되어 있기 때문이 아닐까 한다. 이렇게 볼 경우, 일본기업이 일본정부에 대해 보고하면서 의도적으로나 비의도적으로 조련의 활동 결과를 축소하여 보고했을 가능성이 높다. 특히 1945년 10월에서 12월 사이에 군소 사업장에서 조선인 노무자의 단체교섭 활동이 왕성했을 때 전개된 보상 요구 활동에 관한 기록도 거의 없다.

조련이 일본기업에 대해 피해자 보상을 이유로 하여 노무자와 함께 단체교섭에 임하자 마지못해 노무자 미수금의 일부와 단체교섭 알선 커미션을 조련에 내놓은 기업들이 나왔다. 한반도 해방에 따라 격렬하게 미수금 지급을 요구하는 조선인 노무자의 '불온한' 움직임에 대해 각 기업으로서는 조선인 단체의 중재와 무마가 필요했을 것이다. 일본정부가 1946년 10월 노무자 미수금에 대한 공탁을 시행하게 되는 배경에는 이러한 조련에 의한 단체 교섭 움직임이 있었다. 그러나 일본정부의 공탁 실시 시기에 이미 조련의 단체 교섭 활동이 대체로 힘을 잃고 있었기 때문에 반드시 조련의 활동만이 공탁의 배경이 되었다고 보기는 어렵다. 공탁의 배경으로서는 일본정부가 자국 기업에 대해 재정적인 청산 작업을 돕고 한반도 독립 정부와의 청구권 교섭에 대비하려는 경제적 의도가 보다 강했다고 보는 것이 옳을 것이다.

이 글 본문에서 1946년 하순에 일본정부가 귀환원호 업무에서 조련을 공식적으로 인정하지 않는 조치를 취했다고 언급했는데, 조선인 노무자 미수금 관련 업무에 있어서는 일본정부는 아예 처음부터 조련을 공식적인 교섭대상으로 인정하지 않았다는 점에 유의할 필요가 있다. 각 지방의 사업장이 조선인 노무자들의 단체 행동 상황에서 조련의 중재 활동을 인정하고 해결의 대가를 지불한 것으로 부분적으로 밝혀지고 있지만, 일본정부가 나서서 조련의 단체교섭권을 공식적으로 인정한 일은 없다. 일찍이 1945년 11월의 아시오 광산 분규에서 후생성이 제시한 조정안(給發第106号)에서 나타난 바와 같이 일본정부는 어디까지나 노무

자 미수금은 노무자에게 전달하겠다고 하는 입장을 취했고 조련에게 미
수금을 지급하는 것을 공식적으로 인정하지 않았다.75) 1946년에 들어
후생성 관계자가 각 지방정부에 대해 수차례에 걸쳐 방침을 하달하고
조련은 노동조합법에 기초하여 정식으로 승인받은 법정대리인이 아니
라고 하는 견해를 밝힌 것은 이러한 일본정부의 입장을 잘 말해주고 있
다.76)

  이 글을 통해 조련 중앙본부나 이와테현·도치기현·아키타현 지방
조직의 미수금 청구 활동에 대해서는 어느 정도 윤곽이 나타났으나 그
밖의 지역에 대해서는 앞으로의 연구과제로 돌릴 수밖에 없다.77) 이것
은 조련 초기의 조직과 활동을 분명히 하는 연구과제이기도 하다. 또한
조련이 결성 초기에 거두어들인 미수금 지급금 규모나 기탁금의 향방도
오리무중이다. 한반도로 귀환한 노무자 당사자나 유가족에게 이 금액
중 얼마나 돌아갔는지 전혀 알려지고 있지 않다. 화폐 교환이 금지되어
있었고 한반도에서 미수금 피해자에 대한 지급이 이루어졌다고 하는 기
록이 아직 발견되고 있지 않은 점에서 볼 때, 조련이 획득한 합의금이나

75) 일본정부가 노무자 미수금을 노무자에게 지급하겠다는 입장을 고수한 것은 실질적
  으로 미수금 피해를 피해자에게 보상했다는 의사로 해석하기는 어렵다. 나중에 공
  탁조치를 하면서 미수금 피해자에게 이를 통지하지 않은 것을 통해 보상 의사가 없
  었음을 확인할 수 있다. 조선인 귀환이 활발히 이루어지고 있던 상황이나 점령당국
  의 통화규제가 엄연히 실시되고 있던 상황에서 조선인 노무자 본인에 대한 지급이
  사실상 곤란하다는 점을 일본정부는 인지하면서, 미수금 문제의 실질적인 해결을
  미룬 것으로 보아야 할 것이다.
76) 厚生省労政局給与課長, 1946年 3月 11日, 「終戦に伴う朝鮮人労務者解雇手当に関す
  る件」(給発 第15号) ; 厚生省労政局給与課長, 1946年 6月 11日, 「朝鮮人其他の外国
  人労務者の給与等に関する件」; 厚生次官, 1946年 6月 21日, 「朝鮮人, 台湾人及び中
  国人労務者の給与等に関する件」(厚発労 第36号).
77) 효고현(兵庫縣)의 경우, 이 지역 강제동원 연구자들이 1990년대 초에 일본제철 히로
  하타(広畑) 제철소의 자료를 발굴하고 해방직후 이 회사가 조련의 미수금 지불 요
  구에 곤혹스러워하는 양상을 밝혔으나, 결국 조련에 인도했는지 여부에 대해서는
  이를 밝히지 못했다. 兵庫朝鮮関係研究会, 1993, 『在日朝鮮人90年の軌跡 : 続·兵庫
  と朝鮮人』, 神戸学生青年センター出版部, 184~186쪽.

기탁금은 대체로 귀환자 송출에 필요한 비용이나 조직 운영을 위한 자금으로 충당되었을 가능성이 높다고 보는 것이 옳을 것이다. 결국 1949년 9월에 조련이 점령당국과 일본정부에 의해 강제 해산되고 관련 재산이 몰수됨에 따라 조련이 획득한 미수금 관련 지급금은 그 행방을 알 수 없게 되었다.

【참고문헌】

고바야시 히사토모(小林久公), 2011, 「조선인 강제동원 피해자의 미불금에 대해」, 『역사와 책임』 창간호.

최영호, 1995, 『재일한국인과 조국광복』, 글모인.

_____, 2009, 「〈서평〉 吳圭祥, 『ドキュメント在日朝鮮人連盟 1945-1949』, 岩波書店, 2009年」, 『한일민족문제연구』 16집.

_____, 2013, 「〈서평〉 朝鮮独立への隘路：在日朝鮮人の解放五年史(鄭榮桓, 法政大學出版部, 2013)」, 『재외한인연구』 30호.

_____, 2008, 『한일관계의 흐름 2006-2007』, 논형.

_____, 2015, 『한일관계의 흐름 2013-2014』, 논형.

표영수·오일환·김명옥·김난영, 2008, 「조선인 군인·군속 관련 '공탁서'·'공탁증명서' 기초분석」, 『한일민족문제연구』 14집.

『민중신문』, 1946년 3월 25일.

_____, 1946년 6월 25일.

_____, 1946년 7월 25일.

森田芳夫, 1955, 『在日朝鮮人処遇の推移と現状』(法務研究報告書 第43集 3号), 法務研修所.

高石末吉, 1970, 『覚書終戦財政始末(第1卷)』, 大蔵財務協会.

坪井豊吉, 1975, 『在日同胞の動き』, 自由生活社.

森田芳夫·長田かな子, 1979, 『朝鮮終戦の記録(資料篇第1卷)』, 巖南堂書店.

京都府警察史編纂委員會, 1980, 『京都府警察史』, 京都府警察史編纂委員会.

アジア問題研究所, 1981, 『戦時強制連行華鮮勞務對策委員會活動記錄』, アジア問題研究所.

桑原真人, 1982, 『近代北海道史研究序説』, 北海道大学図書刊行会.

朴慶植 編, 1983, 『朝鮮問題資料叢書第九卷：解放後の在日朝鮮人運動Ⅰ』, アジア問題研究所.

古庄正, 1986, 「在日朝鮮人労働者の賠償要求と政府および資本家団体の対応」, 『社会科学研究』 31卷 2号.

張錠壽, 1989, 『在日六〇年・自立と抵抗 : 在日朝鮮人運動史への証言』, 社会評論社.

ワグナー[Edward W. Wagner], 1989, 『日本における朝鮮少数民族 : 1904年-1950年(復刻版)』, 龍渓書舎.

朴慶植, 1989, 『解放後在日朝鮮人運動史』, 三一書房.

古庄正, 1991, 「資料連行朝鮮人未払い金供託報告書」, 『駒沢大学経済学論集』23巻 1号.

_____, 1991, 「朝鮮人強制連行名簿調査はなぜ進まないか」, 『世界』.

_____, 1992, 「朝鮮人強制連行問題の企業責任」, 『駒沢大学経済学論集』24巻 2号.

_____, 1993, 「日本製鉄株式会社の朝鮮人強制連行と戦後処理 : ‘朝鮮人労務者関係’を主な素材として」, 『駒沢大学経済学論集』25巻 1号.

_____, 1995, 「足尾銅山・朝鮮人強制連行と戦後処理」, 『駒沢大学経済学論集』26巻 4号.

_____, 2000, 「強制連行・未払金はどのように没収されたか : 個人の財産権と国家・企業」.

_____, 2000, 「強制連行・未払金はどのように没収されたか : 個人の財産権と国家・企業」, 古庄正・田中宏・佐藤健生他, 『日本企業の戦争犯罪 : 強制連行の企業責任 3』.

_____, 2007, 「供託をめぐる国家責任と企業責任」, 『在日朝鮮人史研究』37号.

戦後補償問題研究会 編, 1992, 『戦後補償問題資料集第7集: 戦後補償関係法令通達集(Ⅱ)「未払金・軍事郵便貯金」関係』, 戦後補償問題研究会.

戦後補償問題研究会 編, 1993, 『戦後補償問題資料集 第8集 : GHQ関連文書集(朝鮮人未払金政策等)』, 戦後補償問題研究会.

西川博史, 2007, 『日本占領と軍政活動 : 占領軍は北海道で何をしたか』, 現代史料出版.

呉圭祥, 2009, 『ドキュメント在日本朝鮮人連盟 1945-1949』, 岩波書店.

金慶南, 2009, 「GHQ占領期における供託金の事務手続きと名簿原本の出所について : ‘経済協力・韓国105’分析を中心に」(強制連行真相究明ネットワーク, 神戸学生青年センター).

竹内康人[編], 2012, 『戦時朝鮮人強制労働調査資料集 : 名簿・未払い金・動員数・遺骨・過去清算』, 神戸学生青年センター出版部.

田中宏・中山武敏・有光健, 2012, 『未解決の戦後補償』, 創史社.

鄭栄桓, 2013, 『朝鮮独立への隘路 : 在日朝鮮人の解放五年史』, 法政大学出版局.

厚生省労政局給与課長, 1946年 3月 11日, 「終戦に伴う朝鮮人労務者解雇手当に関する件」(給発 第15号).

引揚援護院援護局業務課長発, 各都道府県教育民生部長宛, 1946年 4月 25日, 「非日本人ノ送還ニ関スル件」(発業 第179号).

厚生省労政局給与課長, 1946年 6月11日, 「朝鮮人其他の外国人労務者の給与等に関する件」.

厚生次官, 1946年 6月 21日, 「朝鮮人, 台湾人及び中国人労務者の給与等に関する件」(厚発労 第36号).

兵庫朝鮮関係研究会, 1993, 『在日朝鮮人90年の軌跡 : 続・兵庫と朝鮮人』, 神戸学生青年センター出版部.

労働省労働基準局長, 都道府県労働基準局長宛, 1947年 12月 1日, 「朝鮮人労務者に対する未払金について」(基発 418号).

労働省給与課長, 都道府県労働基準局長宛, 1948年 3月 30日, 「朝鮮人労務者に対する未払金について」(本給発 35号).

労働省労働基準局長, 都道府県労働基準局長宛, 1950年 10月 6日, 「帰国朝鮮人に対する未払賃金債務等に関する調査について」(基発 917号).

労働省労働基準局給与課, 1953年 7月 20日, 「帰国朝鮮人労務者に対する未払賃金債務等に関する調査集計」.

「朝鮮人の在日資産調査報告書綴」(分類: 厚生労働省2009年度, 排架番号:つくば書庫 6/6-91/ 1738).

「朝鮮人に対する賃金未払債務調査」(分類: 大蔵省2000年度, 排架番号:つくば書庫 5/5-53/ 3451).

『新潟日報』, 1945年 9月 14日.

『山形新聞』, 1945年 9月 14日.

『佐賀新聞』, 1945年 9月 15日.

Augustine, Matthew R., Summer 2011, Restitution for Reconciliation: The US, Japan, and the Unpaid Assets of Asian Forced Mobilization Victim, *The Journal of Northeast Asian History*, Volume 8, Number 1.

Gane, William J., 1951, *Foreign Affairs of South Korea, August 1945 to August 1950*, Northwestern University (Doctoral Dissertation).

SCAPIN-44, AG 091.3. ESS, Control over Exports and Imports of Gold, Silver, Securities and Financial Instruments, 1945. 9. 22.

SCAPIN-127, AG 091.31. ESS, Supplemental Instructions Relating to Import and Export Control, 1945. 10. 12.

SCAPIN-142, AG 370.05. GC, Reception Centers in Japan for Processing Repatriates, 1945. 10. 15.

SCAPIN-532, AG 091.714. ESS/FI, Supplemental Instructions Relating to Import and Export

Control, 1946. 1. 2.

SCAPIN-746, AG 053. GC. Registration of Koreans, Chinese, Ryukyuan and Formosans, 1946. 2. 17.

SCAPIN-822, AG 370.05. GC, Repatriation. Annex 6, 1946. 3. 16.

SCAPIN-822/1, AG 370.05. GC, Repatriation, 1946. 3. 27.

SCAPIN-927, AG 370.05. GC, Repatriation. Annex 6, 1946. 5. 7.

SCAPIN-927/6, AG 370.05. GC, Repatriation. Annex 6, 1946. 7. 20.

GHQ/SCAP RECORDS, G3-00049.

한일회담 과정의 미수금 · 공탁금 문제의 이해와 전개

오 일 환

Ⅰ. 머리말

이 글의 목적은 한일국교정상화회담(이하 한일회담) 과정에서 한국인 강제동원 피해자의 '미수금'문제에 관한 한국정부의 인식과 태도, 협상의 전개 과정과 처리결과를 살펴보는 데 있다.[1] 그동안 '청구권'을 둘러싼 협상과 협정의 내용에 관해서는 여러 선행연구들이 있어 왔으나, 이 가운데 '미수금'이나 '미불금' 특히 '공탁금' 문제에만 초점을 맞춘 연구는 많지 않다. 그리고 한일회담에서 사용된 '청구권'이란 용어 외에, '미불금' '미수금' 특히 '공탁금'이라는 용어와 개념들이 양국 간에 정확하게 합의되지 않은 가운데 자주 혼용됨으로써 많은 오해와 논란이 발생하고 있는 것이 현실이다. 이에 본고에서는 기존 연구들과 달리, 강제동원 피

---

[1] 본고는 2013년도 동북아역사재단의 연구과제, '일제강점기 조선인 피징용노무자의 미수금 문제에 관한 조사연구'(최영호 외 6명)에서 필자가 담당했던 동 제목의 논문을 수정, 가필한 논문이다. 본고는 동북아역사재단에 제출된(2013.12) 이래, 2015년 6월 숭실사학회 편『숭실사학』에 '강제동원 한인 피해자 미수금 문제의 이해와 전개 - 한일회담 문서를 중심으로'라는 논문으로 역시 수정, 게재된 바 있음을 밝힌다.

해자의 '미수금'(일본측은 '미불금'이라 함)과 '공탁금'에만 한정시키고, 이 문제의 발단과 협의전개 과정에 초점을 맞추어 살펴보고자 한다.

오늘날까지 끊임없이 소송과 논란이 되고 있는 강제동원(징용) 피해자들의 요구는 개인청구권 중에서도 미수금 특히 '공탁금' 문제로 대표되기도 하는데, 실제로 한일회담 청구권 문제 협상에서 이러한 문제들이 어떻게 인식되었고 구체적으로 어떻게 협의되고 결정되었는가에 대해서는 최근에 연구가 이루어지기 시작했다고 볼 수 있다.

사실상 미수금과 미불금의 개념과 차이, 그 범위에 대해서는 명확하게 정리된 적이 없으며, 특히 공법적 행위에 따른 확정적 채권·채무인 '공탁금'의 세부 내역에 관해서도 거의 알려진 바 없다. 이에, 청구권 중 미수금은 무엇인가? 미수금은 곧 공탁금인가? 미수금은 공탁금뿐인가? 라는 의문에 대해 정부는 물론이고 학계와 전문가들조차 명확한 답변을 제시하지 못하고 있다. 다시 말해 그동안 한국정부와 사회는 청구권과 미수금, 미수금과 공탁금의 관계, 공탁금의 내역과 범위에 관해 명확한 공통인식이 부재했고 이에 관한 연구도 거의 없다고 할 수 있다.

기존의 연구들에서는 주로 '청구권'(請求權, Claim) 자금의 성격과 내용, 특히 식민지지배와 전쟁 피해에 대한 '보상'(補償, Compensation) 또는 '배상'(賠償, Reparation)의 개념이 포함된 것인지, 아니면 '경제협력자금'의 성격과 의미를 둘러싼 논란에 초점을 맞추어 왔다.

대표적으로 오오타(大田修), 요시자와(吉澤文壽)의 연구는 '전후 보상' 요구가 '청구권', 그리고 '경제협력자금'으로 변화해 가는 것에 주목하였는데, 그 명칭과 명목이 바뀌어 가면서 그 성격과 본질도 상호 단절적으로 변질되었다고 분석하였다.[2] 이에 대해, 최근 장박진의 일련의 연구들은, '보상' '청구권' '경제협력'이라는 명목상의 차이가 있었음에도 불구

---

2) 太田修, 2003, 『日韓交渉 : 請求權の研究』, クレイン ; 吉澤文壽, 2004, 『戦後日韓関係 : 国交正常化交渉をめぐって』, クレイン.

하고, 그것들은 재산권과 정치적 해결을 도모하는 작은 범위의 변화일
뿐, 상호 단절적 변질이라기보다는 질적인 연속성을 유지했다는 점을
추적하여 설득력 있는 분석을 제시하고 있다.3)

　그리고 청구권 문제를 둘러 싼 쟁점은, '청구권은 해결된 것인가, 아
닌가? 개인청구권은 소멸된 것인가, 아직도 유효한 것인가?' 라는 문제
로 요약될 수 있다. 그동안 일본정부는 한국과의 모든 청구권 문제가
소멸되었다는 입장인 반면, 일본의 사법부는 한일 정부 간 청구권 문제
는 모두 소멸되었으되, 개인(사실상 '일본국민')의 청구권은 별개 문제로
서 유효하다는 판례를 내놓은 바 있다.4) 마찬가지로 그동안 한국정부는
한일청구권협정을 통해 청구권 문제는 해결되었다는 입장과 '외교적 보
호권의 포기'라는 모호한 태도를 견지해 왔다. 그리고 최근 들어 한국의

---

3) 최근 장박진의 연구는 이 분야에서 가장 앞서가고 있다. 본고 역시 장박진의 연구
　들을 다수 참조하고 있음을 밝혀둔다. 다만, 장박진의 논문에서 그가 정리한 청구
　권협상의 전개과정은 참조하되, '공탁금'에 관한 논의에 초점을 맞추어 그의 논문
　등에서 정리된 통계와 내용 등을 취사 편집했음을 밝혀 둔다. 이상 장박진, 2008,
　「한일회담에서의 피해보상 교섭의 변화과정 분석 : 식민지 관계 청산에 대한 '배상',
　'청구권', '경제협력' 방식의 '연속성'을 중심으로」, 『정신문화연구』 제31권 제1호 ;
　同, 2010, 「식민지관계 청산을 둘러싼 북일회담(평양선언까지)의 교섭과정 분석 :
　한일회담의 경험에 입각하면서」, 『국제·지역연구』 제19권 2호 ; 同, 2011, 「한일회담
　청구권 교섭에서의 세부 항목 변천의 실증분석 : 대일 8항목 요구 제5항의 해부」,
　『정신문화연구』 제34권 제1호 ; 同, 2011, 「대일평화조약 제4조의 형성과정 분석 : 한
　일 간 피해보상 문제에 대한 '배상', '청구권'의 이동(異同)」, 『국제·지역연구』 제20
　권 3호 ; 同, 2012, 「전후 한국의 대일배상 요구의 변용 : 미국의 대일배상 정책에 대
　한 대응과 청구권으로의 수렴」, 『아세아연구』 제55권 4호 참조
4) 2007년 4월 일본 최고재판소가 '국가 간 조약에도 불구하고 개인의 실체적 권리가
　사라진 것은 아니지만, 재판상 청구권은 소멸됐다'고 판시하였다. 또한, '13년 10월
　17일 일본의 가와카미 시로(川上詩朗) 변호사가 최근 공개된 외무성의 한일회담 관
　련 문서 중 일부를 통해 "외무성은 1991년까지 한일 청구권협정으로 개인의 청구권
　이 소멸하지 않았다는 견해를 밝혔다."고 했다. 문서에는 당시 외무성 조약국장인
　야나이 슌지(柳井俊二)가 1991년 8월 27일 참의원 예산위원회에서 "개인의 청구권
　그 자체를 국내법적인 의미로 소멸시킨 것은 아니다"는 답변을 했는데, 이는 한일
　양국 정부가 외교보호권을 포기한 것으로, 개인청구권은 별개로서 유효하다는 입
　장을 견지했다는 것'을 보여주는 것이다. 『세계일보』, 2013.10.18자 '일 정부, 개인청
　구권 인정했었다'.

사법부에서는 개인청구권 문제가 국가 간 협정에 따라 소멸될 수 없다는 판결[5]을 잇따라 내놓고 있는 상황이다.

　그러나 이상의 연구와 논란들은 청구권협정의 성격과 내용을 '보상'이나 '경제협력자금'과의 질적 동질성 문제, 그리고 '개인청구권 문제'로 치환함으로써, 확정적 채권인 미수금과 공탁금에 관한 논의에 접근하는 데는 소홀했다는 한계가 있다.

　다행히 최근 들어 일본정부로부터 제공받은 군인·군속 및 노무동원자 등의 공탁금부본(供託金副本)[6]과 공문서관에 보관중인 공탁금 관련 자료, 즉 '조선인 재일자산보고서철'(朝鮮人の在日資産調査報告書綴)[7], '조선인에 대한 임금미불채무조'(朝鮮人に対する賃金未払債務調)[8]와 같은 공탁금의 1차 자료가 발굴·입수되고 있고, 지난 몇 년간 한국정부의 한일회담 문서가 전면 공개되고, 일본정부의 회담 문서 중 일부가 공개됨에 따라 비로소 청구권 협상 내용 중 미수금, 공탁금 문제 등에 관한 연구가 가능해졌다.[9]

---

5) 대법원 2012.5.24 선고, 2009다22549, 판결, 선고 2009다68620 판결 ; 2013년 7월 서울고등법원 및 부산고등법원 판결, 2013년 11월 광주지방법원 판결 등
6) 2004년 일제강점하강제동원피해진상규명위원회 발족 이후, 위원회 측은 한일유골문제협의회를 통해 일본정부에 공탁금문서 등을 요구하였는데, 마침내 일본정부로부터 2007년 12월 군인·군속(11만 건) 공탁금문서, 2010년 4월 노무동원자(6만4천여 건) 공탁금문서를 수령하였다. 공탁 및 자료의 생산 시기는 1942~1994년이다. 당시 필자는 일본정부와의 입수과정 협상을 담당하였다.
7) 노동후생성 Series,「朝鮮人の在日資産調査報告書綴」, 일본 국립공문서관つくば分館 소장. 생산시기는 1946.6~1950.11.
8) 대장성 Series, 「経済協力·韓国·105·朝鮮人に対する賃金未払債務調」, 일본 국립공문서관つくば分館 소장. 생산시기는 1950.10~1953.7
9) 공탁금 관련 논저로는, 小寺初世子, 1981,「第二次世界大戦におけるいわゆる "朝鮮人徴用工"への未払賃金供託事件に関する法的一考」,『広島平和科学』4 ; 古庄正, 1986,「在日朝鮮人労働者の賠償要求と政府及び資本団体の対応」,『社会科学研究』31-2 ; 同, 1991,「連行朝鮮人未払金供託報告」,『駒込大学経済学論集』23-1 ; 同, 1992,「朝鮮人強制連行問題の企業責任」,『駒込大学経済学論集』24-2 ; 同, 1998,『足尾銅山·朝鮮人強制連行と戦後処理』; 同, 2000,『日本企業の戦争犯罪』, 創史社 ; 古庄正·田中宏·佐藤健生 他, 2000,『日本企業責任3』, 創史社 ; 古庄正, 2006,「朝鮮人戦時労

이에, 이 글에서는, 한일회담 청구권협정 협상과정에서의 미수금 문제, 전쟁 피해에 따른 위로금 성격의 보상금, 특히 강제동원 피해자의 임금 등 미수금 일부가 공탁된 금액, 즉 '공탁금'에 관한 한국정부의 인식과 태도, 이에 대한 협상내용의 변화와 결과를 정리하고자 한다.

이 글에서는 청구권협정의 방대한 항목들 중 각종 현금, 금은, 유가증권 등에 관한 논의는 생략하고, 이하에서는 한일회담 이전 시기의 '대일배상요구조서'에서 제시한 8항목 중 강제동원 피해자의 임금 등 미수금과 사망·부상에 따른 보상금 관련 조항, 그리고 이후 전개되는 한일회담 전 과정에서의 공탁금과 관련된 항목에만 초점을 맞추어 살펴보기로 한다.

II. 해방 이후 한일회담 개시 전까지

1. 해방 직후 미군정과 한국 측의 인식 차

해방 직후 한국사회가 일제 식민지 피해와 전후 보상에 관해 주목한 것은 크게 두 가지였다. 재한일본인 재산 처리와 대일 피해보상 요구가 그것이다. 재한일본인 재산 처리는, '적산 몰수'의 대상인가 아니면 일본정부 또는 일본인에게 돌려주어야 할 문제인가를 둘러싼 논란과 몰수하는 주체가 한국정부인가 미군정인가의 논란을 야기하였다. 재한일본인의 재산은 결과적으로 미군정에 의한 몰수를 거쳐 한국정부에 귀속됨으

働動員における民族差別」, 『在日朝鮮人史研究』36 ; 同, 2007, 「供託をめぐる国家責任と企業責任」, 『在日朝鮮人史研究』37 ; Augustine, Matthew R., 2011, "Restitution for Reconciliation : The US, Japan, and the Unpaid Assets of Asian Forced Mobilization Victim", *The Journal of Northeast Asia History*, Volume 8, No 1 ; 竹内康人, 2012, 『未解決の戦後補償』, 創史社 참조.

로써 한일회담 과정에서 일본 측으로부터 역청구권의 대상이 되었다.

당초 임시정부는 재한일본인 재산을 '적산 몰수' 대상으로 규정하였고, 개인들의 자발적인 '임의 몰수'가 이루어지고 있었다. 그러나, 미 군정과 국제법의 기준은 달랐다. 즉 한국은 일본과의 교전국이 아닌 식민지라는 지위에 있었고, 적산을 몰수할 수 있는 권리는 점령군에게 주어진다는 논리였다.

1945년 10월 23일 미 군정청은 '일본인 재산 처리에 관한 방침'에 따라 일본인 재산을 미 군정청 재산으로 관리할 것을 천명하였다.[10] 그리고 12월 4일 아놀드(Archilbald V. Anold) 군정장관이 기자회견을 통해 "한국에는 배상 문제가 있어 보이지 않는다. 한반도는 일본 영토였으나 전쟁 피해가 없었으므로 배상근거가 없다"[11]고 밝혔다. 심지어 미국의 초기 대일 배상정책의 핵심적 인물인 폴리(Edwin W. Pauley) 대일 배상정책 특사는, '한반도 내 일본인 재산은 한국에 직접 귀속되는 것이 아니라, 일본의 연합국에 대한 배상에 충당될 것'[12]이라는 취지로 발언하였다.

이처럼, 재한일본인의 적산이 미 군정청 재산에 편입됨에 따라 연합국 내지 미국의 배상금으로 충당될 수 있다는 우려가 확산되자, 한국사회는 당초 연합국의 일원으로서의 당연한 대일배상 차원에서 적산 몰수론을 주장하였으나 미군정과 연합국 측을 설득할 수 없다는 현실적 판단에서 '응혈체론'을 내세워 감정적인 호소로 전환하였고, 최종적으로는 '국가경제 재건'을 위한 자금이라는 주장으로 선회하였다.[13]

동시에 연합국의 대일배상회의가 추진되는 과정에서 한국정부의 대

10) 國史編纂委員會 編, 1968,『資料 大韓民國史 1』, 295쪽.

11) 國史編纂委員會 編, 1968, 위의 책, 522쪽.

12) 國史編纂委員會 編, 1968, 위의 책, 484쪽.

13) 이상, 재한일본인 재산의 적산 몰수를 둘러싼 한국과 미 군정청 간의 논란과 '응혈체론', '국가경제재건론' 등에 관해서는, 장박진, 2012, 「전후 한국의 대일배상 요구의 변용, 미국의 대일배상 정책에 대한 대응과 청구권으로 수렴」,『아세아연구』제 55권 4호를 참조함.

일배상회의 참석 요구는 묵살되었다. 이에 한국 측은 마지막 가능성으로 평화조약협상에서 연합국으로 참가해 배상권리를 획득할 수 있을 것이라 기대하고, 입법의원 결의와 대미 로비를 전개하였다.[14] 이에 초기 대일평화조약 협의 과정의 초기구상 단계에서는 재한일본인 재산의 취득 권리는 인정되는 듯 했지만, 결국 마지막 단계에서는 일본의 '잔여'로서 연합국 지위는 물론 배상 권리에서도 완전히 제외되었다.

한편 당시 한국정부는 대일평화조약에 연합국으로서 참가하려는 노력과 더불어 대일 배상 요구를 하기 위한 준비를 병행하였다. 1947년 8월, 남조선과도정부는 연합국 대일배상회의에 대비하여 조정수 상무부장을 책임자로 대일 배상액 조사위원회를 조직하였다.

그 후 1948년 1월 조선은행 업무부 차장 이상덕이 「대일배상요구의 정당성」을 작성하였는데, 이후 한일회담에서 이것이 대일 배상 요구의 초석이 되었다. 이상덕은 한국의 대일배상요구가 일본을 징벌하기 위한 보복의 부과가 아니라, 피해 회복을 위한 필요적 수행이 기본적 이념이라고 전제하고, 10개의 배상요구 항목을 제시하였는데, 그 내용에는 식민지 피해와 전쟁 피해가 구분되지 않은 채 저항운동에 대한 탄압을 추궁하고 배상을 요구하는 내용도 혼재되어 있었다.[15] 이 가운데 강제동원 피해에 대한 요구는, 두 번째 항목의 '강제로 동원된 금차 전쟁의 결과로 인한 손해'인데, 세부 내용은 군인·군속의 사망 및 상해 등에 대한 손해와 보상, 그리고 징용근로자의 강제노동으로 인한 손해라고 기술하고 있다. 그밖에 물적 피해에 관한 내용도 포함되어 있지만, 본고에서는 물적 피해에 관해서는 논외로 한다.

---

14) 國史編纂委員會 編, 1972, 『資料 大韓民國史 5』, 231쪽.
15) 장박진, 2012, 앞의 글, 130쪽.

(2) 강제로 동원된 금차 전쟁의 결과로 인한 손해

　a) 군인·군속의 사망, 질병, 불구 등에 대한 수당, 은급 및 보상

　b) 직접적인 전투, 군사행위로 인한 사망, 상해 등의 손해

　c) 징용 근로자 등 강제노동으로 인한 손해

　d) 군사 목적을 위한 물적 파괴, 몰수, 훼손

한편, 한국정부 수립 이후 미국의 대일정책에 일대 전환이 이루어진다. 냉전이 심화되자 미국은 그동안의 대일 민주화 및 개혁 조치들을 모두 중단시키고 일본을 재건하는 방향으로 대전환(역코스, Reverse Course)하였다. 일본에 대한 중간배상계획도 중단되었고, 무배상정책으로 전환하였다.

이처럼 미국의 대일정책 전환에 따라, 한국정부 역시 기존 대일 배상요구의 성격을 전환하지 않을 수 없었다. 기존의 이상덕 배상구상은 '대일배상요구조서'로 변경되었는데, 그것은 배상의 성격이 아닌 현물·채권의 변제 차원의 요구였다. 1949년 3월 임병직 외무부장관은 SCAP에 대일배상요구조서를 제출하면서, '배상이 아닌 국가와 민족의 자원·재산의 현물의 반환'임을 강조하였다.

2. 대일배상요구조서

1949년 9월 한국정부는 『대일배상요구조서』를 작성하였다. 이는 향후 한일회담에서의 '8항목 요구'의 출발점이 되었고, 1965년에 체결된 한일간 청구권협정에서의 '대일청구 8개 요강'으로 귀결되었다. 대일배상요구조서의 주요 내용은 다음과 같다.[16]

---

16) 이하 장박진, 2008, 앞의 글, 214쪽 ; 장박진, 2011, 앞의 글 90쪽 ; 장박진, 2012, 앞의 글, 134~137쪽 참조.

〈표 1〉 대일배상요구조서(1949)의 주요 항목

제1부 현물	1. 지금
	2. 지은
	3. 서적
	4. 미술품, 골동품
	5. 선박
	6. 지도원판
	7. 기타
제2부 확정채권	1. 일계통화
	2. 일계유가증권
	3. 상해(上海)달러
	4. 보험금, 은급 기타 미수금
	5. 체신관계 특별계정
제3부 중일전쟁 및 태평양전쟁에 기인한 인적·물적 피해	1. 인적피해
	2. 물적피해
	3. 8·15 전후 일 관리 불정행위에 의한 손해
제4부 일본정부의 저가 수탈에 의한 손해	1. 강제공출에 의한 손해

대일배상요구조서에서 강제동원 피해자의 미수금에 관련된 또는 관련된 것처럼 보이는 항목은 세 군데, 즉 ① 제2부의 '4. 보험금, 은급 기타 미수금', ② 제3부의 '1. 인적 피해', ③ 제3부의 '2. 물적피해' 부분이다.

대일배상요구조서에서 나타난 미수금 관련 사항의 특징은 다음과 같다.

우선, '미수금'이라는 표현이 처음 사용되었다. 그러나 ①의 미수금은 '강제동원 피해자의 미수금'의 개념과 같지 않다. ①의 미수금은, 제2부 확정채권에서 세분화한 '1. 일계통화, 2. 일계유가증권, 3. 상해 달러, 4. 보험금, 은급, 5. 체신관계 특별계정'과 같이, 일본의 화폐와 보험, 은급 등 미수령 채권 즉 경제 거래상의 미수금을 가리키는 것으로서, '강제동원 피해자의 미수금'의 개념과는 성격이 다르다.

강제동원 피해자의 미수금을 가리키는 것은 ② 제3부의 인적피해이
다. 여기에서 주목할 것은 '제3부 중일전쟁 및 태평양전쟁에 기인한 인
적·물적 피해'에서 '중일전쟁'이라는 시기이다. 일본에 대한 청구권의
피해 발생 시기와 관련해서 강제동원 피해와 직결되는 시기를 한국정부
가 '중일전쟁' 이후로 제시했다는 점이다. 중일전쟁은 1937년 7월 일본
이 중국을 침략한 이후를 의미한다. 최근 한국정부는 국내 특별법을 통
해 '국외 강제동원 희생자'의 발생 시기를 1938년 4월 이후 국가총동원
법 공포 이후로 설정하고 있는데,[17] 1949년 당시 한국정부가 일본에 제
시한 전쟁 및 강제동원 피해의 발생 시점은 이보다 앞선 중일전쟁 발발
시기까지 거슬러 올라가 제시했다는 점은 매우 중요하다고 할 수 있다.
왜냐하면, 이후 전개될 한일회담 과정에서 한국정부가 제시한 전쟁 피
해 발발 시점에서는 '중일전쟁'이 사라지고, '태평양전쟁'만 남기 때문이
다. 태평양전쟁 발발 시점은 일본제국의 진주만공격 시점인 1941년 12
월 7일 이후로 보기 때문에, 이는 한국정부 스스로 전쟁 피해 및 강제동
원 피해의 발생 시점을 1937년의 중일전쟁은 물론 1938년의 국가총동원
법 공포 시점보다도 훨씬 단축된 1941년으로까지 후퇴시키고 있기 때문
이다.

한편, 대일배상요구조서에서 중일전쟁 및 태평양전쟁에 기인한 인
적·물적 피해의 세부사항은 다음과 같이 제시되고 있다.[18]

---

17) 2004년 9월 '일제강점하 강제동원피해 진상규명 등에 관한 특별법'이 제정될 때부터,
강제동원 피해의 발생 시점은 만주사변 이후로 설정하고 있으나, 2007년 12월에 제
정된 '태평양전쟁 전후 국외 강제동원희생자 등 지원에 관한 법률'에서 '국외 강제동
원 희생자'인 경우는 1938년 4월 1일 이후로 규정하고 있다.
18) 장박진, 2011, 앞의 글, 90쪽.

[표 2] 제3부 중일전쟁 및 태평양전쟁에 기인한 인적·물적 피해

소항목	내역항목	산출내역	금액
1. 인적피해			630,015,000
	①사망자 조위금	12,603名 X 5,000円	1,260,300
	②사망자 장제료	12,603名 X 100円	126,030,000
	③유가족 위자료	12,603名 X 1,000円	113,053,000
	④부상자 및 일반 노무자 위자료	부상자 1인당 5,000円 일반 노무자 1인당 1,000円	36,105,941
	⑤부상자 부상수당		51,161,838
	⑥퇴직수당 총액		5,259,640
	⑦상여금 총액		45,397,020,
	⑧현금 기타 보관금		29,308,542
	⑨미수 임금		81,573,560
	⑩가정송금액	1인당 월평균80円	
	⑪징용기간 연장 수당	1인당 월평균400円	12,960,400
2. 물적피해			11,326,022,105

인적피해 항목의 내역은 크게 '보상적 내역'과 '미수금 내역'으로 나눌 수 있다. ①에서 ④까지의 사망자에 대한 조위금과 장제료, 유족 위자료, 부상자 및 일반노무자에 대한 위자료 부분은 '보상적 내역'에 해당하며, 그밖에 ⑤에서 ⑪까지의 제 수당, 상여금, 현금, 미수 임금, 가정 송금액 등은 말 그대로 '미수금 내역'에 해당한다고 할 수 있다. 다시 말해, 대일배상요구조서를 작성할 당시 한국정부의 '강제동원 피해자의 미수금'에 대한 인식은, 첫째 일반 경제상의 미수 채권과는 구별하여 전쟁 피해 중 인적 피해로 구분하였다는 점, 둘째, 인적 피해라는 표현을 사용하여 조위금, 위자료 등의 '보상' 개념을 내포하였으며, 셋째 그밖에 각종 수당, 미수 임금을 '미수금'으로 상정하고 있다는 점이다.

그 밖에, 아직까지 '공탁금'이라는 표현과 개념은 나타나지 않고 있다.

3. 일본의 공탁 조치

1946년 10월 후생성은 각 지방장관에게 '조선인노동자 등에 대한 미불금 기타에 관한 건'이라는 통첩을 통해 조선인노동자의 미불금 등을 공탁하도록 지시하였다.[19] 그리고 1950년 2월 GHQ의 지시에 따라 일본 정부는 '국외거주 외국인 등에 대한 채무 변제를 위한 공탁의 특례에 관한 정령'(이하 '정령 제22호')과 그 시행에 관한 명령(법무부, 대장성령 제1호)을 공포하였다. 이에 따라 조선인 군인·군속과 징용선원 등의 미수금이 동경법무국에 공탁되었고, 그동안 조사만 되고 공탁하지 않은 민간 기업들의 미불금, 기존에 지방법무국에 공탁되어 있는 공탁금의 일부, 1946년 GHQ가 홋카이도지역에서 예탁시킨 조선인 임금 등 미불금의 예탁금 등도 동경법무국에 공탁되었다. 물론 이때 지방법무국에서 동경법무국으로 이관되지 않은 공탁금도 있었다. 그러나 이렇게 당시 일본정부가 조선인 미불금을 법과 제도를 통해 공탁해 두고 있었다는 사실과 그 세부적인 내역에 관해서는 한국정부에 공식적으로 알려 준 바 없으며, 한국정부 역시 이 무렵에는 이에 대해 자세한 내막을 알지 못했던 것으로 추정된다.

---

19) 일본정부의 공탁과정에 관해서는, 필자의 '일제강제동원&평화연구회 작성 기자회 견문(대한변호사협회 공동. 2010.10.10) 중 오일환 작성 내용, 공탁 과정 전체에 대한 상세한 내용은 이상의, 2014, 「해방 후 일본에서의 조선인 미수금 공탁과정과 그 특징」, 동북아역사논총』 제45호, 정혜경, 2014, 「일제말기 조선인 노무자 공탁금 자료의 미시적 분석」, 『동북아역사논총』 제45호 참조.

III. 50년대 이승만정권 시기의 한일회담

1. 제1차 한일회담

1952년 2월부터 시작된 제1차 한일회담에서, 한국정부는 청구권 문제에 대한 공식입장을 전달하였다. 한일회담이 시작된 지 6일 만인 2월 21일 '한일 간 재산 및 청구권 협정요강 한국측안'이 바로 그것이다. 이 가운데 대일 피해보상 문제는 '대일 8항목 요구'로 제시되고 있다.[20]

이 중에서 '강제동원 피해자 미수금' 관련 부분은, '제5항'에 포함되어 있다. 제5항의 내용은 '한국법인 또는 한국 자연인의 일본국 또는 일본 국민에 대한 일본국채·공채, 일본은행권, <u>피징용 한인 미수금</u>, 기타 청구권을 변제할 것'에 포함되었다.

대일 8항목 요구(1952) 중 제5항
한국법인 또는 한국 자연인의 일본국 또는 일본국민에 대한 일본국
채·공채, 일본은행권, 피징용 한인 미수금, 기타 청구권을 변제할 것

그런데, 여기서 명시된 '피징용 한인 미수금'의 개념과 정의, 그 범위에 대해서는 명확한 언급이 이루어지지 못했다. 다만, 피징용 한인의 규모에 관해서는 이전의 대일배상요구조서와 뒤의 제2차 한일회담을 통해 제시된 징용자의 숫자를 통해 추정할 때, 군인·군속이 제외된 일반 노무징용자만 가리킨 것을 알 수 있다. 이에 대해서는 제2차 한일회담 부분에서 후술하기로 한다.

이상의 '8항목' 중 '제5항'의 문제는, 제1차 한일회담의 제4차 청구권분

---

20) 이하 국민대학교 일본학연구소 편, 2008,『한일회담외교문서해제집 Ⅰ권 예비회담~5차 회담』, 동북아역사재단, 199~231쪽, 특히 대일8항목 관련 내용은 230~231쪽 ; 장박진, 2008, 앞의 글, 214쪽 ; 장박진, 2011, 앞의 글, 92~96쪽 참조.

과위원회에서 일부 항목들에 관한 개략적인 질의응답만 있었을 뿐 세부
항목 구성에 관한 구체적인 토의는 이루어지지 않았다.

2. 제2차 한일회담

1953년 4월부터 제2차 한일회담이 개최되었는데, 독도와 평화선 문제,
재일한인 강제퇴거 문제 등의 이견으로 3개월 만인 7월에 결렬되었다.
제2차 한일회담 청구권협상은, 제1차 한일회담 당시의 법적 근거 등
에 관한 논란을 피하기 위해 우선 실무적으로 사실관계를 상호 조회하
는 데 주력하였다. 제2차 한일회담의 청구권위원회가 몇 차례 열리면서
한국 측이 일본정부에 세부 항목의 사실관계의 조회를 요청한 내용이
있는데, 이 가운데에서 제5항 관련 부분을 정리하면 다음과 같다.[21]

[표 3] 대일 8항목 요구 중 제5항의 세부내역

제5항 한국법인 또는 한국 자연인의 일본국 또는 일본국민에 대한 일본국채·공채, 일본은행권, 피징용 한인 미수금, 기타 청구권을 변제할 것	1. 일본 유가증권
	2. 일계통화
	3. 한국인 피징용 노무자에 대한 제 미불금 공탁분 (청구권위원회회의 1953.5.14)
	4. 태평양전쟁 중 한국인 전상자, 전몰자 74,800명(미확정 수, 추후 명부 제출 가능)에 대한 조위금 등 　태평양전쟁 중 한국인 피징용 노무자(1946.9.30 신고자 수 105,151명 중 징용 중 사망자 약 12,603명, 동부상자 약 7,000명. 단 이상은 미확정 수치이며 추후 명부 제출 가능)에 대한 제 미불금 및 조위금 등 (청구권위원회회의, 1953.5.23)
	5. 한국인의 대일본정부 청구
	6. 한국인의 대일본인(법인) 청구

21) 이하 『한일회담외교문서해제집 I권 예비회담~5차 회담』(2008), 261~264쪽 ; 장박진, 2011, 앞의 글, 96~98쪽 참조.

	- 19 생명보험회사의 생명보험 책임준비금 등 - 13 손해보험회사의 미불 보험금 등 (청구권위원회회의, 1953.5.28)

이상 제2차 한일회담에서 제시된 내용의 주요 특징을 요약하면 다음과 같다.

첫째, '미불금 공탁금'이라는 표현이 한일회담 과정에서 처음으로 사용되었다. 1953년 5월 14일 청구권위원회 회의에서 일측에 사실관계를 조회한 내용 중에 '3. 한국인 피징용 노무자에 대한 제 미불금 공탁분'이라는 표현이 포함된 것이다. '미불금'이라는 표현도 일본 측의 입장을 고려한 것임을 알 수 있다. 한국정부가 '공탁금'의 존재를 인식하고 있었다는 점을 처음으로 보여주고 있다.

둘째, 제3목의 '제 미불금 공탁금'과 제4목의 '제 미불금 및 조위금 등'에서 '제 미불금'은 동일한 것인지 또는 중복된 것이지, 아니면 전혀 별개의 것인지 그동안 명확한 설명이 없었다. 그런데 최근에 한국정부에 전달된 실제 공탁금문서를 통해 확인된 바에 따르면, 공탁금 내역에는 군인·군속 및 노무자의 임금 뿐만 아니라 사망자에 대한 조위금과 장제료, 각종 수당이 포함된 것을 알 수 있다.[22] 따라서 1952년 당시의 제2차 한일회담 과정에서 한국 측이 당시 공탁금의 내역을 정확히 인지했을 가능성은 희박하기 때문에 제3목의 '제 미불금 공탁금'은 말 그대로 노무동원자들의 미불 임금을 공탁한 것이라고 할 수 있고, 제4목의 '제 미불금 및 조위금'은 괄호 속의 설명, 즉 '징용 중 사망자 약 12,603명, 동부상자 약 7,000명'에 대한 조위금 등의 미불금을 의미하는 것으로 볼 수 있다. 다시 말해 당시 공탁내역에 조위금 등이 포함된 것을 정확히

---

22) 군인·군속의 공탁 내역 분석 결과에 대해서는 표영수·오일환·김명옥·김난영, 2008, 앞의 글 참조.

인지했을 가능성이 없는 한국 측이 사망자와 부상자에 대한 조위금 등의 미불금을 '제 미불금 및 조위금'으로 표현한 것으로 판단된다. 결국 '미불금'이라는 표현이 두 곳에서 중복 사용됨으로써 혼란의 소지가 있으나, 제3목은 곧 '공탁금'을 의미하고, 제4목은 '조위금' 등의 보상금을 의미한다고 볼 수 있다.

셋째, 이전의 제1차 한일회담에서 '피징용 한인'은 노무자만 의미했으나, 제2차 한일회담 때는 처음으로 '군인·군속'을 구분하기 시작하였다. 제4목의 피징용 노무자 수, 즉 '1946.9.30 신고자 수 105,151명'은 1949년 대일배상요구조서와 제1차 한일회담 때의 '8항목 중 제5항'에서 그대로 인용되었으며, 그 수에 따라 세부내역을 산출하고 있다. 원래 이 숫자는 '1946년 3월 1일부터 9월 말까지 주한미군정청 보건후생부에 등록된 것'이었다.[23] 그런데, 제2차 한일회담에서는 이 노무자와 별도로 '태평양전쟁 중 한국인 전상자, 전몰자 74,800명에 대한 조위금 등'이 새롭게 추가된 것이다.

다시 말해, 기존의 전몰자 조위금이 약 10만5천여 명의 노무자에 대한 것이었다면, 제2차 한일회담에서는 군인·군속 전몰·전상자 7만4천여 명을 구분하여 별도로 요구한 것이라고 할 수 있다. 기존 '노무자' 개념에는 군인·군속이 포함되었거나 아예 상정조차 하지 않았다고 할 수 있으며, 1953년 제2차 한일회담에 이르러서야 비로소 '노무자'는 순수한 의미의 '노무동원 징용 피해자'만 의미하게 되었고, 군인·군속 징병·징용 피해자는 별도로 구분되었다고 할 수 있다.[24]

23) 대한민국정부, 1954, 『대일배상요구조서』, 330쪽.
24) 장박진은 '장박진, 2011, 앞의 글, 98쪽'에서 대일배상요구조서 당시 군인·군속은 아예 상정되지 않았으며, 제2차 한일회담 때 별도로 추가 제시된 것은 '배상' 차원이 아니라 '청구권'으로서 추가 제기했다는 취지로 분석하였다. 그러나 조위금의 개념을 각각 별도로 사용한 점으로 미루어 볼 때, 노무자에 대해서는 '배상'을, 군인·군속에 대해서는 '청구권'이라고 구분 짓는 것은 무리한 해석으로 보인다. 이를 '배상'과 '청구권'의 개념의 구분으로 볼 것이 아니라, 1949년 당시 한국정부가 미 군정청

넷째, 전술한 1949년의 대일배상요구조서에서는 '중일전쟁 및 태평양전쟁에 기인한 인적·물적 피해'를 명시한 데 비해, 제2차 한일회담에서 제시된 세부내역에서는 '중일전쟁'이 사라진 채 '태평양전쟁 중' 전상자·전몰자·피징용 노무자에 대한 조위금 등 보상금을 제시하고 있다. 이는 곧 한국정부 스스로 전쟁 및 강제동원 발생 시기를 1937년에서 1941년 12월 이후로 축소·단축시켜서 일본에 제시했다는 것을 의미한다.

그런데, 제2차 한일회담은 6·25전쟁의 말기에 개최되었고 휴전협상과 국내 혼란, 평화선 문제를 둘러싼 심각한 갈등으로 인해 실질적 진전을 보지 못한 채 단기간에 결렬되고 말았다.

3. 미수금 공탁과 한일회담, 일본의 인식과 대응 방침

재개된 1953년의 제3차 한일회담은 구체적인 논의에 들어가기도 전에 '구보타(久保田)망언' 파동으로 인해 2주 만에 전면 중단되었고, 1958년이 되어서야 제4차 한일회담이 재개되었다. 그동안 한일 양국 간 회담과 협상이 지지부진한 가운데, 일본정부가 청구권 문제에 대비하여 이미 조선인 군인·군속, 노무동원자 등 강제동원 피해자에 대한 미불임금과 공탁분에 관해 내부적으로 검토하고 이를 한일회담에서 어떻게 대응할지 고민했음을 확인할 수 있다.

1956년 6월에 작성된 외무성의 극비문서인 '조선인전몰자유골에 관한 건'(「朝鮮人戰没者遺骨問題に関する件」)[25]에 따르면, 외무성과 후생성

의 기록을 원용할 수밖에 없었던 조사능력의 한계, 전쟁으로 인해 피징용 피해자의 개념에 군인·군속과 노무자를 구분하는 인식이 부족했다는 점, 그 후 1953년에 이르기까지 군인·군속 피해자 유가족 등의 요구에 따른 한국정부의 인식 제고, 조위금 등 청구권 금액의 증액 필요성 등이 고려되어 별도로 구분했을 가능성이 더 신빙성이 높다고 보여 진다.

관계관들이 '조선인 유골' 문제와 더불어 미불급여에 대해서도 검토를
했는데, 이 문제를 한일회담 청구권으로 일괄 해결하는 방식에 대해 논
의했다는 사실을 확인할 수 있다.

이 문서에서는 조선인 전몰자 유골 문제를 중심으로 전몰자 수, 육해
군 별 유골 및 유품의 송환 상황을 점검하고, 향후 한국측에 유골을 어
떻게 전달할지 검토하고 있는데, 마지막 사항으로 전몰자에 대한 미불
급여 및 공탁분에 대해 다음과 같이 논의하였다.[26]

3. 전몰자 관계 각 급여

전몰자의 매장료, 인수비 및 미불급여 등은 1950년 정령 제22호(국외
거주 7외국인 등에 대한 채무의 변제를 위한 공탁의 특례에 관한 정령)에
기초해 공탁되어 있는데, 그 금액은 육군관계 약 3,300만 엔, 해군관계 약
6,000만 엔 계 약 9,300만 엔이다.

이는 미복원자급여법(1947년 12월 15일 법률 제182호)에 근거한 것으로
이에 따르면 매장료 310엔, 유골 인수비 270엔, 합계 580엔으로 되어 있는
데 일본인과 조선인의 구별은 없다.

그러나 현행법(1953년 8월 1일 법률 제161호 미귀환자유수가족등원호
법)에 따르면, 장제료 3,000엔, 유골인수비 2,700엔 합계 5,700엔으로 되어
있는데 구법에 비해 상당한 차이가 있지만 신법에 따른 소급지불은 인정
되지 않고, 게다가 일본인 이외에는 통용되지 않는다. 따라서 이미 처리가
끝난 자(사망확인)는 구 기준에 따라 처리되는데, 이래서는 한국 측의 동
의를 얻는 것이 극히 곤란할 뿐만 아니라, 전기 급여에 대해서도 복원자에
대한 미불급여 등의 문제도 있기 때문에 가능하면 급여 관계는 유골 인도
와는 분리시켜 별도로, 예를 들자면 청구권 문제 등과 일괄해서 교섭하는
것이 득이 된다.

25) 外務省アジア局第一課,「朝鮮人戦没者遺骨問題に関する件」 1956.6.7., 일제강점하
강제동원진상규명위원회, 『韓 · 日 遺骨政策資料集』, 2006, 96~81쪽 및 金英達 著 ·
金慶海 編, 2003, 『朝鮮人强制連行の研究』, 明石書店에 수록.
26) 한일회담의 청구권 문제에 관해, 일본정부가 청구권 문제의 대응을 조선인 유골 문
제와 결부시켜 검토했다는 사실은 필자가 처음으로 제기하는 것이다.

〈회의 참석자〉
　외무성 측 : 針谷과장, 三谷사무관, 藤田사무관, 村尾사무관
　후생성 측 : 浮田업무제2과장, 村上사무관, 滝川사무관, 三浦사무관,
山本사무관 외 1명

비록 위의 자료는 군인·군속에 한정된 것이지만, 전술한 바와 같이 노무자 등에 대해서도 이미 1946년의 후생성 통첩과 1950년의 '정령 제22호' 등을 통해 공탁에 관한 지시가 있었고 실제로 당시에도 공탁조치가 이루어지고 있었다.

결국 한일회담이 시작되기 이전에 이미 일본정부는 조선인 군인·군속 및 노무자에 대한 임금, 조위금 등 미불금에 대해 법령과 제도를 통해 해당 기업에 공탁을 지시했으며, 향후 한국 측에 환급할 것을 염두에 두고 이 문제를 한일회담에서 청구권 문제로서 협상해야 한다는 방침을 갖고 있었음을 확인할 수 있다.

그러나 이렇게 사전 준비를 해 두었던 일본이 이러한 조치를 한국정부에 알려준 적은 없었다. 그 후 한일회담이 진행되는 과정에서도 일본이 공탁금 문제를 먼저 제기한 적은 없으며, 한국정부의 질의에 대해 이상 공탁조치 등 사전조치를 충분히 설명했다는 내용도 확인되지 않고 있다.

4. 제4차 한일회담

'구보타망언' 파동 이후 4년이 지난 1958년에야 제4차 한일회담이 재개되었다.[27]

오랜 휴지 기간을 거쳐 재개된 제4차 한일회담은 양측 모두 구체적

---

27) 제3차 한일회담에서 청구권 문제 협의는, 동북아역사재단, 2008, 『한일회담외교문서해제집 I권 예비회담~5차 회담』, 283~284쪽 참조.

논의에 대한 기대치가 높았으나, 당초 입장과 크게 달라진 점은 없었다. 청구권 문제와 관련해서 한국정부의 '8항목 제5항'에 대한 기존의 입장은 크게 달라지지 않았다.

한국정부의 내부 자료 중에, '재산청구권 문제에 관한 임송본 대표의 의견서'에 따르면, 제1차 회담 시 임송본 대표가 작성한 '대일회담 재산권 및 청구권 문제'에 약간의 수정을 가한 것이 원용되고 있음을 알 수 있다.[28]

이 가운데 주목할 것은, 제5항 중 피징용자 보상 문제에 대해 한국정부가 자체적으로 조사한 피해자 현황을 인용하고 있는데, 강제동원 피해자 총 수는 287,934명, 그중 귀환자는 266,587명, 미귀환자는 13,360명, 사망자는 7,987명이라고 밝히고 있다.[29]

결국 최초 대일배상요구조서에서는 미 군정청의 조사를 근거로 강제동원 피해자가 105,151명이라고 상정하고 이 수치를 제1차 한일회담에서 그대로 제시하였고, 제2차 한일회담 때는 그 외에 74,800명의 군인·군속을 별도로 추가하였고, 제4차 한일회담에 이르러서는 총수를 287,934명으로 상향조정한 것이다. 이 숫자는 제6차 회담에 가서 다시 노무자 667,684명, 군인·군속 356,500명, 합계 1,032,684명으로 대폭 증가한다.

---

28) 이하 동북아역사재단, 2008, 『한일회담외교문서해제집 I권 예비회담~5차 회담』, 456~466쪽 참조.
29) 동북아역사재단, 2008, 위의 책, 466쪽. 이 자료는 보건사회부가 1958년 3월 31일 현재 작성한 피해자 현황으로서, 4월 17일자로 보건사회부가 외교부에 보낸 것이라고 한다. 한편, 1957~1958년경 노동청이 전국에 걸쳐 일제조사를 한 결과, 즉『왜정시피징징용자명부』와 관련이 있을 것으로 추정된다. 『왜정시피징용자명부』에 수록된 강제동원 피해자 총수는 285,771명이다. 58년 3월의 보건사회부 조사결과와 왜정시피징용자명부의 차이는 2,163명에 불과하다. 노동청의 왜정시피징용자명부를 근거로 보건사회부가 재정리를 하고, 그 결과를 외교부로 전달했을 것으로 추정된다.

Ⅳ. 60년대 장면정권 시기의 한일회담

1. 제5차 한일회담

이승만정권이 물러나고 4·19혁명으로 수립된 장면정권 하에서 처음 이자 마지막으로 전개된 제5차 한일회담은 이전과 이후의 한일회담 과 정에서 매우 큰 변화와 계기를 가져다주었다. 특히 강제동원 피해자의 미수금 문제에서 제5차 한일회담이 갖는 중요한 의미는, 제1차 한일회 담에서 제시되었던 '대일 8항목'이 회담에서 정식으로 토의되었다는 점 이다.[30]

1960년 11월 10일 일반청구권 소위원회에서 한국측은 재차 '한국의 대 일청구요강'을 제출하는데, 여기에서 '8항목 제5항'에 대해 다음과 같이 설명하였다.

> 한국법인 또는 한국 자연인의 일본국 또는 일본국민에 대한 일본 국 채·공채, 일본은행권, **피징용 한인 미수금, 보상금** 및 기타 청구권의 변 제를 청구함[31]

여기에서 주목되는 것은 과거 제1차 회담 때 제시되었던 제목 '피징 용 한인 미수금'에 '보상금'이 추가되었다는 점인데, 이는 새로운 항목을 추가한 것이 아니라, 기존의 대일배상조서의 내용 중 인적피해에 해당 하는 '조위금'과 이전의 한일회담에서 제시하였던 '조위금 등 미불금'의 내용을 제목에 반영한 것이라고 할 수 있다.

비록 그 개념과 내용이 구분되었지만 이것이 기존의 조위금 등을 가

---

30) 이하 동북아역사재단, 2008, 위의 책, 803~851쪽 참조.
31) 『제5차 한일예비회담 일반청구권 소위원회 회의록, 1~13차, 1960~61』, 12쪽 ; 장박 진, 2008, 앞의 글 222~227쪽.

리키는 것이라는 점은 당시 한일회담에 대비한 한국정부의 내부문서를
통해 알 수 있다. 다음 표는 장박진이 정리한 도표를 필자가 더욱 간소
하게 요약·정리한 것이다.[32]

[표 4] 제5차 회담 대비 한국정부 내부 문건의 '8항목 제5항' 의 내역

항목	비고	
	제5차 회담 내부문서	대일배상요구조서(1949)
1. 일본유가증권		
2. 일계통화		
3. 피징용자 미수금	1950.10.21 SCAP 각서 (일본은 약 1.5억이라고 주장)	
4. 전쟁으로 인한 인적 피해	지불대상자 약 10만 명 사망자 - 전몰자 1인당 5만 엔 - 가족부양료 1인당 10만 엔 부상자 - 부상자 1인당 10만 엔	신고 노무자 수 10만5,151 명 사망자 - 조위금 1인당 5천 엔 - 상제료 1인당 100 엔 - 유가족위자료 1인당 1천 엔 기타 - 부상자 1인당 5천 엔 - 일반노무자 1인당 1천 엔
5. 한국인의 대일본정부 청구		
6. 한국인의 대일본인(법인) 청구		

위의 도표에서도 알 수 있듯이, '피징용자 미수금'이 별도의 항목으로
표시되었다. 대일배상요구조서 이래 '피징용자 미수금'이 별도의 항목으
로 표시된 것은 이때가 처음이다. 해당 내용은 기존의 대일배상요구조
서 중 ⑥~⑪에 해당하는 것으로, 퇴직수당, 상여금, 현금 기타 보관금,
미수 임금, 가정송금액, 징용기간 연장 수당 등을 의미한다.

---

32) 이하 장박진, 2011, 앞의 글, 101쪽 및 대한민국정부, 1960, 『韓日會談의 諸問題』,
99~103쪽에서 정리.

과거 대일배상요구조서에서 위자료 1인당 5,000엔이 제5차 한일회담에서 사망자 5만 엔, 부상자 10만 엔으로 상향되었으나 이는 당시 일본 내 원호법에 따른 일본국민에 대한 조위금 금액과 같거나 비슷한 금액이다. 그러나 가족부양료 10만 엔은 일본인에게 196만 엔을 지급하는 것에 비해 매우 적은 금액이며, 대일배상요구조서에서 제시되었던 일반 노무자에 대한 위자료는 아예 삭제되는 등의 변화가 있다.

1961년 4월 28일의 제12차, 5월 10일의 제13차 소위원회에서 '미수금'의 내용, '보상'의 개념 등에 관한 토의가 있었으나, 주로 개념과 정의에 관한 질의응답이었고 세부 항목 또는 구체적인 금액에 대한 논의는 이루어지지 못했다.

그리고 제5차 한일회담에서 주목해야 할 또 하나의 중대한 변화는, 기존의 회담에서 미수금 등 피해 항목 또는 각각의 세부적인 금액에 관한 제시와 검토가 있었던 것과 별도로, '청구권의 총 금액'에 관한 검토와 협의가 추진되었다는 점이다. 과거 회담에서는 청구권 내지 보상, 배상, 경제협력의 어떤 형태로든 총 금액에 관한 내용이 구체성을 보인 적은 없었다.[33] 제5차 한일회담을 전후로 이러한 청구권 총 금액에 관한 양국 간 협의가 본격화되었다고 추정된다. 김동조의 회고록에 따르면, 당시 민주당정권이 필리핀에 대한 전쟁배상금과 동일한 '8억 달러'의 복안을 갖고 있었고, 유진오 수석대표는 '2억 달러 이상은 받기 힘들 것'이라는 생각을 밝혔다고 한다.[34] 또한 당시 언론에서도 한일 간에 경제원조 명목으로 6~7억 달러의 청구권 협의가 진행중이라고 수차례 보도하

---

33) 단, 제4차 한일회담 예비교섭 당시 이승만 대통령이 김용식 공사에게 보낸 훈령에서 이 대통령이 '일본이 필리핀에 지불하기로 했던 전쟁배상금의 10배에 해당하는 금액을 전쟁피해보상금으로 청구할 것'이라는 내용이 있다. 당시 일본정부가 필리핀에 제시한 전쟁배상금은 '8억 달러'(무상 5억5천만 달러, 상업차관 2억5천만 달러)였으므로, 이 대통령의 제시 금액은 80억 달러로 추산할 수 있다. 동북아역사재단, 2008, 앞의 책, 289쪽

34) 金東祚, 1986, 『回想 30年, 韓日會談』, 중앙일보사, 208쪽.

였다.[35]

그리고 제5차 한일회담에 대비한 한국정부의 내부 문서 중에서 청구권 총액에 관한 한일 양측의 대조표와 구체적인 금액이 확인되었다. '대일청구 중 최중요 항목 및 설명서'와 '청구금액 양측대조표'라는 문서에서, 청구권 총액은 4억4천만 달러에서 9억, 13억에 관한 검토와 금액이 제시되고 있다.[36] 비록 회담 중 양측이 이 문제를 직접 거론하고 토의했다는 기록은 없지만, 회담에 참여했던 양측 관계자들 간에 상호 의사를 타진하고 비공식적으로 논의하였다는 추정을 하기에는 충분하다.

이때부터 한일 양측은 사실상 피징용자 미수금 등의 세부적인 내역과 금액을 따지기보다는, '경제협력자금'이라는 방식으로 청구권을 해결하되, 청구권은 세부적인 내역들을 합산하는 방식이 아니라, 단일한 '총금액' 개념으로 처리하고, 곧 총 금액을 놓고 줄다리기를 하는 단계로 접어들었다고 할 수 있다.

한상일은 제5차 한일회담이 지닌 가장 중요한 의미에 대해, 첫째 당시 민주당정권이 일본의 식민지지배에 대한 책임추궁을 포기하고, 둘째, 8개 항목이 '배상'이 아닌 '반환'(restitution)의 성질을 가진 것으로 규정하고, 셋째, 청구권 문제의 해결을 '경제협력의 명목'으로 지불하는 방식의 기틀을 마련했고, 넷째, 청구권 총 금액을 구체적으로 논의하기 시작했다는 점을 지적하였다.[37]

---

35) 동북아역사재단, 2008, 앞의 책, 705·707·708·709·810쪽.
36) 한상일, 2010, 「제5차 한일회담과 청구권 문제」, 국민대학교 일본학연구소 편, 『외교문서 공개와 한일회담의 재조명2, 의제로 본 한일회담』, 선인, 183~184쪽.
37) 한상일, 2010, 앞의 글, 163, 183~187쪽.

V. 60년대 박정희정권 시기의 한일회담

1. 제6차 한일회담

군사혁명에 의한 정권 교체 후 진행된 제6차 한일회담은 '김종필-오히라 메모'로 상징되듯이 전후 피해보상 문제가 '경제협력 자금의 청구권'으로 전환된 것은 이미 알려진 사실이다.

그러나 이런 와중에도 '강제동원 피해자의 미수금' 문제가 전혀 논의되지 않은 것은 아니었다. '8항목 제5항'에 관해서도 청구권소위원회와 전문가회의에서 계속 제기되었고 논의도 이루어졌다.[38]

청구권소위원회에서 피징용자 미수금에 대해 한국정부는 일본 측에 최종적으로 2억3천7백만 엔을 요구하였는데, 이 금액은 대일배상요구조서와 제1차 한일회담에서 제시된 금액, 즉 위자료·조위금·상제료를 제외한 나머지 수당, 보관금, 미수금, 송금액 등 미수금 총액과 차이가 없다. 이 금액은 1950년 10월 21일자 SCAP 외교국 문서에 언급된 금액인데, 이는 1949년 12월 21일자 일본 대장성이 미 점령당국에 보고한 금액을 재인용한 것이다.[39] 이 문서에는 피징용 한인의 인원 수에 대해서는 아무런 설명도 없이 그저 '특정한 고용 범주에 있는 한국인을 위한 보관분'이라는 설명만 있을 뿐이다.[40]

---

38) 이하 동북아역사재단, 2008, 『한일회담외교문서해제집 Ⅱ권 평화선·북송·6차 회담, 예비교섭·청구권』, 757~789쪽, 813~819쪽 ; 『한일회담외교문서해제집 Ⅲ권 6차 회담』(2008), 823~859쪽, 1004~1022쪽 참조.
39) 「日韓会談における韓国の対日請求8項目に関する討議記録(文書番号 1914, 1964)」, 105~110쪽 ; 『제6차 한일회담 재산청구권관계 종합자료집, 1961』, 90~91쪽 ; 장박진, 2008, 앞의 글, 226~237쪽.
40) 이 금액은 전술한 바와 같이 일본정부가 1949년 당시까지 후생성 및 법무국을 통해 취합한 조선인 노무자에 대한 미불금 등 공탁금액의 취합분인 것으로 추정되지만, 전술한 공탁금 관련 문서 3종류에서 확인된 액수와는 현격한 차이가 있다. 이 금액에 대해서는 향후 추가적인 확인이 필요하다.

제6차 한일회담 시 대일8항목 중 제5항목의 상세

제5항 한국법인 또는 한국 자연인의 일본국 또는 일본국민에 대한 일본
국채·공채, 일본은행권, 피징용 한인 미수금, 기타 청구권을 변제할 것
  1. 일본유가증권
  2. 일계통화
  3. 피징용 한국인 미수금
  4. 전쟁으로 인한 피징용자 피해에 대한 보상
  5. 한국인의 대일본정부 請求, 은급 관계, 기타
  6. 한국인 대일본인 또는 법인 청구

한편, '전쟁으로 인한 피징용자 피해에 대한 보상' 항목에 대해 한국
측은 최종적으로 노무자·군인·군속 합계 100만여 명, 총 보상청구액 3
억6천4백만 달러를 요구하였다. 최근 한일 양국에서 새롭게 공개된 회
담 문서를 분석한 장박진은 당시 한국정부의 전쟁피해자에 대한 청구
내역과 금액을 다음과 같이 정리하였다.

〈표 5〉 제6차 회담 시 한국이 정식으로 청구한 제5항목의 제4항의 내역

	노무자	군인·군속	합계	1인당보상금	청구액
생존자	648,081명	282,000명	930,081명	200$	약 186,000,000$
사망자	12,603명	65,000명	77,603명	1,650$	약 128,000,000$
부상자	7,000명	18,000명	25,000명	2,000$	50,000,000$
합 계	667,684명	365,000명	1,032,684명	-	364,000,000$

이전의 한일회담과 달리 인원과 금액이 증가한 데 대해, 장박진은 다
음과 같이 분석하고 있다. 우선 제5차 한일회담에서 제시된 피징용자
수 약 10만 5천 명이 100만 명으로 증가한 것은, 한국정부의 독자적인
조사 결과에 따른 것이 아니라 일본 후생성과 미국전략폭격조사단보고
에 따른 것이 것이라고 한다.[41]

41)『제6차 한일회담 재산청구권관계 종합자료집, 1961』, 94~96쪽 ; 장박진, 2011, 앞의 글,
  109쪽.

그리고 보상청구액이 '엔 화'에서 '달러'로 바뀐 것은 다른 미수금이 확정채권의 반환 개념이었던 데 비해, 사망자 등에 대한 피해보상이라는 추상적인 개념 차원에서 '엔 화'에 구애되지 않고 국제유동성과 환급성이 가장 높은 '달러'를 선호했기 때문이라고 한다.

또한 1인당 보상금액의 특징에 대해 장박진은, 사망자와 부상자의 1인당 보상금액인 1,650달러와 2,000달러 역시 일본국민에 대한 원호법상의 금액에 비해 현저하게 적은 금액이라 할 수 있고, 생존자 1인당 200달러에 대한 요구는 일본 원호법에는 없고, 제5차 한일회담 때 없어졌다가 다시 부활시킨 것으로 한국인에게만 적용되는 새로운 항목이라고 지적하였다.

2. 제7차 한일회담 및 최종 합의

이상으로 충분하지는 않지만 적어도 세부적인 사항에 대한 논의가 제6차 한일회담까지는 명맥을 이어 왔지만, 마침내 회담 막바지에 이르러 한일 양국의 최종 결정권자와 관계자들은 이러한 논의가 무용하다는 결론에 도달하였고, 이 문제를 경제협력자금으로 완전히 해결한다는 데 합의하였다. 당시 상황에 대한 양국 정부의 입장은 일본정부의 문서에서 다음과 같이 확인된다.

> 이들 회담에서는 한국 측의 청구권항목에 대하여 일본 측은 그 법적 근거가 있으며 또한 사실관계가 충분히 입증된 것에 한하여 지불을 인정한다는 전제로 교섭을 진행시켰지만 토의 결과 법적근거 유무에 관한 한일 관계의 견해에는 큰 거리가 있으며 또한 그 후 10년을 경과하여 특히 한국전쟁을 거쳐 온 현재로는 자료 분산 등에 의해 사실관계를 정확히 입증하는 것이 극히 곤란하다고 판명되었다.
>
> 때문에 이와 같은 한일 간의 대립을 방치하고 한일국교정상화 실현을 언제까지나 지연시키는 것은 대국적 견지에서 바람직하지 않고, 한국의

민생안정, 경제발전에 공헌하는 것을 목적으로 한국에 대하여 경제협력을
공여하고 이것과 병행하여 한일 간의 청구권 문제를 해결하고 이미 존재
하지 않는 것으로 한다는 해결방법이 도출되기에 이르렀다.[42]

결국, 한일회담의 종착역인 제7차 한일회담의 내용은 국교정상화와
청구권협정 등 부속 합의로 막을 내린다.[43] 그 핵심은 다음의 청구권협
정 제2조와 합의의사록의 대일청구 8개 요강으로 요약된다.[44]

대한민국과 일본국 간의 재산 및 청구권에 관한 문제 해결과 경제협력
에 관한 협정
제2조
(1) 양 체약국은 양 체약국 및 그 국민(법인을 포함한)의 재산, 권리 및
이익과 양 체약국 및 그 국민 간의 **청구권에 관한 문제**가 1951년 9
월 8일에 샌프란시스코시에서 서명된 일본국과의 평화조약 제4조
(a)에 규정된 것을 포함하여 **완전히 그리고 최종적으로 해결된 것이
된다는 것을 확인한다.**

대한민국과 일본국 간의 재산 및 청구권에 관한 문제의 경제협력에 관
한 협정에 대한 합의의사록
(2) 협정 제2조에 관하여
(g) 동조 1에서 말하는 완전히 그리고 최종적으로 해결되었다는 양국
및 그 국민의 재산, 권리 및 이익과 양국 및 그 국민 간의 청구권에
관한 문제에는 **한일회담에서 한국 측으로부터 제출된 "한국의 대일
청구 요강"(소위 8개 항목)의 범위에 속하는 모든 청구가 포함되어
있고, 따라서 동 대일청구 요강에 관하여는 어떠한 주장도 할 수 없
게 됨을 확인하였다.**

---

42) 국무총리실 한일수교회담문서공개등대책기획단, 2006,「한일청구권 협정해석 참고
자료」, 정부간행물 2006-00호, 32~35쪽.
43) 제7차 한일회담 청구권 협의는, 동북아역사재단,『한일회담외교문서해제집 Ⅴ권 7차
회담, 기본관계·청구권·협정체결』참조.
44) 이하 협정 및 부속합의 등 내용은 高麗大學校 亞細亞問題硏究所, 1976,『韓日關係資
料集 第1輯』, 고려대학교출판부, 176~195쪽 참조.

합의의사록 중 대일청구 8개 요강

(5) 한국법인 또는 한국 자연인의 일본국 또는 일본국민에 대한 일본국
채, 공채, 일본은행권, 피징용 한국인의 미수금, 보상금 및 기타 청
구권의 반제청구
(가) 일본유가증권
(나) 일본계통화
(다) 피징용한인 미수금
(라) 전쟁에 의한 피징용자의 피해에 대한 보상
(마) 한국인의 대일본정부 청구 은급 관계
(바) 한국인의 대일본인 또는 법인 청구
(사) 한국인의 대일본인 또는 법인 청구
 - 생명보험 책임준비금(기타는 6항에서 설명)

　한일회담의 최종 국면인 제7차 한일회담에서는 청구권과 미수금 등
의 구체적인 항목에 관한 협의가 아니라, 청구권 총 금액에 관한 협의와
합의가 이루어졌기 때문에, 이상에서 상술한 강제동원 피해자의 미수
금, 피징용자 미수금, 보상금, 공탁금과 무관하다. 주지하다시피, 이상
의 내용은 경제협력 자금, 곧 유무상 공여 및 상업차관의 형태로 청구권
총 금액 8억 달러로 최종 합의되었는데, 이 금액은 각 항목의 정확한 합
계도 아니거니와 각 항목별 합산의 비율에 따른 조정도 아닌, 그저 정치
적인 합의에 의한 총 금액이었기 때문에, 기존에 진행된 세부적인 항목
별 논의와 금액은 그다지 상관관계가 없다고 할 수 있다.

VI. 맺음말

이상으로 한일회담 과정에서 논의된 강제동원 피해자의 미수금 및 공탁금 관련 내용을 요약·정리하면 아래 [표 6]과 같다. 결론적으로 한일회담에서 강제동원 피해자의 미수금 문제는 다음 몇 가지 특징으로 요약·정리할 수 있다.

첫째, 한일회담이 시작되기 이전 시기부터 1965년 한일회담 최종 합의 단계에 이르기까지, 한국정부가 제시한 강제동원 피해자의 '미수금'은 미수령 채권의 '미수금'과 사망자·부상자·유족에 대한 위자료 등 '보상금'의 성격을 모두 포함한 것이었다. 한일회담에서 제시된 세부 내역에 따르면, '8항목 제5항'은 피징용자들의 단순한 확정채권의 회수를 뜻하는 '미수금' 즉 '청구권'의 범위와 개념을 넘어서, '전쟁 피해에 대한 보상'의 개념을 포함하여 제시되었다고 할 수 있다.

둘째, 그러나 '전쟁피해 보상금'의 '실질적 성격'은 점차 변질되어갔다. 최종 단계에 접어들어 한국정부가 제시한 피해보상 근거는 일본국민에 대한 원호법을 준용함으로써, 즉, 당초의 '전쟁 피해에 대한 보상'이 아니라, '일본인으로 전쟁에 참여한 노고와 수고에 대한 정부의 원호'의 개념으로 변질되었으며, 그 금액 또는 일본국민에 대한 금액에 비해 현격하게 적은 금액만을 제시하였을 뿐이다. 따라서, 원호법에 따른 적은 금액의 요구는 '외국인에 대한 강제징용의 피해보상'이라는 의미와 거리가 멀다고 할 수 있다. 강제동원 피해자의 미수금과 보상금 문제는 그 세부내역과 인원 수 및 금액에 관한 수 년간의 논의에도 불구하고, 최종적으로는 이상의 논의들과 아무런 관계없이 경제협력자금의 총액으로 합의됨에 따라, 사실상 그 성격이 불분명하고 무의미하게 비쳐지는 결과를 초래했다고 볼 수 있다.

셋째, 공탁금과 관련하여, 당초 일본정부는 한국과의 청구권협상에 대비하여 법과 제도를 마련하고 기업으로 하여금 조선인 강제동원 피해자에 대한 미불금을 공탁하였으나, 한일회담에서 일본정부 스스로 공탁금 문제를 제기한 적은 없고, 한국 측이 제2차 한일회담에서 처음으로 '공탁분'을 제기한 것이 유일하다고 할 수 있다. 당시 한국정부는 사망자·부상자에 대한 조위금 등의 내역이 공탁금에 포함된 것을 몰랐기 때문에 이때 제기된 공탁분은 강제동원 피해자의 미불 임금과 제 수당 정도로 인지했던 것으로 판단되며, 한국 측은 이와 별도로 사망자·부상자에 대한 조위금 등 미불금을 요구하였던 것이다. 또한 이때 한국 측의 문의에 대해 일본정부가 공탁금의 경위와 내역, 금액 등에 대해 상세한 정보를 제공하였는지 여부는 불확실하며, 현재까지 밝혀지지 않고 있다. 그러나 현재까지 공개된 자료들을 토대로 추정컨대, 일본정부가 한국정부에 대해 공탁금의 내역과 금액에 대해 상세한 정보를 제공했다고 보기 어려우며 따라서 한국정부는 공탁금에 관해 정확히 인식하지 못한 채 한일회담의 청구권협정을 마무리지었다고 볼 수 있다.

넷째, 당초 한국정부는 노무 징용자와 군인, 군속 등의 징용과 징병을 명확히 구분하지 못했으며, 이들 피해자의 숫자와 피해보상금 및 미수금 내역을 정확히 산정하지 못했다. 이 때문에 회담이 거듭될수록 피해자의 구분과 숫자, 피해내역이 계속 변동, 증가했다. 그리고 한국정부가 최초에 제시한 식민지 및 전쟁 피해의 발생 시기는 1937년 중일전쟁 이후였으나, 이후 한국정부 스스로 1941년 12월 진주만 공격 이후, 즉 태평양전쟁 발발 이후로 축소하여 제시하게 된다. 그리고 한국정부는 일본정부가 미수금을 공탁했다는 사실에 대한 충분한 조사와 검토를 하지 않았고, 일본정부에 대한 추궁에도 소극적이었다고 할 수 있다. 이점은 강제동원 피해자에 대한 한 당시 한국정부의 이해 부족, 피해 시기와 범위를 최소화하고, 세밀한 피해내역 및 미수금 또는 청구권 내역에 협상을 추진하는 전략을 취했다기보다는, 미수금 및 청구권 내역을 '총 금액'

으로 일괄하고 협상을 조기에 마무리지으려는 전략을 취했다는 점을 뒷받침하고 있다.

결국, 한일회담 과정에서 강제동원 피해자의 미수금 문제는 일본 측이 강제동원 피해자에 대한 미불금을 공탁한 상태에서 한국 측이 이 문제를 전쟁으로 인한 사망자 및 부상자에 대한 조위금과 유족위로금 형식의 보상금을 포함한 '미수금'으로 제시한 데서 시작되었다. 이 미수금은 노무동원자에 대한 미수금, 군인·군속에 대한 미수금으로 분화되었고 인원수와 금액이 제한된 범위 내에서 증가되어갔다. 그리고 제2차 한일회담에서만 잠시 '미불금의 공탁분'이란 표현이 있었을 뿐, 그 후 '미수금과 전쟁 피해 보상금'이란 개념으로 수렴되었고, 피해자 수와 개별적 산출 내역 등과 관계없이 최종적으로 '경제협력자금'으로 수렴됨으로써, 그 성격과 내용에 대한 혼란과 오해가 오늘날까지 지속되는 불행한 결과를 초래했다고 평가할 수 있다.

이상의 특징들을 살펴볼 때, 기존의 오오타, 요시자와 등의 연구에서 '전후 보상' 요구가 '청구권', 그리고 '경제협력자금'으로 변화해 가는 동안 그 성격과 본질이 상호 단절적으로 변질되었다고 분석한 입장과, 최근 장박진의 연구에서 '보상' '청구권' '경제협력'이라는 명목상의 차이가 있었지만 상호 단절적 변질이라기보다는 질적인 연속성을 유지했다는 입장이 상호 극단적인 논지라고 볼 것이 아니라, 단절적 변질과 질적인 연속성이 복합적으로 착종되어 있을 뿐만 아니라, '공탁'의 경우 일측의 의도된 협상전략(사전준비와 은폐), 그리고 한국측의 준비되지 못한 협상태도(몰이해와 부지[不知])가 빚어 낸 협상결과였다고 할 수 있다.

[표 6] 한일회담에서의 강제동원 피해자 미수금 등 관련 사항의 요약, 정리

구 분		강제동원 피해자의 미수금과 보상금 관련 내용	비 고

이승만정권	대일배상요구조서
	(49.9)
		· 중일전쟁 및 태평양전쟁에 기인한 인적·물적
		  피해
		-인적피해 :
		  조위금, 장제료, 위자료 등
		  미수 임금, 보관금, 및 제 수당 등
			· 중일전쟁 이후 상정
			· 노무동원자(105,151명)만 언급
			· 인적피해='보상적 내역'+'미수금 내역'

	제1차 한일회담 (52.2.15~4.25)	· 피징용 한인 미수금 -세부사항은 알 수 없음	

	제2차 한일회담
	(53.4.15~7.23)
		· 피징용 한인 미수금
		-한국인 피징용 노무자에 대한 제 미불금 공탁분
		-태평양전쟁 중 한국인 전상자´ 전몰자 74,800명
		  에 대한 조위금
		-태평양전쟁 중 한국인 피징용 노무자(105,151명
		  중 사망자 약 12,603명, 동 부상자 약 7,000명)에
		  대한 제 미불금 및 조위금 등
			· 공탁분 처음 언급
			· 군인·군속 별도 언급
			· 중일전쟁 삭제, 태평양전쟁 이후 피해로
			  축소
			· 미수금 = 공탁금 + 조위금 등 미불금

	제3차 한일회담 (53.10.6~10.21)	· 특이사항 없음	
	제4차 한일회담 (58.4.15~60.4.15)	· 강제동원 피해자 총수 287,934명으로 증가	

장면정권	제5차 한일회담
	(60.10.25~61.5.15)
		· 피징용 한인 미수금, 보상금
		- 피징용자 미수금
		- 전쟁으로 인한 인적 피해
			· '피징용자 미수금'이 별도의 항목으로
			  처음 표시
			· 1인당 금액 상향조정
			· 상제료, 일반노무자 위자료 항목 삭제
			· 청구권 총액 및 경제협력자금 방식
			  논의 본격화

박정희정권	제6차 한일회담 (61.10.20~64.4)	· 강제동원 피해자 총수 1,032,684명으로 대폭 증가	

	제7차 한일회담
	(64.12.3~65.6.22)
		· 피징용자 미수금으로 2억3천7백만 엔 요구
		· 전쟁으로 인한 피징용자 피해 보상으로 3억6천
		  4백만 달러요구
			·노무자·군인·군속 합계 약 100만여 명
			·세부 내역과 관계없이 경제협력자금
			  으로 총액 합의

	최종 합의내용	· 피징용 한국인의 미수금, 보상금 - 피징용한인 미수금 - 전쟁에 의한 피징용자의 피해에 대한 보상	

【참고문헌】

대한민국정부, 1954, 『대일배상요구조서』.
대한민국정부, 『제5차 한일예비회담 일반청구권 소위원회 회의록, 1~13차, 1960~61』.
대한민국정부, 1960, 『韓日會談의 諸問題』.
대한민국정부, 『제6차 한일회담 재산청구권관계 종합자료집, 1961』.
國史編纂委員會 編, 1968, 『資料 大韓民國史 1』.
國史編纂委員會 編, 1972, 『資料 大韓民國史 5』.
高麗大學校 亞細亞問題研究所, 1976, 『韓日關係資料集 第1輯』, 고려대학교출판부.
金英達 著·金慶海 編, 2003, 『朝鮮人强制連行の硏究』, 明石書店.
국무총리실 한일수교회담문서공개등대책기획단, 2006, 『한일청구권 협정해석 참고자료』,
    정부간행물 2006-00호.
일제강점하강제동원진상규명위원회, 2006, 『韓·日 遺骨政策資料集』.
국민대학교 일본학연구소 편, 2008, 『동북아역사 자료총서 8, 한일회담외교문서해제
    집』Ⅰ, Ⅱ, Ⅲ, Ⅴ, 동북아역사재단.
竹內康人, 2012, 『未解決の戰後補償』, 創史社.
노동후생성 Series, 『朝鮮人の在日資産調査報告書綴』, 일본 국립공문서관つくば分館
    소장.
대장성 Series, 『経済協力·韓国·105·朝鮮人に対する賃金未払債務調』, 일본 국립공
    문서관つくば分館 소장.
장박진, 2008, 「한일회담에서의 피해보상 교섭의 변화과정 분석 : 식민지 관계 청산에
    대한 '배상', '청구권', '경제협력' 방식의 '연속성'을 중심으로」, 『정신문화연구』
    제31권 제1호.
_____, 2010 여름, 「식민지관계 청산을 둘러싼 북일회담(평양선언까지)의 교섭과정
    분석 : 한일회담의 경험에 입각하면서」, 『국제·지역연구』제19권 2호.
_____, 2011, 「한일회담 청구권 교섭에서의 세부 항목 변천의 실증분석 : 대일 8항목
    요구 제5항의 해부」, 『정신문화연구』제34권 제1호.
_____, 2011 가을, 「대일평화조약 제4조의 형성과정 분석 : 한일 간 피해보상 문제에
    대한 '배상', '청구권'의 이동(異同)」, 『국제·지역연구』제20권 3호.

_____, 2012, 「전후 한국의 대일배상 요구의 변용 : 미국의 대일배상 정책에 대한 대응과 청구권으로의 수렴」, 『아세아연구』 제55권 4호.

오일환, 2005, 「강제동원 한인 피해자 미수금 문제의 이해와 전개 - 한일회담 문서를 중심으로」, 『숭실사학』 제34집.

정혜경, 2014, 「일제말기 조선인 노무자 공탁금 자료의 미시적 분석」, 『동북아역사논총』 제45호.

최영호, 2014, 「조선인 노무자 미수금 문제와 조련의 예탁활동」, 『동북아역사논총』 제45호.

표영수·오일환·김명옥·김난영, 2008, 「朝鮮人 軍人·軍屬 關聯 "供託書", "供託明細書" 基礎分析」, 한일민족문제학회 편, 『한일민족문제연구』 제14호.

한상일, 2010, 「제5차 한일회담과 청구권 문제」, 국민대학교 일본학연구소 편, 『외교문서 공개와 한일회담의 재조명 2, 의제로 본 한일회담』, 선인.

小寺初世子, 1981, 「第二次世界大戦におけるいわゆる "朝鮮人徴用工" への未払賃金供託事件に関する法的一考」, 『広島平和科学』 4.

古庄正, 1986, 「在日朝鮮人労働者の賠償要求と政府及び資本団体の対応」, 『社会科学研究』 31-2.

_____, 1991, 「連行朝鮮人未払金供託報告」, 『駒込大学経済学論集』 23-1.

_____, 1992, 「朝鮮人強制連行問題の企業責任」, 『駒込大学経済学論集』 24-2.

_____, 1998, 『足尾銅山·朝鮮人強制連行と戦後処理』.

_____, 2000, 『日本企業の戦争犯罪』, 創史社.

_____, 2006, 「朝鮮人戦時労働動員における民族差別」, 『在日朝鮮人史研究』 36.

_____, 2007, 「供託をめぐる国家責任と企業責任」, 『在日朝鮮人史研究』 37.

古庄正·田中宏·佐藤健生他, 2000, 『日本企業責任 3』, 創史社.

Augustine, Matthew R., 2011, "Restitution for Reconciliation : The US, Japan, and the Unpaid Assets of Asian Forced Mobilization Victim", *The Journal of Northeast Asia History*, Volume 8, No 1, Summer.

金東祚, 1986, 『回想 30年, 韓日會談』, 중앙일보사.

일제말기 조선인노무자 공탁금 자료, 세 가지

미시적 분석을 통해 본 공탁금 문제

정 혜 경

Ⅰ. 머리말

대일피해보상은 인적·물적 피해가 모두 해당된다. 1965년의 한일청구권협정 당시나 이후 1970년대에 있었던 보상에서도 두 피해가 모두 지급 대상이었다. 이 가운데 물적 피해는 기업이 지불하지 않은 임금을 비롯해 저금이나 공채 등 다양하다.[1]

기업이 지불하지 않은 미불금은 일본 패전 직후 당사자에게 지급하지 않고 일본정부가 공탁한 채 현재에 이르렀다. 공탁금의 지급 책임과 관련해 1965년 한일청구권의 '개인 청구권 소멸 여부'를 둘러싼 법적·정치적 공방은 현재까지 계속되고 있다. 이러한 공방과 무관하게 한국정부는 2007년 특별법을 제정해 2008년부터 일정한 비율로 피해자들에게 지급하고 있다.

---

1) 1970년대 보상금 지급 과정에 대해서는 최영호, 「한국정부의 대일민간청구권 보상 과정」(『한일민족문제연구』 8, 2005) 참조.

현재 알려진 일제말기 조선인노무자공탁금 관련 자료는 총 3건이며 작성주체는 일본정부이다. 먼저 수록 형태를 보면, 2건은 개인명부가 수록되지 않은 자료[조사표, 총괄표]이고, 1건[한국정부가 일본정부로부터 인수한 자료]은 개인 명부가 첨부된 자료이다. 자료 3건은 수록 내용에서 동원업장 현황에서 차이를 보이기도 한다.

3건 가운데 2건은 자료 전체가 일본과 한국에서도 공개되어 연구가 가능하고, 1건[한국정부가 일본정부로부터 인수한 자료]은 자료 개요만이 공개되었다. 연구가 가능한 2건은 모두 일본의 강제동원진상구명네트워크(小林久公, 김경남)가 일본 공문서관에서 수집했다. 이 가운데 1건은 강제동원진상구명네트워크 사무국장 고바야시 히사토모(小林久公)가 파일을 공개했고, 1건은 일제강제동원&평화연구회의 인터넷 카페 [http://cafe.naver.com/gangje]에 원문이 게시되어 있다.2)

그러나 이 자료를 활용한 연구는 이루어지지 않고 있다. 2건의 자료 발굴에 참여한 고바야시 히사토모가 한국에서 발표한 글에 간략히 1건[조선인에 대한 임금미불표]의 현황을 소개하였으나 자료 자체에 대한 이해가 충분하지 않고, 통계에 대한 전거를 밝히지 않고 있으며, 발표한 지면 자체가 일반 독자가 아닌 회원용 발간물이어서 접근성이 떨어진다는 아쉬움이 있다.3)

2건의 조선인노무자공탁금 관련 자료가 일반에 공개되었음에도 연구가 이루어지지 않은 이유는 자료 수집과정에서 발생한 오류와 자료에 대한 불충분한 이해 때문이다. 2건의 자료는 일본공문서관 검색 사이트

2) 연구회는 자료 입수 직후에 대한변호사협회와 공동으로 기자회견(2010년 10월 10일)을 개최해 간략한 분석결과를 발표하고 자료제공자인 고바야시 히사토모(전 강제동원진상구명네트워크 사무국장)의 동의를 얻어 자료 원문을 공개했다.
3) 고바야시 히사토모, 2011, 「조선인 강제동원 피해자의 미불금에 대해」, 『역사와 책임』 창간호. 특히 이 글은 '강제동원 피해자의 미불금'을 주제로 삼았으나, 분석 대상으로 제시한 각종 자료는 '강제동원 피해자를 포함한 조선인 전체'의 미수금이 포함된 자료이다.

(http://www.digital.archives.go.jp)에서 목록을 확인할 수 있다. 이에 따르면, 「조선인의 재일자산조사보고서철」은 총 20건의 파일로 구성된 문서철이고, 「경제협력·한국105·조선인에 대한 임금미불채무조(賃金未拂債務調)」는 4건의 파일로 구성된 문서철이다.

그러나 고바야시 히사토모가 공개한 자료에 「조선인의 재일자산조사보고서철」은 20건의 파일이 모두 수록되어 있으나 「경제협력·한국105·조선인에 대한 임금미불채무조」는 4건 파일 가운데 3건만이 수록되어 있고, 그 외 자료[1건으로 추정]는 이 문서철에 편철되지 않은 성격미상의 잡철이다.[4] 자료수집과정에서 여러 문서의 내용을 합한 결과이다.[5] 또한 4건 가운데 2건의 자료는 순서가 혼재되어 있다.

그간 조선인노무자공탁금자료는 정부가 피해당사자에게 미수금을 지급하는 귀중한 자료로서 의미가 있었다. 그러나 조선인노무자공탁금자료는 학계에서 그다지 환영받는 자료가 아니었다. 이미 조선인강제동원 명부 자료 전반에 대한 연구에서 발표한 바와 같이, 이 자료도 명부자료 분석 방법론에 의해 연구를 진행할 수 있다.[6] 이를 위해서는 자료 자체에 대한 실체 파악이 선행되어야 한다.

이 글은 조선인노무자공탁금 자료의 연구 활용을 위한 목적으로 작성되었다. 이를 위해 2013년 7월말 현재 공개된 조선인노무자 공탁금 자료 3건의 미시적 분석을 통해 자료의 현황과 성격을 상세히 제시하고, 한국정부[국무총리 소속 대일항쟁기 강제동원피해조사 및 국외강제

---

4) 고바야시 히사토모가 강제동원진상구명네트워크 이메일을 통해 공개한 「조선인 미불금 실태와 공탁 경과」에 의하면, 「경제협력·한국105·조선인에 대한 임금미불채무조(賃金未拂債務調)」는 2008년 11월에 열람했고, 4건의 파일을 모두 수집한 것으로 기재되어 있다.
5) 일본공문서관 사이트에서는 목록만 확인할 수 있고, 자료는 분관(築波)에서 열람, 복사할 수 있다.
6) 명부 전반에 대한 연구는 정혜경, 「국내 소장 전시체제기 조선인 인적동원 관련 명부자료의 활용방안」, 『일본제국과 조선인 노무자 공출』(선인출판사, 2011)이 있다.

동원희생자 등 지원위원회]가 확정한 일본지역 강제동원 작업장 현황 자료와 비교해 2010년 4월 일본정부가 제공한 노무자공탁금 자료의 문제점을 지적했다. 조선인 미수금 자료 가운데, 공탁금으로 한정해 논지를 명확히 하고자 했다.[7]

II. 「조선인의 재일자산조사보고서철 – 귀국 조선인에 대한 미불 임금채무 등에 관한 조사결과」

「조선인의 재일자산조사보고서철」[총 684쪽. 노동후생성 Series]에는 모두 20건의 자료가 편철되어 있는데, 자료의 성격을 기준으로 크게 두 종류로 구분할 수 있다.

전반부의 총 405쪽(표지 포함 407쪽)은 문서명이 전보안(電報案)으로 되어 있는데 홋카이도(北海道)를 비롯한 36개 도도부현별로 조사하여 노동성 기준국 급여과장 앞으로 보낸 「귀국 조선인에 대한 미불임금채무 등에 관한 조사 결과」[각 도도부현이 작성한 조사결과보고 공문[8]과 전보]이고, 나머지 279쪽 분량은 〈표 1〉 2~20번 문서로서 1945년 패전 이후 조선인의 미불임금채무 등에 대한 조사와 공탁에 관한 연합국군최고사령부(GHQ/SCAP)와 법무성·대장성·노동성·대일본산업보국회(大日本産業報國會) 및 각 도도부현 간에 주고받은 공문서이다.

이 가운데에서 본고의 분석 대상은 1번에 해당하는 전보안에 수록된 「귀국 조선인에 대한 미불임금채무 등에 관한 조사결과」[이하 「미불금

---

7) 미불금은 기업이 지불하지 않은 금전을, 미수금은 채권자가 지급받지 못한 금전을, 공탁금은 미불금 가운데 일본정부에 공탁한 금전을 의미한다. 이 글에서 연구 대상은 공탁금이다.

8) 공문 제목은 지역에 따라 '귀국조선인에 대한 미불임금채무 등에 관한 조회에 대하여'나 '귀국조선인에 대한 미불임금채무 등에 관한 조회' 등 차이가 있다.

조사결과」로 약칭]이다.

〈그림 1〉 문서철 표지

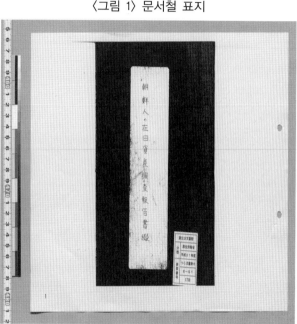

〈표 1〉「조선인의 재일자산조사보고서철」 문서철 구성

순서	문서명	작성部局	작성일	공개여부
1	電報案	労働省労働基準局給与課	昭和25年11月17日	공개
2	朝鮮人其他の外国人労務者の給与等に関する件	厚生省労政局給与課	昭和21年06月17日	공개
3	朝鮮人´台湾人及び中国人労務者の給与等に関する件	厚生省労政局給与課	昭和21年06月21日	공개
4	朝鮮人´台湾人及び中国人労務者の給与等に関する件	厚生省労政局給与課	昭和21年07月03日	공개
5	朝鮮人労務者等に対する未払金等の供託に関する件	厚生省労政局給与課	昭和21年07月31日	공개

6	朝鮮人労務者等に対する未払金その他に関する件	厚生省労政局給与課	昭和21年10月12日	공개
7	朝鮮人労務者等に対する未交付預金通帳の供託に関する件	厚生省労政局給与課	昭和21年12月02日	공개
8	朝鮮人労務者等に対する未払金その他について	厚生省労働基準局給与課	昭和22年05月22日	공개
9	朝鮮人労務者に対する未払金その他に関する件	厚生省労働基準局給与課	昭和22年05月27日	공개
10	朝鮮人労務者等に対する未払金その他に関する件	厚生省労働基準局給与課	昭和22年06月03日	공개
11	朝鮮人労務者の給与等について	厚生省労働基準局給与課	昭和22年06月13日	공개
12	朝鮮人労務者等に対する未返還郵便貯金通帳に関する件	厚生省労働基準局給与課	昭和22年07月03日	공개
13	朝鮮人労務者に対する未払金その他に関する件	厚生省労働基準局給与課	昭和22年07月10日	공개
14	朝鮮人労務者に対する未払金その他について	厚生省労働基準局給与課	昭和22年07月11日	공개
15	電報案	厚生省労働基準局給与課	昭和22年12月09日	공개
16	朝鮮人労務者に対する未払金について	厚生省労働基準局給与課	昭和23年05月12日	공개
17	朝鮮人労務者等に対する未払金について	厚生省労働基準局給与課	昭和22年12月01日	공개
18	帰国朝鮮人に対する未払賃金債務等に関する調査について	厚生省労働基準局給与課	昭和25年10月06日	공개
19	朝鮮人労務者の事業主に対する不当要求に関する件	厚生省労働基準局給与課	昭和22年12月15日	공개
20	朝鮮人労務者等に対する未払金について	厚生省労働基準局給与課	昭和23年01月27日	공개

〈표 1〉의 문서를 통해 공탁의 배경 및 제3자에게 인도한 배경 등을 알 수 있다.

또한 이들 문서에는 「경제협력·한국105·조선인에 대한 임금미불채무조(賃金未拂債務調)」의 문서도 일부 포함되어 있다. 즉 16번 문서[朝鮮人労務者に対する未払金について]에는 「경제협력·한국105·조선인에

대한 임금미불채무조(賃金未拂債務調)」의 4번 문서가 편철되어 있다.
이를 통해 「조선인의 재일자산조사보고서철」이 「경제협력·한국105·
조선인에 대한 임금미불채무조(賃金未拂債務調)」에 비해 포괄적인 자
료임을 알 수 있다.

1. 생산 배경[9]

〈표 1〉의 2번부터 20번까지 문서를 통해 자료가 생산된 배경을 간단
히 정리하면, 다음과 같다.

1945년 8월 15일 일본 패망 후, 일본의 각 지역과 작업장에서 재일본
조선인연맹 등이 중심이 되어 강제동원 피해자의 미불임금 및 채무 등
의 지불을 요구함에 따라, 일부 기업과 작업장은 개별적으로 미불임금
등을 지급하기도 하였으나, 1946년 이후 일본건설공업통제조합을 비롯
한 사업자단체 등이 개별적 미불임금 등의 지급을 전면 거부하고, 일본
정부에 대해 적절한 조치를 취해 줄 것을 요구했다.

1945년 10월 GHQ(연합국군총사령부)는 이러한 혼란을 예상하고 일본
정부에 대해 「일본 탄광에 고용된 조선인 징용자들에 대한 저축 및 수
당 지불」이라는 각서를 통해, 미불금의 내역을 조사·지불·보고하고
미불금을 일본은행에 예탁할 것 등을 지시하였다. GHQ의 지시와 사업
자단체 등의 요구에 따라, 일본 후생성은 1946년 6월 각 도도부현에 대
해 「조선인노무자에 대한 미불금에 관한 조사의 건」이라는 통첩을 보내
일제 조사를 실시하였으며, 일본정부는 1946년 8월 27일 「조선인노무자
등에 대한 미불금 등의 공탁에 관한 건」[民事甲제516호] 통달을 통해, 각
사업장별로 귀국한 조선인노무자에 대한 미불금을 기존의 민법에서 정

---

9) 일제강제동원&평화연구회 작성 기자회견문(대한변호사협회 공동. 2010년 10월 10일)
중 오일환 연구위원 작성 내용.

한 공탁절차[및 통달상의 특례]에 따라 공탁할 것을 지시하였다.

　이후 노동성, 대장성, 법무성 등 각 성청은 조선인에 대한 채무 사항을 점검, 조사하는 한편, 기존의 민법에 의한 일반적 공탁절차만으로는 조선인에 대한 채무 내역을 관리할 수 없는 한계를 극복하기 위해, 특례적 조치로서 1950년 2월 28일 「국외거주 외국인 등에 대한 채무의 변제를 목적으로 하는 공탁 특례에 관한 정령」[政令제22호]를 제정하기에 이른다. 정령 제22호에 따른 실제 공탁은 1951년 5월부터 본격화되는데, 그 이전인 1950년 8월과 9월에는 정령 제22호의 일부를 개정하는 등의 사유가 발생하였으므로, 일본의 대장성 · 노동성 · 법무성은 공탁에 필요한 기초 조사와 공탁 실제절차 등을 마련해야 했다.

　「귀국 조선인에 대한 미불임금채무 등에 관한 조사」 실시의 필요성은 이러한 배경에서 시작된 것으로 추정된다. 즉, 1950년 2월에 제정된 정령 제22호의 실제 공탁절차를 준비하고 동년 8월과 9월에 정령 제22호가 개정되는 등의 사유가 발생하자, 주무부서인 노동성이 각 도도부현에 대해 조선인에 대한 미불임금채무를 일제히 조사하도록 지시한 것으로 보인다.

　「귀국 조선인에 대한 미불임금채무 등에 관한 조사」는 1950년 8월과 9월에 정령 제22호가 개정된 직후인 10월 6일, 노동성 노동기준국장이 각 도도부현의 노동기준국장에게 내려 보낸 통첩[基發 제917호]에 따라, 각 도도부현별로 조사한 결과를 11월경에 보고한 내용이다.

　노동성의 통첩[基發 제917호]은, 정령22호에 따라 주무부서대신인 노동대신이 발포할 명령[勞働省令]을 준비할 목적으로 각 도도부현이 보관하고 있는, 1946년 후생성 노정국 급여과가 조사를 지시한 「조선인노무자에 대한 미불금에 관한 자료」를 근거로 '1. 조선인노무자에 대한 미불채무가 있는 채무자명 및 소재지[채무자명 및 소재지가 변경된 경우에는 부기할 것], 2. 채무자별로 조선인노무자에 대한 미불채무의 종류 및 채무액'을 보고하도록 지시하고 있다.

　이는 정령 제22호의 실시에 앞서 실제 공탁절차에 관한 노동성령을 제정하는 데 필요한 기초조사로서, 1946년 이후 민법상의 공탁 내역 뿐만 아니라 이후 미공탁 채무 및 제3자인도분과 채무자, 즉 작업장[사업장] 등의 현황도 동시에 파악하려는 의도인 것으로 해석된다.

2. 수록 내용[10]

　「미불금조사결과」[표지 포함 407쪽]에는 노동성 기준국 급여과가 통첩[基發 제917호]을 통해 각 도도부현 노동기준국 급여과장에게 조사해서 보고하도록 한 조사양식 「채무자별 조선인 노무자에 대한 미불채무의 종류 및 채무액」이 제시되어 있다. 「채무자별 조선인 노무자에 대한 미불채무의 종류 및 채무액」은 채무자 관련 사항 [채무자명, 채무자 소재지, 비고], 채무 관련 사항 [채무의 종류, 채무액, 채권자 수, 공탁국명, 공탁 연월일, 적요] 등의 내용으로 구성되어 있다. 이 공문에 따라 각 도도부현은 조사결과를 회신했다.

　도도부현이 보고한 조사결과내용은 지역에 따라 기재 형식과 항목에 차이를 보이고 있으나 대체적으로 이와 같은 구성으로 기재하고 있다.

---

10) 이 자료 가운데 407쪽에 달하는 「미불금조사결과」는 일제강제동원&평화연구회 심재욱 연구위원이 Exell File로 입력해 연구회에 제공했다.

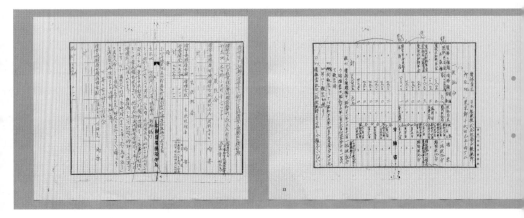

「미불금조사결과」 중 기업소재지가 확인된 자료를 근거로 도도부현별 현황을 보면, 36개 도도부현[444건]이 분포되어 있다. 이 가운데 가장 많은 건수 지역은 후쿠오카(福岡)현이다.

〈표 2〉 일본 지역별 현황

번호	도도부현(都道府縣)	건수	번호	도도부현(都道府縣)	건수
1	福岡縣	61	19	新潟縣	6
2	山口縣	46	20	島根縣	5
3	兵庫縣	44	21	石川縣	5
4	大阪府	41	22	滋賀縣	5
5	愛知縣	24	23	靜岡縣	5
6	長崎縣	23	24	秋田縣	5
7	北海道	21	25	和歌山縣	5
8	富山縣	19	26	宮崎縣	4
9	廣島縣	18	27	山形縣	4
10	佐賀縣	14	28	三重縣	4
11	東京都	11	29	岩手縣	3
12	神奈川縣	10	30	愛媛縣	3
13	茨城縣	10	31	高知縣	2
14	長野縣	10	32	熊本縣	2
15	岡山縣	9	33	宮城縣	1
16	大分縣	8	34	埼玉縣	1
17	岐阜縣	7	35	福井縣	1
18	福島縣	6	36	檜木縣	1

「미불금조사결과」 총 407쪽에 수록된 채무내역을 보면, 공탁과 미공탁, 제3자인도분으로 구분되어 있다.[11]

<표 3> 채무 내역[12]

구분	조선인 채권자 (단위:건)		금액 (단위:엔)		기업별/작업장 (단위:개소)
	건수	비율	금액	비율	
공탁분	79,607	59.25%	12,515,464.46	44.86%	164/232
미공탁분	37,184	27.7%	3,935,532.81	14.1%	206/239
제3자인도분	15,905	11.83%	11,425,902.69	40.96%	50/59
소계	134,353[13]		27,893,375.50[14]		333/448[15]

위 3건을 합산[훼손분 복구]한 채권자[133,402건]·금액[27,876,899.96엔]과 위 표의 총수는 차이를 보인다. 그 이유는 자료 자체에 일치하지 않는 항목이 있기 때문이다. 예를 들면, 404쪽 미야기 노동기준감독서(宮崎勞動基準監督署) 미공탁분에 기재된 항목별 기재내용은 '미공탁분 1명과 미공탁금이 178,080.00엔'이다. 그러나 합계란에는 '103명, 187,690.83엔'이라 기재되어 있다.

채무내역에서 특이한 점은 채권자와 금액 비율이다. 공탁분이 큰 차이를 보이지 않는데 비해 미공탁분과 제3자인도분은 차이가 크다. 특히 제3자인도분은 채권자 비율이 11.83%로 가장 적지만 금액은 40.96%로 공탁분에 버금갈 정도로 차이가 가장 크다.

11) 기재 내용에는 오기와 훼손으로 불명인 부분이 포함되어 있어서 관련 공탁금자료를 통해 수정했다.
12) 훼손분을 추가하고 오류를 수정한 수치.
13) 3건의 합산은 133,402건.
14) 3건의 합산은 27,876,899.96엔.
15) 공탁자(작업장 포함)는 공탁, 미공탁, 제3자인도분이 중복되므로, 3건을 합산하면 420/530이다.

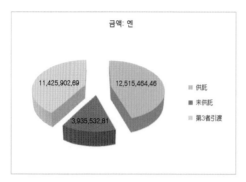
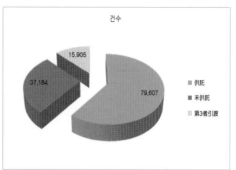

이 글 부록에 수록한 '「미불금조사결과」 수록 기업별 현황'을 보면 일
본통운이 21건으로 가장 많고, 미쓰비시(三菱)나 스미토모(住友), 미쓰
이(三井) 등 대재벌 소속 기업들은 매우 저조하다. 이 점은 3건의 공탁
금 자료 전체에서 나타나는 공통점이다.

대기업의 공탁율이 저조한 것은, 기업 자체의 공탁의지가 약한 점도
있지만 사용한 조선인의 동원 경로가 국민징용이 다수라는 점도 주목해
야 한다. 국민징용령에 의한 피징용자[응징사 등]는 기업이 아닌 일본정
부가 급여 및 원호금 지불의 의무를 지고 있기 때문이다.

III. 「경제협력 · 한국 · 105 · 조선인에 대한 임금미불채무조」

이 자료는 표지에 「노동성조사 조선인에 대한 임금미불표」라 기재되
어 있는데, 일본공문서관 검색시스템에서 확인되는 문서철명은 「경제
협력 · 한국 · 105 · 조선인에 대한 임금미불채무조」[대장성 Series]이다.

〈표 4〉「경제협력 · 한국105 · 조선인에 대한
임금미불채무조(賃金未拂債務調)」문서철 구성

순서	문서명	작성 부서	작성일	공개 여부	수집 여부
1	帰国朝鮮人労務者に対する未払賃金債務等に関する調査集計	国際金融局	昭和25年10月06日	공개	수집
2	司令部への報告に対する外務省への報告と吾が方調査との相違点調	国際金融局	昭和28年06月26日	공개	미상
3	本計数は労働省が吾が方を経由して司令部へ報告せるものと吾が方の調査によるものとの…	国際金融局	昭和28年07月07日	공개	수집
4	朝鮮人の在日本財産について	国際金融局	昭和28年06月18日	공개	수집

일본 공문서관에서 확인되는 4건의 문서 파일 가운데 현재 공개가 확인된 것은 2번을 제외한 3건이다.

자료를 공개한 고바야시는 「경제협력 · 한국105 · 조선인에 대한 임금미불채무」의 첫 번째 문서철[帰国朝鮮人労務者に対する未払賃金債務等に関する調査集計]과 3번, 4번 문서철 사이 및 뒷부분에 '성격 미상의 다양한 메모와 문서(record)[16]'를 불규칙적으로 삽입해 자료의 원질서를 파악할 수 없게 만들었다. '성격 미상의 다양한 메모와 문서(record)'는 〈표 4〉의 2번 문서인 「사령부 보고에 대한 외무성으로 보내는 보고와 우리 조사방법과 상이점 조사(司令部への報告に対する外務省への報告と吾が方調査との相違点調)」로 추정된다. 그러나 영문서류에만 기재한 면수의 순서가 혼재되어 있어 자료의 출처를 파악하기 어렵다. 이 외 간헐적으로 면수가 기재된 부분도 있으나 위치로 볼 때, 이후에 기재한 것으로 보인다.

---

16) 연합국최고사령부(GHQ/SCAP)와 한국외교부사절단, 경제성간의 공문서 영문과 일역본 등.

이 자료에서 특징적인 점은 [경제협력·한국·105·조선인에 대한 임금미불채무조」가 대장성 Series에 편철되어 있고, 작성부서가 국제금융국으로 기재되어 있으며, 계층의 하부 키워드는 '연합국재산·전후배상재외재산 등 관계'로 되어 있다는 점이다. 그러나 이 자료의 1번 문서철 [帰国朝鮮人労務者に対する未払賃金債務等に関する調査集計]에 수록된 파일의 생산부서는 「조선인의 재일자산조사보고서철」과 동일하다.17) 이는 문서 용도에 따른 분류 차이로 판단된다.

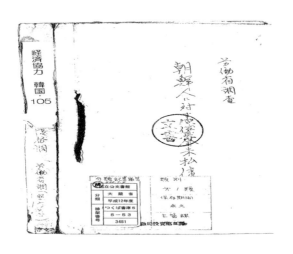

이 가운데 4번 문서(朝鮮人の在日本財産について)는 앞에서 분석한 「조선인의 재일자산조사보고서철」 16번 문서철에서 내용을 확인할 수 있다. 이러한 여러 잡철 가운데 고바야시가 조선인노무자공탁자료로 높이 평가하는 자료는 「귀국조선인노무자에 대한 미불임금채무 등에 관한 조사집계(帰国朝鮮人労務者に対する未払賃金債務等に関する調査集計)」이다. 그러나 이 문서는 공탁명세서나 부속서류가 수록되어 있지 않은 집계표일 뿐이고, 면수도 기재되어 있지 않아 자료의 생산 배경을

───────────────

17) 「조선인의 재일자산조사보고서철」의 계층 하부 키워드는 '노동기준국 관계'이다.

확인할 수 없다. 이러한 한계로 인해 「경제협력·한국105·조선인에 대한 임금미불채무조(賃金未拂債務調)」[이하 「임금미불채무조」로 약칭]는 「조선인의 재일자산조사보고서철」에 비해 자료적 가치는 낮다고 판단된다.

「임금미불채무조」에는 공탁분과 미공탁분, 제3자 인도분 등 3종 일람표, 조사집계표[귀국조선인노무자에 대한 미불임금 채무자에 관한 조사집계. 1950.10.6], 총괄표[1953.7.20] 등 3종이 85쪽[백면 포함, 백면 제외 76쪽]에 걸쳐 수록되어 있다.

「임금미불채무조」에는 38개 도도부현의 미불내역 일람표가 수록되어 있다.
- 공탁 : 32개 도도부현[220개 작업장, 511건]
- 미공탁 : 32개 도도부현[253개 작업장, 352건]
- 제3자 인도분 : 23개 도도부현[49개 기업, 59건]

고바야시는 앞의 글에서 「임금미불채무조」를 「조선인의 재일자산철」
과 동일한 자료로 파악했다.[18] 또한 이를 토대로 공탁분이 80,279건
[10,005,537.70엔], 미공탁분 51,947건[4,354,870.75엔], 제3자 인도분 17,361
건[2,963,878.19엔]으로 합계 149,587건[17,324,286.64엔]이라 제시했다.[19]
필자가 정산한 수치도 149,588건/17,324,286.64엔으로 인원수에서 1건의
차이를 제외하면, 고바야시의 주장과 동일하다.

그러나 앞에서 살펴본 바와 같이 고바야시가 동일한 자료라 파악하
는 두 자료[「임금미불채무조」와 「조선인의 재일자산철」]는 동일한 자료
가 아니다. 「임금미불채무조」는 「귀국조선인노무자에 대한 미불임금 채
무자에 관한 조사 집계[1950.10.6.]」, 「총괄표[1953.7.20.]」로 구성되어 있는
데, 관련 공문서나 명세표가 첨부되어 있지 않아 생산배경을 알 수 없다.

이 가운데 「귀국조선인노무자에 대한 미불임금 채무자에 관한 조사
집계[1950.10.6.]」는 생산시기 자체가 「조선인의 재일자산철」에 앞서는
자료이다. 이를 볼 때, 「귀국조선인노무자에 대한 미불임금 채무자에
관한 조사 집계. 1950.10.6.)」는 노동성 노무기준국급여과가 자체적으로
작성한 통계일 가능성이 있다.

앞에서 살펴본 바와 같이 노동성의 통첩[基發 제917호]은, 1946년 후
생성 노정국 급여과가 조사를 지시한 「조선인노무자에 대한 미불금에
관한 자료」를 근거로 '채무자별 조선인 노무자에 대한 미불채무의 종류
및 채무액'을 조사하도록 한 지시공문이다. 그러므로 「귀국조선인노무
자에 대한 미불임금 채무자에 관한 조사 집계[1950.10.6.]」는 1946년도판
「조선인노무자에 대한 미불금에 관한 자료」를 근거로 노동성 노무기준

---

18) 이 글에서 분석하고 있는 '조선인의 재일자산조사보고서철'을 의미하는 것으로 보
   인다.
19) 고바야시 히사토모, 2011, 「조선인 강제동원 피해자의 미불금에 대해」, 『역사와 책
   임』 창간호, 191쪽.

급여과가 자체적으로 작성한 통계로 판단된다.[20]

또한「임금미불채무조」가운데「총괄표[1953.7.20.]」는 생산 시기에서「귀국조선인노무자에 대한 미불임금 채무자에 관한 조사 집계[1950.10.6.]」와 3년 이상 차이를 보인다.「조선인의 재일자산철」작성 이후에 생산된 자료이다. 그러나 통계는「조선인의 재일자산철」수록 통계와 일치하지 않는다.

「귀국조선인노무자에 대한 미불임금 채무자에 관한 조사 집계[1950.10.6.]」가「조선인의 재일자산철」작성을 위한 참고 자료라면,「총괄표[1953.7.20.]」는 노동성 노무기준급여과가 여러 자료를 수합한 총괄표라 판단된다.

즉「임금미불채무조」는 성격이 각기 다른 2건의 문서로 구성된 자료이며,「조선인의 재일자산철」과 동일한 자료가 아니라고 판단된다. 또한 두 자료[「조선인의 재일자산철」와「임금미불채무조」]는 통계에서도 차이를 보인다. (자료별 수록 통계의 현황은〈부록 1〉참조)

「임금미불채무조」에 수록된 인원과 금액 문제를 살펴보자. 이 자료에는 모두 4종의 통계가 수록되어 있는데, 통계마다 추기(追記)와 오류를 포함하면서 항목별 소계에서 약간의 차이를 보이고 있다. 숫자의 차이는 크지 않다. 그러나 같은 자료 안에 수록된 각기 다른 수치는 혼란을 불러일으킨다. 4종의 자료가 담은 내용을 소개하면 다음과 같다.

고바야시 통계①은「임금미불채무조」공탁분과 미공탁분, 제3자인도분 총괄표의 각 표지에 수록된 수치②와 일치한다. 그러나 실제 총괄표 내용과는 차이를 보인다.

---

20) 1946년도판 조선인노무자에 대한 미불금 관련 자료는 원본을 확인할 수 없고, 1992년에 일본정부가 한국정부에 제공한 '조선인노무자조사결과'에 반영되어 있다. 그러나 두 자료는 일치하지 않는다. 현재 연구 성과에 따르면「조선인노무자조사결과」(16개 도도부현 명부)는「조선인노무자에 대한 미불금에 관한 자료」의 일부로 추정된다. 金英達, 2003,『金英達著作集 2 -朝鮮人强制連行の研究』, 明石書店, 102~118쪽.

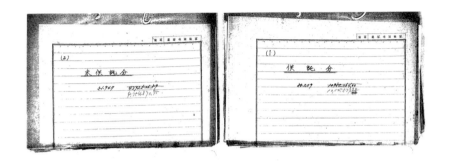

공탁분 총괄표 말미③에 기재한 '공탁분 총계'[80,280건, 10,005,537.67엔]와 '미공탁분 총계'[51,947건, 4,402,527.72엔], '제3자 인도분 총계'[17,361건, 2,963,880.19엔]에는 각기 다른 수치가 수록되어 있다.

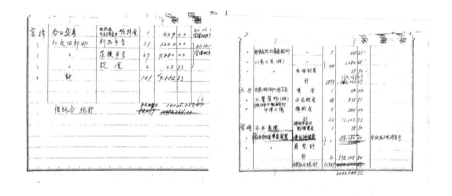

또한 ④기발(基發) 제917호[昭和25.10.6] 「귀국조선인 노무자에 대한 미불임금 채무 등에 관한 조사집계」[편의상 A]에는 또 다른 통계[공탁분 80,279,건 10,982,264.00엔/미공탁분 51,947건, 4,392,526.89엔/제3자인도분 17,361건, 2,063,880.19엔/ 총계 149,587건, 17,438,671.08엔]가 수록되어 있다.

그런데 기발(基發)제917호[昭和25.10.6] 「귀국조선인 노무자에 대한 미불임금 채무 등에 관한 조사집계」[편의상 B]는 1건이 아니다. 바로 다음 페이지에 동일한 번호와 제목의 문서가 수록되어 있는데 기재된 숫자가 다르다. [공탁분 80,280건, 10,005,537.70엔/미공탁분 51,947건, 4,354,870.75 엔/제3자인도분 17,361건, 2,963,878.19엔/ 총계 149,587건, 17,324,286.64 엔]. B는 A의 숫자에 줄을 긋고 위와 아래에 각각 수정을 한 것이다.

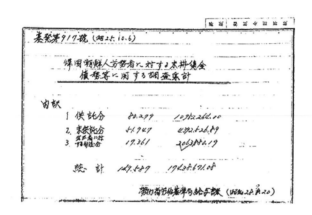

A와 B는 1950년[昭和 25년] 10월 6일자 작성문서인데, 하단에 '노동성 노무기준국급여과[昭和28.7.20]'과 '노동성노무기준국급여과[昭和28.8.20]' 이 각각 기재되어 있어 1953년 7월 20일 또는 8월 20일에 추기하였음을 알 수 있다. A에 기재된 '노동성노무기준국급여과[昭和28.7.20]'에 8.20 표시를 하고 7.20을 기재한 부분도 확인할 수 있다.

A와 B에 각기 다른 작성일이 기재된 「노동성노무기준국급여과」 자료 는 B의 바로 다음 페이지에 편철되어 있다. 문서 상단에 「귀국조선인에 대한 미불임금채무 등에 관한 조사(총괄표)」라 기재되어 있다. 앞에서 소개한 「총괄표[1953.7.20.]」이다. 이를 편의상 C라 지칭하겠다.

C는 도도부현별 집계표인데, 하단의 '計'와 '備考'에 각기 다른 수치가 기재되어 있어 혼란을 가중시키고 있다. 또한 항목별로 도도부현별 통 계를 이기(移記)하는 과정에서 오기(誤記)도 발생했다.[21]

---

21) 공탁분 항목에서 福島縣 합산은 2,841건인데, 2,840건으로 誤記.

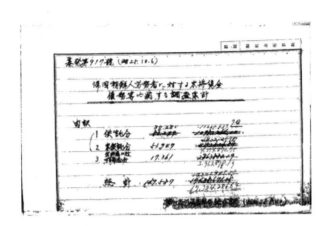

이와 같이 총 85쪽 분량의 자료에는 크게 4종류의 다른 수치가 수록되어 있어서 혼란을 불러일으켰다. 4종류의 수치 가운데 정확한 통계를 채택하기 위해 항목별로 정산(精算)해보면, 또 다른 수치가 나오므로 통계는 모두 5종이 된다. 5종의 수치를 비교해서 타당하다고 판단되는 「임금미불채무조」의 통계를 만들어보면, 〈표 5〉와 같다.

〈표 5〉[임금미불채무조] 수록 통계

항목	①小林久公	②항목별 표지	③항목별 합산표	④기발(基發) 제917호[昭和25.10.6] A	B	C	⑤정산	⑥채택
供託分	80,279건/10,005,537.70엔	80,279건/10,005,537.70엔	80,280건/10,005,537.67엔	80,279건/10,982,264.00엔	80,280건/10,005,537.70엔	80,279건/10,982,264.00엔備考10,005,5377.70엔	竹內康人入力 80,284건/10,005,533.38엔	80,280건/10,005,537.70엔
未供託分	51,947건/4,354,870.75엔	51,947건/4,354,870.75엔	51,947건/4,402,517.72엔	51,947건/4,392,526.89엔	51,947건/4,354,870.75엔	51,947건/4,392,526.89엔備考51,913건/4,354,870.75엔	竹內康人入力 51,813건/4,354,870.75엔	51,947건/4,354,870.75엔
第3者引渡分	17,361건/2,963,878.19엔	17,361건/2,963,878.19엔	17,361건/2,963,880.19엔	17,361건/2,063,880.19엔	17,361건/2,963,878.19엔	17,361건/2,963,880.19엔備考2,963,878.19엔	합산 17,361건/2,963,878.19엔/2,963,876.19엔22)	17,361건/2,963,878.19엔
소계	149,587건/17,324,286.64엔	149,587건/17,324,286.64엔		149,587건/17,438,671.08엔	149,587건/17,324,286.64엔	149,587건/17,438,671.08엔[17,324,206.64엔]		149,588건/17,324,286.64엔

* 옅은 색 칸 : 고바야시 히사토모(小林久公) 통계와 동일한 통계
* 진한 색 칸 : 채택 근거가 되는 통계

---

22) 山口縣 上沖탄광 87건분의 제3자인도분에 기재된 숫자가 2,546.87엔과 2,548.87엔 등 2건이므로, 이를 각기 대입한 결과는 차이를 보인다.

〈표 5〉를 보면, ①과 ②는 동일함을 알 수 있다. ②와 ③을 보면, ②는 ④-B를 주로 근거로 하였다고 생각된다. ④의 A와 B는 각각 C를 근거로 작성한 것으로 보이는데, A가 C의 수치 가운데 '계'를 채택했다면, B는 C의 수치에서 '비고'를 채택했음을 알 수 있다.

Ⅳ. 한국정부 소장 노무자공탁금 자료[23)]

1. 한국정부의 자료 입수 과정

위원회 보도 자료를 통해 자료 입수과정을 보면, 자료 입수 노력은 2004년 일제강점하 강제동원피해진상규명위원회 출범 직후부터 시작되어 위원회의 명칭이 바뀐 이후에 성사되었다. 그 기간 동안에 양국 협의체 회의 및 공문을 통한 일관된 자료 요구의 지난(至難)한 과정은 계속되었다. 상세한 과정은 다음과 같다.

2004.11.	· 일제강점하 강제동원피해 진상규명위원회 출범
2004.12.	· 한일정상회담에서 노무현 대통령이 강제동원 희생자의 유골 봉환 문제를 제기, 고이즈미 총리의 협조 검토 답변
2005.2.	· 한일 정상간 합의에 따라 한일정부간 협의회 발족 · 2010년 10월 현재 국장급 수석대표자회의 6회, 과장급 팀장급 실무협의 10회 개최(대표, 위원회 사무국장 vs. 외무성 심의관)

<hr/>

23) 위원회가 소장, 활용하고 있는 노무자공탁금기록은 미공개 자료이고 연구자들의 접근성이 불가능하므로 위원회가 공개한 자료(언론보도자료, 결과보고서 등)에 의거한 내용이다.

2005.5.25	· 제1차 한일유골문제협의회 수석대표회의 개최 - **공탁금 및 후생연금 명부 문제를 정식 안건으로 제안**
2005.6.16. /9.16	· 위원회, 資料要求 관련 公文 발송 2회 : (문서번호 조사1과 -369) (문서번호 조사총괄과-467)
2005.11.28	· 위원회, 제3차 한일유골문제협의회 수석대표회의에서 관련자 료 제공에 대한 공식 문제 제기 - 서울, 외교통상부 17층 회의실
2007.12	· 우리측, 일본정부로부터 군인·군속 공탁금 관련(11만 건) 자 료 인수
2008.6.13	· 군인군속공탁금관련 分析 完了, 결과보고(문서번호 조사1과 -3392)
2009.11.5	· **한일유골협의회 팀장급 회의에서 '조선인 노무자공탁금 부본 (副本) 일체 2010년 3월까지 제공에 합의'**
2010.1.8	· 공탁금 부본 획득 대비 T/F 구성(문서번호 조사2과-111) 및 가동
2010.4.5	· **대일항쟁기 강제동원피해조사 및 국외강제동원희생자지원 등 위원회, 공탁금 부본 引受(3.26. 기자회견/ 4.6. 공탁금 부본 출력 및 현황표 작성 작업 개시)**
2010.4.15	· 위원회, 노무자공탁금명부분석 및 DB화 작업추진 계획 수립
2010.6.4~ 10.12	· 분석 T/F, 명부 분석 및 현황표 수정 작업 완료

2. 구성 체계[24]

먼저 수록 내용의 외형적 체계를 보면, 다음과 같다.

○ 매체 규모 및 수량 : DVD 3매(5.73GB)

○ 수록 규모 : 이미지 폴더 24개 + jpg파일 2개(공탁소 코드표, 목록)

- DVD 001 : 도쿄(東京)법무국 보관분, 이미지폴더 1개, 597MB

- DVD 002 : 요코하마(横浜)~사가(佐賀)국 보관분, 이미지폴더 13개, 3.70GB

- DVD 003 : 나가사키(長崎)~다카마쓰(高松)국 보관분, 이미지폴더 10개, 1.44GB

수록 규모에 대한 통계를 보면, 총 215개 파일에 공탁서 1,318건, 공탁금액 1억2,800만 엔, 공탁내역 17만 5천 건(군인·군무원 중복 108,921건 포함)이 수록되어 있다. 여기에는 일부 일본인·중국인 등 외국인과 섞인 경우, 이미지 판독 불가한 부분이 포함되어 있다.

〈표 6〉 수록건수 및 군인·군무원 중복 건수 내역

구분	세부 내용	건수	금액	입수 시기
A. 군인군속 공탁서		115,076	9,178万4,200円	2007년 12월
B. 노무자 등 공탁서	최초 일본측 제시 내용	173,213	2 억 7,800万円	2010년 3월 26일
	일본측 수정 내용	-	1 억 2,800万円 *126,611,925.18円	2010년 6월 30일
	군인·군속 중복분(A)	108,934 (62.9%)	91,441,311.38円 (72.2%)	
	나머지 노무자 등	64,279 (37.1%)	35,170,613.80円 (27.8%)	

* 실제 조선인 해당 금액 (※ 위 금액은 공탁서에 기재된 액수의 합산임)

---

24) 이 내용은 노무자공탁금 자료분석 결과보고(2010년 11월 19일자)를 토대로 통계 수치 등을 수정했다. 노무자공탁금 자료분석 결과보고서는 당시 위원회 소속 전문위원들이 작성한 내용을 바탕으로 최종 정리했다.

자료에는 총 148종의 내역이 수록되어 있다. 이를 성격별로 구분하고, 법적 근거를 통해 비교하면 다음과 같다.

<표 7> 공탁내역 분석

조선인노무자공탁자료 중 공탁 내역[총 148종]	근거	구분	일본정부가 공적으로 부여한 처우내역
급료, 급료기타 정산, 급여, 노무미불임금, 미불금, 미불공임, 미불료, 미불급여, 본급, 임금, 퇴직금, 퇴직공제금[12종]	-각의결정 -통첩 -후생성고시639호 -임금통제령 (1943.1.26./6.18 개정) -제2차 임금통제령 (1940.10.16)	급여	기본급여, 임시급여, 실물급여 등
공임(工賃)상여, 상여, 특별상여[4종]		상여	근속상여, 정기상여 등
급료수당, 기간연장수당, 기간재연장수당, 기타수당, 병사휴무수당미불금, 소지품소실수당, 연장수당, 증산수당, 여비수당, 징용해제수당, 착후수당, 취로기간연장수당, 특별수당, 통제회수당, 통제회특별수당, 휴업수당[16종]		수당	가족수당, 임시수당, 응소수당, 응징수당, 정근수당, 임시휴업수당, 항공근무수당, 함선준공수당, 출근장려수당, 특별작업수당, 불취업수당, 군사참회수당, 방공수당, 결전수당, 해고수당, 전광장려수당, 특별수당, 전광휴가수당, 산업보국회 전별금, 학동기념수당, 기간연장수당, 통제회 수당, 기타 수당 등
건강보험매장료, 급부금견반적립금, 단체생명보험금, 단체생명보험금수령액, 불입금액, 상병수당, 사망수당, 사망일시금, 상해수당, 연금보험장해수당금, 장해수당금추급금, 전쟁보험금, 제급부금, 조위금보험금, 유족보험금, 유족부조료연금, 유족일시금, 전쟁보험금, 침몰보험금, 특별퇴직위로금, 퇴직수당, 퇴직수당금, 퇴직위로금, 퇴직준비적립금, 후생연금, 후생연금 탈퇴수당[26종]	-노동자연금보호법 [1941.3.11. 제정. 42.6.1.전면시행] -퇴직적립금 및 퇴직수당법[44.2.15폐지. 후생연금법 의거] -후생연금보험법 [1944.2.15. 노동자 연금보호법 개정]	후생연금 (노동자 보험 포함)	양로연금, 폐질(장해)연금 및 수당금, 유족연금, 후생연금 탈퇴수당, 퇴직적립금, 퇴직수당, 결혼수당, 분만비 등
보급금, 기본보급금, 일반원호금, 가족수당, 별거수당, 가족위문금, 지도금(支度金), 부조료, 보조금, 석탄통제회원호회 추급금,보급차액금, 사	-국민징용부조규칙 [1942.1.1] -각의결정[1944.5.1 피징용자 등 근로원	원호	- 임금보급(기본, 특별/별게수당) - 각종원호 : 일반원호(부조규칙 권외자 및 종료자 중 필요한 경우) - 각종원호 : 특별원호(가족수당, 支

망위로금, 원호회견무금, 장의시부의, 장제료, 전재위문금, 제3자조의금, 조위금, 징용보급금, 징용원호보금급, 특별보급금[21종]	호강화요강] -국민근로동원원호회 사업실시요강		度金) - 사망조의금(일반조의금, 특별조의금) 및 상병위로금(일반상병위로금, 특별상병위로금, 피동원자이재해위로금) - 생활부조, 의료, 조산(助産),생업부조, 임시생활부조, 매장
거치(据置)저금, 국민저금, 국민저축, 국민저축미제금, 국민저축조합예금, 국채, 국채저금, 규약저금, 광원저금, 근검예금, 대동아전쟁국고채권, 대동아전쟁할인국고채권, 대동아전쟁할인채권, 동극(東極)저금, 보국채권, 본인의 공장저금, 애국저금, 애국저금회사예금분, 임금예금, 임의저금, 저금지불예금, 저금통장, 저축채권, 전시보국채권, 전시저축채권, 조합예금, 지나사변할인국고채권, 직원국민저축, 채권, 채권대금, 퇴직저금, 할증금(전시채권), 회사예금, 회사저금[34종] *이자 포함		예·저금	사내예금, 광부저금, 국민저축조합저금, 우편저금, 은행저금, 결전수당 중 저금공제, 갑종저금, 을종저금, 규약예금 등
각 회사 주권불입액, 공습감투견무금(1945.6), 근로소득세 및 식비, 보관금(현금), 보조료, 복권, 분배금, 사망당시 본인 소지금, 상환금, 송금분, 수탁보증금, 수탁미불, 식비 및 지급물품대 정산가동금, 신탁, 신탁수익자 분배금, 여비, 유가증권, 유류현금, 임전금액, 은급(이왕직 직원), 임전미도, 잔금, 잔여재산분배금, 전수금(前受金), 주식, 주식교부금, 주주분배금액, 주주배당금, 채권, 치거금, 특수재산분배금, 평등할부금미납액, 회사로부터의 부의, 후생비공제[35종]		기타	

자료의 구성 체계를 보면, ①공탁카드 + ②공탁서 + ③위임장 + ④등기부초본 + ⑤공탁서표지 + ⑥공탁명세서[각 개인의 공탁금 내역이 대부분 지역별(군 단위)로 기재]로 구성되어 있다. 이 가운데에는 6종의 서류가 모두 갖추어지지 않고 '공탁서 + 공탁명세서'로 구성된 문서들이 다수를 차지하고, '공탁서'가 존재하지 않는 문서도 다수 존재한다.

1) 공탁명세서 문서의 일반적 형태

① 공탁카드　　　　　② 공탁서

③ 위임장　　　　　④ 등기부초본

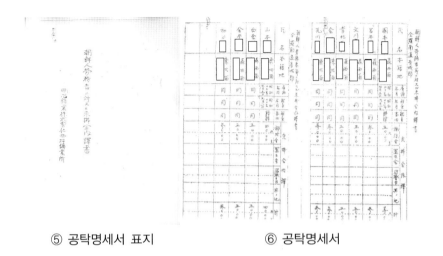

⑤ 공탁명세서 표지　　　　　　　⑥ 공탁명세서

개인별 공탁서를 보면, 다음과 같다.

2) 개인별 공탁서

개인별 공탁서의 자료의 항목은 크게 공탁서와 공탁명세서로 구성되어 있다.

공탁서에는 총 11개 내역[①공탁자(기업 대표) 및 주소 ②대리공탁자(기업 관계자) 및 주소 ③금액 ④공탁의 원인된 사실 ⑤공탁근거(법령 조항) ⑥공탁물 수취자(별지 내역) ⑦공탁일시(기업공탁일) ⑧공탁자(주로 대리인) ⑨공탁국 ⑩공탁수리 일시 ⑪공탁번호]이 기재되어 있다.

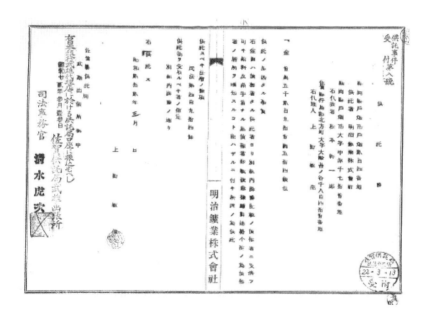

공탁명세서에는 ①씨명 ②본적지 ③고용연월 ④해고연월 ⑤해고사유 ⑥미불금내역[총 61종의 공탁 내역 중 6개항]이 기재되어 있다.

3. 공탁 시기[25)]

공탁 법령 조항은 민법(民法) 제494조와 1949년 정령(政令) 제291호 「구일본점령지역에 본점을 둔 회사의 본방(本邦) 내에 있는 재산의 정리에 관한 정령」(제28조 3), 1950년 정령(政令) 제22호 「국외거주외국인 등에 대한 채무 변제를 위한 공탁의 특례에 관한 정령」 등 3건이 해당된다. 공탁서에는 공탁 원인에 대해 주로 "채권자의 주소 불명 등채권자에 대해 교부하는 것이 불가능"으로 기재되어 있다.

---

25) 노무자공탁금 자료분석 결과보고(2010년 11월 19일자).

공탁서에서 공탁시기가 확인된 총 1,309건 중 군인 군무원을 제외한
1,176건의 공탁시기별 현황을 보면 다음과 같다.

〈표 8〉 공탁 시기별 현황

공탁 시기	해당 건수	내 용
1942	1	1942.2.28. 나가사키(長崎)광업㈜이 조선인 442명분(81,379엔)에 대해 나가사 키공탁국에 공탁. 미불금내역(회사저금, 가족수당, 보급금, 일반원호금, 기타)
1946	451	1946.1.30〜12.27.간 27회에 걸쳐 조선인 4900명분(541,204엔 45전) 공탁
1947	391	1947.1.6〜12.29.간 62회에 걸쳐 조선인 30,714명분(3,478,945엔 56전) 공탁
1948	141	1948.1.7〜11.16.간 42회에 걸쳐 조선인 18,511명분(1,435,188엔 94전) 공탁
1949	14	1949.1.25〜11.2.간 8회에 걸쳐 조선인 1,604명분(300,770엔 20전) 공탁
1950	71	1950.2.4〜12.19.간 10회에 걸쳐 조선인 2,325명분(4,403,054엔 72전) 공탁
1951	29	1951.2.26〜10.5.간 23회에 걸쳐 조선인 476명분(7,912,655엔 94전) 공탁
1952	4	1952.8.30〜12.17.간 4회에 걸쳐 조선인 559명분(54,769엔 97전) 공탁
1953	11	1953.1.29〜7.24.간 9회에 걸쳐 조선인 89명분(206,282엔 17전) 공탁
1954	3	1954.3.2〜5.25.간 3회에 걸쳐 조선인 16명분(25,782엔) 공탁
1955	2	1955.5.6〜5.23.간 2회에 걸쳐 조선인 31명분(32,461엔) 공탁
1956	5	1956.7.9〜11.16.간 5회에 걸쳐 조선인 15명분(195,033엔) 공탁
1957	8	1957.2.5〜5.15.간 8회에 걸쳐 조선인 2,625명분(10,983엔) 공탁
1958	1	1958.9.4. 1회에 걸쳐 조선인 8명분(43,211엔) 공탁
1959	7	1959.1.27〜10.19.간 7회에 걸쳐 조선인 464명분(3,810,794엔) 공탁
1960	2	1960.7.4〜12.12.간 2회에 걸쳐 조선인 5명분(41,540엔) 공탁
1961	1	1961.8.24. 1회에 걸쳐 조선인 9명분(8,954엔) 공탁
1962	1	1962.12.27. 1회에 걸쳐 조선인 175명분(226,774엔) 공탁
1963	1	1963.5.21. 1회에 걸쳐 조선인 3명분(4,168엔) 공탁
1981	1	1981.3.25. 1회에 걸쳐 조선인 2명분(12,705엔) 공탁
1986	30	1986.8.12. 1회에 걸쳐 조선인 30명분(308,353엔) 공탁
1994	1	1994.8.23. 1회에 걸쳐 조선인 349명분(11,955,600엔) 공탁

공탁시기현황에서 1965년 한일청구권협정 체결 이후에도 32건에 걸
쳐 공탁이 이루어졌고, 1994년에 가장 많은 공탁금액을 보인다는 점을
알 수 있다. 그 이유는 비노무자 공탁분에서 찾을 수 있다.

4. 조선인노무자공탁금과 개인자산(비노무자 공탁분)

일본정부가 제공한 기록에 명기된 노무자공탁금 35,170,613.80엔 중에 노무자에 해당되지 않거나 지급할 수 없는 자산은 무려 70.29% [24,724,372.22엔]이고, 노무자가 수령할 수 있는 금액은 10,446,241.58엔[29.75%]에 불과하다.

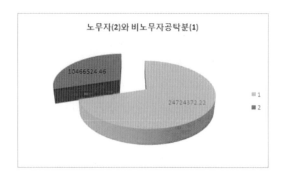

이 가운데 주목되는 것은 비노무자분[22,092,924.22엔, 62.82%]으로써 자산[15,626,241.34엔]과 불명 가운데 2건[6,446,400엔]이 해당된다.26)

〈표 9〉 비노무자 관련 내용

구 분		건수	금액	비율(금액)	1건당 평균	비고
자산 (유가증권, 현금)	개인	1,628건	9,112,399.55엔	36.85%	5,597엔	일본인 52건(46명) 한국인 1,575건 중국인 1건(1명)
	회사 등	184건	6,513,841.79엔	26.34%	35,401엔	
불명(不明)		3건	9,077,848.00엔	36.72%	3,025,949엔	
기타인적사항 불비, 일본인]		5종 264건	20,282.88엔	0.082%	76.83엔	
합計		총 2,079건	24,724,372.22엔			

*외국인 : 486,290.48엔(중국인 10,000엔, 1인당 10,131.05엔)

---

26) 불명 3건 가운데 1건(2,631,448.00엔)은 노무자분으로 추정되지만 명단이 누락되고 구체적인 공탁 내역을 확인할 수 없다.

노무자의 미수금이 아닌 유가증권과 현금이 양국 정부간 주고받은 노무자공탁금기록에 포함된 배경과 원인에 대해서는 현재 알려진 바 없다. 그 이유는 양국 정부가 이 문제에 대해 언급을 하지 않고 있기 때문이다. 개인 자산 기록이 포함된 노무자공탁금기록을 한국정부에 제공한 일본정부는 물론 노무자공탁금기록을 인수한 한국정부가 공식적으로 문제 제기를 한 적이 없다. 노무자공탁금기록에 개인 자산이 포함되어 있다는 점은 2012년 10월 23일과 2013년 2월 등 두 차례에 걸쳐 국회 이명수 의원과 일제강제동원&평화연구회의 문제 제기 및 간략한 공탁내역이 국민일보 연재기사를 통해 알려졌지만, 정부 차원의 언급이나 문제 제기는 없었다. 이 점은 향후 양국 정부가 해명해야할 점이라 생각된다.[27]

2012년 9월 국회 이명수 의원이 위원회를 통해 입수하여 공개한 자료에 의하면, 공탁내역은 '매괘금(買掛金), 배당금, 잔여재산분배금, 수익배당금, 분배금(주주), 수탁보증금, 신탁재산분배금, 보관보증금(預り保證金[28]), 잔여청산분배금, 주식교부금, 채무금, 유가증권, 주주'으로 기재되어 있고, 내역은 다음과 같다.

---

27) 국민일보 연재기사는 2012년 9월 국회 이명수 의원이 위원회에 요청해 제공받은 자료를 활용했다. 본고에서도 동일한 자료를 분석 대상으로 삼았다.
28) 기업회계상 대차대조표에서 사용되는 감정(勘定)과목 중 유동부채의 하나.

〈표 10〉 공탁 내역

공탁내역	건수	공탁금	1건당	비고
매괘금(買掛金)	1	359엔07전	359.07	
분배금,수익배당금	2	12,705엔	6,352.50	
수탁보증금	8	27,729엔	3,466.12	
신탁수익자분배금	2	57엔	28.5	
신탁재산분배금	17	11,859엔	697.6	
보관보증금(預り保證金)	138	18,429엔22전	133.55	日本出版配給 137件
유가증권	188	589,730엔	3,136.86	
잔여재산분배금	272	225,318엔91전	828.38	
잔여청산분배금	17	23,056엔25전	1,356.25	
주식교부금/주주	10	247엔50전	24.75	西日本汽船
주식배당금,잔여재산분배금(2종)	10	2,600엔	260.00	西日本汽船(9건)
주주(株主)	195	642,666엔60전	3,295.73	
주주배당금	11	20,386엔50전	1,853.32	
주주분배금	755	7,537,126엔	9,982.95	
채무금	2	165엔50전	82.75	
총합계	1,628	9,112,160엔60전		

　　일본정부는 유가증권과 현금으로 대별하고 유가증권을 제외한 모든
내역은 현금에 포함하여 분류했다. 유가증권이 6.5%에 불과한데 비해
현금비율은 93.5%에 달한다.

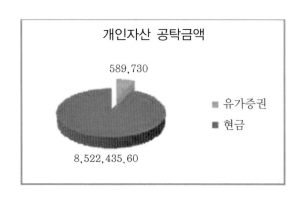

개인자산 공탁금액

589,730

■ 유가증권
■ 현금

8,522,435.60

위 공탁내역의 특징을 살펴보면, 다음과 같다.

첫째, 공탁 시기이다. 〈표 12〉에 의하면, 1952년 샌프란시스코강화조약[1,217건] 및 1965년 한일협정 이후[343건]이 다수를 차지한다. 1952년 4월 이전은 광산과 제조업 등 강제동원작업장이 다수 포함되어 있고, 1952년 4월 이후에는 금융주, 상사, 토지 관련 기업이 대부분이다.

〈표 11〉 1952년 4월 이전 공탁분 407건

공탁기업	공탁건수	공탁시기	강제동원작업장
니혼고주파(日本高周波)중공업(주)	128	19510226	해당
고바야시(小林)광업(鑛業)(주)	14	19510227	해당
닛토(日糖)흥업(興業)(주)	1	19510326	
(주)조지야(丁子屋)상점	8	19510327	
니시니혼(西日本)기선(汽船)(주)	20	19510406	
닛코(日硬)산업(産業)(주)	1	19510406	
조선맥주(朝鮮麥酒)(주)	12	19510410	
울산(蔚山)건설(주)	4	19510511	
주카(中華)연초석탄공업(주)	24	19510608	
조선방직(주)	2	19510618	해당
폐쇄기관 도요(東洋)척식(拓殖)(주)	11	19510618	해당
조선자전거제조(주)	26	19510704	
만주(滿洲)펄프공업(주)	1	19510707	
조선제유(製油)(주)	1	19510707	해당
후쿠오카현(福岡縣)주류(酒類)판매(주)	1	19510707	
도호(東邦)광업(鑛業)(주)	5	19510806	해당
조선석유(주)	116	19510810	해당
(주)쓰지모토(辻本)상점	3	19510904	
조선전업(朝鮮電業)(주)	27	19510913	해당
성환(成歡)광업(주)	2	19511005	해당
총합계	407		

〈표 12〉 1952년 4월 이후 공탁분 1217건

공탁 기업	공탁건수	공탁시기	강제동원 작업장 해당 여부	비고
폐쇄기관 효고현(兵庫縣)섬유제품㈜	2	19521016		
폐쇄기관 일본출판배급㈜	139	19521017		
㈜만주증권취인소(滿洲證券取引所)	57	19530129		
폐쇄기관 효고현(兵庫縣)주류판매㈜	1	19530217		
조선미곡창고(朝鮮米穀倉庫)㈜	17	19530403		
폐쇄기관도카이석탄판매(東海石炭販賣)㈜	1	19530724		
폐쇄기관 니혼해운협회(日本海運協會)	1	19540409		
조선피혁(朝鮮皮革)㈜	1	19540424	해당	
신니시니혼기선(新西日本汽船)	10	19540525		
야스다신탁은행(安田信託銀行)㈜	17	19550506		
다이이치신탁은행(第一信託銀行)㈜	169	19560810(1건) /19621127		2회
스미토모신탁은행(住友信託銀行)㈜	1	19560824		
니혼신탁은행(日本信託銀行)㈜	1	19561017		
조선방직(朝鮮紡織)㈜	2	19570205	해당	2회(52년 이전)
도호(東邦)광업(鑛業)㈜	5	19570319	해당	2회(52년 이전)
㈜기요미즈(淸水)정미소(精米所)	4	19570410		
재외금융기관 ㈜ 조선저축은행	23	19590430		
부산수산(釜山水産)㈜	5	19590602		
재외금융기관㈜ 조선상업은행	245	19591019		
재외금융기관㈜ 조흥은행	170	19600127		
재외회사 고쿠산(國産)자동차㈜	1	19600704		
하사마(迫間)흥업(興業)㈜	2	19601212		
㈜니치보신(日貿信, 일무신)	2	19810325		
(구)미쓰이(三井)물산㈜	8	19860812		
㈜조흥사(朝興社)	333	19940823		
총합계	1217			

둘째, '불명'으로 기재된 3건의 금액이 매우 높다는 점이다.

〈표 13〉 '불명' 기록의 내역

건명	피공탁자 이름	본적	공탁번호	공탁일시	비고	합계
조선식량영단 (朝鮮食糧營團)	不明	不明	昭和26年 特金 第205號	19510829	殘餘財産分配金	6,086,633.00
조선식량영단 (朝鮮食糧營團)	不明	不明	昭和31年 特金 第22號	19570116	殘餘財産分配金	359,767.00
대장성 관재국 총무과 분임세입 세출외 현금출납 관리(大藏省 管財局 總務課 分任歲入歲出外現金出納官吏)	不明	不明	昭和34年 度 特金 第8號	19590916	홋카이도에서 귀환한 조선인의 미결산 감정자금(勘定資金)	2,631,448.00

3건 중 1건은 문제의 홋카이도 기록이다. 자료에는 '1. 공탁원인 : 당해 채무는 1951년 12월 19일부 SCAPIN 7486-A의 각서에 의해 연합국 최고사령부로부터 배상청(賠償廳)에 이관되었고, 1952년 4월 28일 동청 폐지[「총리부설치법의 일부를 개정하는 등의 법률」, 昭和27년 법률 제116호]에 따라 대장성에 인계. 공탁자인 분임세입세출외현금출납관리(分任歲入歲出外現金出納官吏)가 보관금으로 관리를 계속해 온 것이 있는데, 당해 채무는 1959년 9월 8일부로 「국외거주외국인 등에 대한 채무 변제에 의한 공탁의 특례에 관한 정령」[昭和25년 정령 제22호] 제3조 제1항의 규정에 의해 동령의 적용을 받아 채무자인 대장대신의 인정에 의해 공탁'되었다는 과정이 기재되어 있다. 이를 통해 샌프란시스코강화조약 발효일[52.4.28]에 배상청에서 대장성으로 금액을 이관했음을 알 수 있다. 현

재 '자료 이관 과정에서 명단이 사라진 점'은 밝혀지지 않은 문제이다.

3건 중 2건은 조선식량영단[1945년 10월 폐쇄]이 발행한 채권판매 금액으로 추정된다.[29)]

셋째, 본적지 기재의 성격 문제이다. 기재내용 중 본적지는 주소지 개념으로 보아야 한다. 경성부인 경우는 경기도 경성부로 하부 단위가 표기되어 있으나 경성부가 아닌 경우는 '경기도'만 표기되어 있다.

개인 1,628건은 주소가 모두 기재되어 있지 않아 인명을 확인하기 쉽지 않다. 1,628건 가운데 인적 사항[이름, 주소, 보유 자산의 성격]을 한국역사정보통합시스템, 각종 인명사전류, 관련 문헌과 비교 분석하여 확인한 699건[553명]의 내역을 토대로 계층을 분류하면 다음과 같다.

〈표 14〉 피공탁자 계층 분류

구분[30)]		건수	인원	자산 총액
공직자[31)]		38건	36명	55,306엔81전/1,536엔3전(1인당)
적극협력자[32)]		157건	104명	2,032,480엔78전/19,543엔08전(1인당)
외국인		53건	51명	428,570엔48전(일본인), 8,571엔(1인당)/ 10,000엔(중국인)
항일경력자[33)]		16건	14명	3,882엔68전/277엔(1인당)
전문직[34)]		36건	30명	106,725엔29전/3,557엔(1인당)
교육자[35)]		9건	7명	81,641엔/11,663엔(1인당)
경제활동자	기업인[36)]	224건	167명	907,544엔95전/5,434엔40전(1인당)
	지역유지[37)]	82건	76명	278,091엔/3,659엔(1인당)
	금융인[38)]	44건	37명	75,405엔10전/2,038엔(1인당)
	자산가[39)]	24건	22명	206,416엔22전/9,382엔(1인당)

---

29) 조선식량영단은 8·15해방 후 미군정이 수립되면서 적산(敵産)으로 미군에게 접수. 1946년 2월 조선생활품영단(朝鮮生活品營團)으로 이름을 바꾸고 미곡통제기관으로서 존속했다. 1948년 11월 대한식량공사로 개편되었다가 1949년 11월 정부관리양곡 업무를 금융조합연합회에 인계한 뒤 1950년 1월 해체되었다.

30) 해방 이전 경력 기준. 여러 계층이 중복될 경우에는 적극협력자를 우선 적용하고, 계층간 중복 적용을 하지 않았다.

〈표 14〉 가운데 가장 다수를 차지하는 계층은 기업인과 적극협력자이다. 특징을 살펴보면 다음과 같다.

첫째, 자산형성의 배경이다. 자산 형성의 배경은 투자 목적과 적극협력의 의지 표명, 할당 등 세 종류로 판단된다. 일본출판배급의 경우와 같이 하급관리들이 소액을 보유한 사례는 할당의 가능성으로 보인다. 특히 조선전업이나 출판배급 등은 할당 가능성(관공리나 교사가 대부분)이 크고, 금융주와 강제동원관련 회사는 투자목적, 당국과 유착 의지가 있다고 생각된다.

둘째, 외국인이다. 자료에는 모두 '조선인'이라 기재되어 있지만, 내용에서 보면 외국인이 53건 확인된다. 이를 통해 기재 기준이 국적이 아니라 출신지역임을 알 수 있다.

외국인 가운데, 대표적인 인물은 가다 나오지(賀田直治)이다. 가다 나오지의 조선 자본 장악에 대해서는 국내에서 연구 논문이 발표되기도 할 정도로 경제사에서 주목하는 인물이다.[40] 야마구치(山口)현 출신의 가다 나오지[1877년 출생. 조선피혁주식회사의 주주배당금 15,750엔 공탁]는 양부 가다긴사부로(賀田金三郞)와 같이 조선에서 자본을 축적하고 기업을 경영한 대표적인 일본인이다. 가다 나오지는 도쿄(東京)제국

---

31) 중추원이나 총독부 등 공직에 근무한 인물. 교사, 서기나 우체부 등 하급직 포함.
32) 친일반민족진상규명위원회 조사 결과, 민족문제연구소 발간 인명사전, 국회 김희선 의원실 인명록, 중추원 의관 명단 등에 이름이 등재된 인물.
33) 독립유공자로 등재되었거나 관련 문헌에서 확인된 인물.
34) 언론인, 예술인 등.
35) 학교 설립자 및 운영자.
36) 직접 기업을 경영하거나 고위 임원으로 재직한 인물.
37) 기업을 경영하지는 않지만 지역에 토지 및 광산을 소유한 인물.
38) 금융기관 경영자이거나 임원으로 재직한 인물.
39) 공직자는 아니지만 전국에 막대한 토지와 자산을 보유하고 중앙에서 재력을 인정받은 인물.
40) 김명수, 2009, 「한말 일제하 賀田家의 자본축적과 기업 경영」, 『지역과 역사』 25, 부경역사연구소.

대학 농대를 졸업[1902년]한 후 타이완총독부 소속 칙임 기사로 근무하다가 1917년에 조선에 건너왔다. 타이완총독부 근무 시절에 유럽과 미국의 식림업을 시찰하여 익힌 지식을 한반도 침탈에 사용했다. 그는 전남 장흥군과 함북 부령군, 명천군에 각각 대규모 토지를 대부받아 식림사업을 하여 막대한 이득을 챙겼고, 농림업, 광산업, 공업, 철도, 자동차 회사 등 돈이 되는 분야에 진출하여 재력을 축적했다. 1차 세계대전이 일어나자 조선피혁회사 사장과 동양축산흥업회사 사장, 서선식산철도회사 전무로서 전쟁 특수를 누렸고, 이후에도 조선실업은행(주)이사, 서선식산철도(주)주주, 조선요업(주)상담, 조선인촌(주)대주주, 조선피혁(주)사장[1921년], 용산공작(주)주주[1927년], 조철자동차흥업(주)감사, 조선석유(주)감사[1937년], 조선교통흥업(주)감사, 조선임업개발(주)감사[1939년], (주)가다구미(賀田組)이사 및 감사, 조선철도(주)이사, 동양축산흥업(주)이사, 조선권업(주)사장, 조산자동차(주)감사, 공영자동차(주)감사, 조선축산(주)이사, 대흥무역(주)사장, 북선척식철도(주)감사[1942년 기준] 등 중요한 기업의 사장과 임원을 독점했다. 또한 조선상공회의소 대표[1935년]으로서 조선 재계를 장악했다. 그가 한반도에서 운영한 강제동원 기업은 무려 10여개 회사에 달한다.[41]

인적사항을 확인한 유일한 중국인은 화교인 주신구(周愼九)이다. 그가 언제 조선에 건너왔는지는 알 수 없으나 무역회사 유풍덕(裕豊德. 군산과 경성)을 경영하며, 화상(華商)총회 주석(1939)으로 활동하는 등 조선에서 거물 중국인이었다. 전쟁 말기에 중국으로 돌아가 조선의 독

---

41) 朝鮮總督府 官房庶務部,『朝鮮』 제345호, 1944.2; 東洋經濟新報社, 1921,『朝鮮銀行會社要錄 1921년판』; 東洋經濟新報社, 1927,『朝鮮銀行會社要錄 1927년판』; 東洋經濟新報社, 1929,『朝鮮銀行會社要錄 1929년판』; 東洋經濟新報社, 1937,『朝鮮銀行會社要錄 1937년판』; 東洋經濟新報社, 1939,『朝鮮銀行會社要錄 1939년판』; 東洋經濟新報社, 1942,『朝鮮銀行會社要錄 1942년판』; 한국역사정보통합시스템 한국사데이터베이스 한국근현대인물자료(http://db.history.go.kr).

립을 위한 활동을 한 것으로 알려져 있다. 해방 직후 신문기사에는 '중
국국민대회에서 한국구(韓國區)대표로 참석하여 조선 문제에 대하여 조
선이 자주독립함에 최대의 협력을 하자는 열렬한 부르짖음으로서 전 중
국군민에게 조선 독립의 자주성을 더 한층 고창'했다고 기록되어 있다.
그는 해방 후 1947년 다시 입국하여 유풍덕(裕豊德)을 경영하고 화교학
교를 세우는데 도움을 주었다.[42]

셋째, 피공탁자가 재산권 행사를 할 수 있음에도 공탁한 경우이다. 김
용주(金龍周), 박흥식(朴興植), 신용욱(愼鏞頊), 박승직(朴承稷), 설경동
(薛卿東) 등 명망가와 기업가들은 해방 이후에 국내에서 활발한 공직
활동을 했다. 일부가 해방 직후에 사망[尹致昊]하거나 납북[閔圭植]되었
을 뿐이다. 최근 일본에서 공개된 한일청구권협정문서[일본측 공개문서]
에 의하면, 1961년에 화신 사장이었던 박흥식이 방일하여 사업 및 한일
관계에 대해 일본 유력자들과 협의했다.[43] 박흥식의 개인 자산은 사망
하던 해인 1994년에 공탁되었다. 신용욱도 일제시기에 3천엔의 유가증
권을 가지고 있었으나 1951년에 공탁되었고, 1961년 운영난으로 자살하
기도 했다. 그는 해방 후 제2대와 3대 국회의원을 역임했고, 대한항공의
전신인 대한국민항공사를 설립하는 등 공적인 활동을 한 인물이다. 그
럼에도 이들의 유가증권과 현금은 생전에 본인에게 전달되지 않고 공탁
되었다.[44]

최창학[崔昌学, 1959년 사망, 1962년 공탁], 민규식[1950년 납북, 1951

---

42) 동아일보, 1947년 5월 6일자, 조선독립의 협력자 화교 周慎九 來朝; 한국역사정보통
합시스템 한국사데이터베이스 한국근현대인물자료(http://www.koreanhistory.or.kr).
43) 日韓會談文書(일본측), 韓國朴興植氏と會談の件(1961년 4월 5일자 문서, 문서번호
354) 日韓會談全面公開を求める會(http://www.f8.wx301.smilestart.ne.jp/index.html),
2008년 11월 16일 제6차 공개문서.
44) 친일반민족행위자명단대통령 소속 일제강점하 친일반민족행위진상규명위원회,『친
일반민족행위진상규명보고서』총25권(DVD 총 2매), 2009]; 한국역사정보통합시스템
한국사데이터베이스 한국근현대인물자료(http://www.koreanhistory.or.kr).

과 1994년에 공탁], 윤치호[1945년 사망, 1962년 공탁] 등과 같이 피공탁자가 사망이나 행방불명된 이후 채권자의 가족들이 생존하고 있었으나 교부하지 않고 공탁한 경우도 다수 발견된다.

일본인 52명도 모두 일본으로 귀환하였으나 그 이후에 공탁되어 재산권을 행사하지 못하게 되었다. 이는 일본이 당사자에게 재산권에 대한 정보도 전달하지 않았음은 물론, "채권자의 주소 불명 등채권자에 대해 교부하는 것이 불가능"할 경우에 공탁한다는 공탁의 법적 규정[민법 제494조와 1949년 정령(政令) 제291호, 1950년 정령 제22호]을 위반하면서, 의도적으로 채권자의 권리를 박탈했음을 의미한다.

넷째, 강제동원 기업 관련이다. 이들 가운데 61명(77건)이 강제동원 기업에 관여했거나 광산을 소유했다. 이 가운데 적극협력자의 비율이 35%로 가장 높고, 그 뒤를 기업인(27.3%)이 잇는다. 외국인 10건도 높은 비율이다. 이들 가운데 대표적인 인물은 현준호(玄俊鎬)와 가족(현준호의 장남, 배우자), 한상룡(韓相龍), 장직상(張稷相), 신용욱, 김태석(金泰錫)을 들 수 있다.

다섯째, 계층별 1인당 금액의 특징이다. 계층별 1인당 금액을 추산해보면, 적극협력자[19,543.08엔]가 가장 많고, 그 뒤를 교육자[11,663엔]가 따르고 있다. 특히 경제문제에 정보가 많고, 전문성을 가진 금융인들의 1인당 금액[2,038엔]보다 적극협력자의 1인당 금액[19,543.08엔]이 훨씬 크다. 이를 통해 투자 목적 외의 다른 의미를 추론할 수 있다.

V. 맺음말

앞에서 살펴본 바와 같이 조선노무자공탁금 자료는 완결성을 가진 자료라 볼 수 없다. 자료생산과정 자체가 일본정부의 지시에 따라 해당 기업이 자료를 제출하는 방식을 취했으므로 전수 조사와 차이가 있다. 또한 일본정부는 기존에 생산된 다양한 자료에 대한 종합적 이해를 가지고 있지 않고, 정부가 직접 수합한 자료에 대한 검증도 거치지 않았다.

앞에서 소개한 3건의 자료 중 2건[개인 명세서가 없는 현황표나 총괄표]은 성격이 유사하지만 수록 내용[건수 및 금액]은 차이를 보이고 있다. 일본정부가 한국정부에 제공한 1건의 경우에는 노무자의 공탁금이 일부이고, 노무자의 공탁금이 아닌 개인자산이 다수를 차지하고 있다.

이러한 자료의 현황은 일본정부가 조선인노무자공탁금에 대해 정부차원의 체계적인 관리를 하지 않았음을 의미한다. 또한 자료의 이관 과정에서 인적사항이 누락되어 노무자들에게 반환할 수 없는 경우나 개인자산의 공탁자료 비중이 매우 높다는 점도 관리의 책임을 다하지 못했다는 의미를 갖는다.

이같이 공탁금자료가 갖는 한계로 인해 연구에 활용하기 위해서는 추가 작업이 수반되어야 한다.

첫째, 공탁금과 관련한 추가 자료 발굴이다. 현재 공개된 3건 외에 유사한 성격의 자료를 발굴하여 미시적 분석을 할 필요가 있다. 〈부록 2〉에서 볼 수 있는 바와 같이 일본의 지역별로 공탁 자료에서 확인되는 지역의 차이는 매우 크다.

둘째, 공탁 제도의 운영에 관한 연구가 이루어져야 한다. 위에서 소개한 자료는 어떤 배경과 과정을 통해 생산되었는지 명확하게 보여주지 못하고 있다. 이를 해결하기 위해서는 일본 공탁제도의 전반적인 운영 실태를 파악해야 한다.

셋째, 공탁과 미공탁, 제3자 인도분의 원인 및 관계 규명이다. 재일자산철과 임금미불채무조는 한국정부가 확보한 명부에 비해 다수를 차지한다. 그러나 전자는 공탁 외에 미공탁과 제3자 인도분이 포함된 숫자이다. 일본정부가 공탁제도를 수립해 관계법령을 위반하면서까지 채권자의 권리를 무시하고 공탁을 했다. 그럼에도 공탁하지 않은 경우와 제3자 인도분은 높은 비중을 차지하고 있다. 이 같이 일본정부가 공탁제도를 마련했음에도 공탁하지 않은 배경과 원인이 규명되어야 한다.

넷째, 한국정부 소장 자료 중 비노무자분 자료 분석에서 보완해야 할 점이다. 이와 관련한 추후 연구 과제를 살펴보면 다음과 같다. 먼저 피공탁자 및 피공탁 기업 분석이 요구된다. 피공탁기업의 현존 기업과 관련성은 물론, 이왕직이나 궁내청 등 피공탁자에 대한 분석이 필요하다. 둘째, 한일협정문서[일본측 문서]를 통한 개인 재산 환수 논의 과정을 분석할 필요가 있다. 셋째, 이미 폐쇄된 기관이 공탁을 할 수 있었던 점도 해결해야 할 과제이다. 공탁자의 주소는 특정 지역[미쓰이 빌딩]이거나 다른 기업의 사무소로 확인된다. 이는 1952년 폐쇄기관정리위원회의 업무 종료 이후에도 상당 기간 정리 작업이 진행되었음을 의미한다.

다섯째, 피공탁자 개인이 1975년 청구권 보상 당시 물적 보상을 받았는지 여부를 조사할 필요가 있다. 여섯째, 공탁시기와 당시 한일정부의 자금 융통과 관련성을 파악하는 작업이다.

〈부록 1〉 조선인노무자 공탁금 자료 3건의 현황

	㉠조선인의 재일자산조사보고철	㉡경제협력 한국·105·조선인에 대한 임금미불채무조(賃金未拂債務調)	㉢한국정부 인수 기록(일본정부 제공)
생산 시기	1946.6~1950.11	1950.10~1953.7.	1942~1994년간
소장처	일본공문서관 쓰쿠바 (筑波) 분관	일본공문서관 쓰쿠바(筑波) 분관	일본 법무성
구성	표제 : 조선인의 재일 자산조사보고서철 「귀국조선인에 대한 미 불임금 채무 등에 관한 조사」와 공문서 등 2종	표제 : 경제협력 한국·105·조선인에 대한 임금미불채무조 공탁분과 미공탁분, 제3자 인도분 등 3종의 일람표, 조사집계(1950.10.6.), 총괄표(1953.7.20)와 공문서 등	①공탁카드 + ②공탁 서 + ③위임장 + ④등 기부초본 + ⑤공탁서 표지 + ⑥공탁명세서
규모	-총 684쪽 -귀국조선인에 대한 미 불임금 채무 등에 관한 조사결과 : 407쪽(표지 포함) -연합국최고사령부(GHQ /SCAP)와 법무성·대장 성·노동성·대일본산 업보국회(大日本産業 報國會) 및 각 도도부 현 간 공문서 : 277쪽	- 일람표 및 집계표 : 85쪽 기타 문서 및 잡철	5,698쪽(DVD 3개 분량)
수록 내역	-채무자(작업장·기업) 총수 : 317개 기업, 445 개 작업장 -채권자(조선인노무 자) 총수 : 약 133,354 건[공탁 79,607건, 미 공탁 37,184건, 제3자 인도 15,905건] -채무총액 : 27,981,050.18엔(1인	- 채무자(작업장·기업) 총수 : 공탁 (511개), 미공탁(352개), 제3자 인도 (23개) 등 886개 기업, 922개 작업장 목록 채권자(조선인노무자) : 149,588건 [공탁 80,280건, 미공탁51,947건, 제3 자인도17,361건] 채무총액 : 17,324,286.64엔[공탁 10,005,537.70엔, 미공탁 4,354,870.75 엔, 제3자인도2,963,878.19엔]	채무자(작업장·기업) 총 수 : 247개 기업 채권자(주주 포함) : 64,279건 채무 총액 : 35,170,613.80円 ※ 1건당 평균액은 547.17엔으로 높지만 유가증권 등 노무자 무 관한 금액과 이름 불

	당 평균 209.51엔[공탁 12,515,464.46엔, 미공탁 3,935,532.81엔, 제3자 인도 11,425,902.69엔]		명 등 지급이 불가능한 24,724,372.22엔을 제외한 노무자 해당금액 10,446,241.58엔의 1건당 금액은 162.516엔]
인수 시기	2011.8.	2009.3.	2010.4.
자료 제공자	강제동원진상규명네트워크(일본)	강제동원진상규명네트워크(일본)	일본 법무성

<부록 2> 일본 도도부현별 공탁금 내역 수록 현황

	㉠재일자산철[45]	㉡임금미불채무조[46]	㉢한국정부	㉣조사결과[47]	㉤작업장 목록[48]
岡山縣	9	15	3		63
京都府				1	49
高知縣	2	4	1		44
廣島縣	18	36	10		171
群馬縣					41
宮崎縣	4	6	1		37
宮城縣	1	2		36	74
岐阜縣	7	17	1	8	60
崎玉縣	1	1			50
奈良縣				34	52
鹿兒島縣					59
大分縣	8	10	1		50
大阪府	41	76	7	2	169
德島縣					24
島根縣	5				34
東京都	11	22	1		190
兵庫縣	44	65	8	113	197
福岡縣	61	120	29	27	227
福島縣	6	8	6		86
福井縣	1	1			32
富山縣	19	47	18		55
北海道	21	74	4		379
山口縣	46	66	1		160
山梨縣					16

山形縣	4	13			31
三重縣	4	5		2	44
石川縣	5	5			26
神奈川縣	10	10	6		221
新潟縣	6	23	1		70
岩手縣	3	23	5	2	38
愛媛縣	3	5			52
愛知縣	24	53			132
熊本縣	2	11	1	1	44
茨城縣	10	17	1	6	66
滋賀縣	5	11		3	17
長崎縣	23	28	21	22	150
長野縣	10	10		44	110
靜岡縣	5	13	1	28	110
鳥取縣		2			22
佐賀縣	14	89	11	47	76
千葉縣					53
靑森縣					57
秋田縣	5	11		26	80
沖繩縣					48
香川縣			1	1	16
和歌山縣	5	10	2		31
栃木縣	1	3	1	12	64
船舶會社			65		67
불상 기타			1	3	4(기타·남양군도)
	445건(공탁 232건)	922건(공탁 511건)	208건	418건	3,948개소

---

45) 공탁, 미공탁, 제3자인도분 포함.

46) 공탁, 미공탁, 제3자인도분 포함.

47) '조선인노동자에 관한 조사 결과'(일본정부가 1992년에 한국정부에 제공한 명부로서 미수금 항목이 기재되어 있음).

48) 2013년 8월말 현재 위원회가 확정한 일본지역 노무동원 작업장 목록 기준. 동원기 업명이 확인되지 않는 작업장 1,096개소 포함.

【참고문헌】

http://cafe.naver.com/gangje[일제강제동원&평화연구회 카페].

http://www.digital.archives.go.jp[일본공문서관 검색 사이트].

http://www.f8.wx301.smilestart.ne.jp/index.html[日韓會談全面公開を求める會 검색 사이트].

http://www.koreanhistory.or.kr[한국역사정보통합시스템 한국사데이터베이스 한국근현대인물자료].

친일반민족행위자명단[대통령 소속 일제강점하 친일반민족행위진상규명위원회,『친일반민족행위진상규명보고서』총25권(DVD 총 2매), 2009].

金英達,『金英達著作集2-朝鮮人强制連行の研究』, 明石書店, 2003.

김명수,「한말 일제하 賀田家의 자본축적과 기업 경영」,『지역과 역사』25, 부경역사연구소, 2009.

국무총리 소속 대일항쟁기 강제동원피해조사 및 국외강제동원희생자등 지원위원회, 노무자공탁금 자료분석 결과보고(2010.11.19).

고바야시 히사토모,「조선인 강제동원 피해자의 미불금에 대해」,『역사와 책임』창간호, 2011.

미수금·공탁금 관련 연표

일 시	주요 내용
1945.10.29	GHQ → 일본정부에 '일본 탄광에 고용된 조선인 징용자들에 대한 저축 및 수당 지불' 각서를 통해 지시 - 미불금의 내역을 조사·지불·보고하고, 미불금은 일본은행에 예탁할 것을 지시
1946.6.17	후생성 근로국 통첩(勤發 제337호) → 각 도도부현 지방장관에 「조선인노무자에 관한 조사의 건」 통첩을 보내 미불금 현황을 조사하라고 지시 - 1946.7.20 전후 각 도도부현으로부터 조사결과가 보고됨 ※1991. 한국정부에 인도된 자료는 1부 15현 69,766건
1946.8.27	민사국장 통달 516호(民事甲 제516호) 「조선인노무자 등에 대한 미불금 등의 공탁에 관한 건」 통달 - 귀국한 조선인노무자에 대한 미불금을 '민법과 同 통달(상의 특례)에 따라 공탁할 것' - 재일조선인 및 법인은 일반 민법과 동일하게 취급(즉, 통달 특례 적용에서 제외됨)
1946.10.12	GHQ → 대장성에 지시 - 가칭 '조선인 재일자산에 대한 조사'에 관한 각서
1946.10.	후생성 → 각 지방장관에게 지시 -'조선인노동자 등에 대한 미불금 기타에 관한 건'이라는 통첩
1948.8.15	대한민국 정부수립
1949.7.19	GHQ → 일본정부에 지시 SCAPIN제2030호 「국외거주외국인등에 대한 채무의 변제를 위한 특별정리」 지시 - 일본은행에 특별 기구 설치 및 처리를 지시 - 1950.1.13, 유가증권에 대해서도 적용하도록 추가 지시

1949.10.8	대장성 이재국장 → 노동성 노동기준국장, 藏理外제16호
1949.10.18	대장성 이재국장 → 노동성 노동기준국장, 藏理外제17호
1949.10.	노동성 → 대장성 - 위 16호, 17호에 대한 조사결과 보고
1949.12.	대장성 → GHQ - 가칭 '조선인 재일자산에 대한 조사' 결과를 보고
1950.1.13	GHQ → 일본정부에 공탁 명령
1950.2.28	일본정부, 정령 제22호(政令 제22호) 「국외거주 외국인 등에 대한 채무변제를 위한 공탁 특례에 관한 政令」 제정·공포 -기존의 민법에 의한 일반적 공탁 절차만으로는 조선인에 대한 채무 내역을 관리할 수 없는 한계를 극복하기 위한 특례 조치
1950.6.12	대장성관재국장 → 노동성노동기준국장 - 「조선인의 재일자산에 대해」 - 政令 제22호에 제정 이전에 공탁된 것은 정령에 따라 명세서를 붙여 동경공탁소에 전부 다시 공탁할 것, 아직 공탁하지 않은 것은 정령에 따라 신속하게 공탁하고 그 결과를 보고할 것
1950.6.21	미 국무장관 고문 덜레스 방일, 대일강화회의 사전협의
1950.6.25	한국전쟁 발발
1950.8~9	政令제22호 개정 및 후속 조치
1950.10.4, 6	노동성노동기준국장 → 도도부현 노동기준국장 - 「基發第917號 귀국조선인에 대한 미불임금채무 등에 관한 조사」 통첩 - 각 도도부현이 보관하고 있는, 1946년 후생성노정국급여과가 조사를 지시한 「조선인노무자에 대한 미불금에 관한 자료」에 따라, '1. 조선인노무자에 대한 미불채무가 있는 채무자명 및 소재지(채무자명 및 소재지가 변경된 경우에는 부기할 것), 2. 채무자별로 조선인노무자에 대한 미불채무의 종류 및 채무액'을 보고할 것
1950.11월	각 도도부현 노동기준국장 → 노동성노동기준국장 - 「發第917號 귀국조선인에 대한 미불임금채무 등에 관한 조사」에 대한 조사결과 보고

출전) 이상은, 「경제협력·한국105·조선인에 대한 임금미불채무조(賃金未拂債務調)」(일본공문서관 소장), 「조선인의 재일자산조사보고서철」(일본공문서관 소장). [오일환 집필].

찾아보기

저자소개

● ●

이상의(李商意, Lee Sang Euy)

- 인천대학교 기초교육원 초빙교수. 한국근대 사회경제사 전공.
- 일제하 조선인 노동력 동원체제에 대한 연구로 연세대학교 사학과에서 박사학위를 받았다.
- 『일제하 조선의 노동정책 연구』(혜안, 2006), 『해방후 사회경제의 변동과 일상생활』(혜안, 2009, 공저), 『일제 강제동원 Q&A ①』(선인, 2015, 공저) 등의 저서를 출판하였으며, 최근에는 일제하의 강제동원과 인천지역사 연구에 집중하고 있다.

허광무(許光茂, Hur Kwang Moo)

- 1964년 충북 괴산에서 출생
- 일본 히토쓰바시(一橋)대학 대학원 경제학연구과 경제학박사(Ph.D)
- 국무총리실 소속 대일항쟁기강제동원피해조사및국외강제동원희생자등지원위원회 조사2과장
- 일제강점기 재일한인 문제에 관심을 갖고 박사논문을 집필하였으며(『일본제국주의 구빈정책사 연구』, 선인, 2011), 이후 전시기 조선인 노무자 강제동원 연구와 대중화 작업에 노력하고 있다(『히로시마 이야기』, 선인, 2013 ; 『일제 강제동원 Q&A①』, 선인[공저], 2015).

배석만(裵錫滿, Bae Suk Man)

- 1968년 강원도 춘천에서 출생
- 부산대학교 대학원 사학과 문학박사(Ph.D)
- 고려대학교 민족문화연구원 HK연구교수
- 박사학위논문을 공간한 『한국 조선산업사: 일제시기편』(2014) 외에, 『한국 중화학공업화와 사회의 변화』(공저, 2014) 등 몇 편의 공저와 다수의 논문을 발표했다. 한국 근현대경제사, 특히 산업사, 기업사, 자본가 연구에 관심을 가지고 공부하고 있다.

최영호(崔永鎬, Choi Young Ho)

- 1955년 전북 군산에서 출생
- 일본 도쿄(東京)대학 대학원 종합문화연구과 국제관계학박사(Ph.D)
- 영산대학교 일본비즈니스학과 교수, 국제학연구소 소장
- 해방직후 재일한인의 귀환과 민족단체 결성에 연구관심을 갖고 박사논문을 집필하였으며(『재일한국인과 조국광복』, 글모인, 1995), 이후 현대 한일관계 전반에 관한 연구와 대중화 작업에 노력하고 있다(『한일관계의 흐름 2013-2014』 논형, 2015 ; 『일본인세화회』 논형, 2013 등).

오일환(吳日煥, Oh Il Hwan)

- 일본 쓰쿠바(筑波)대학 대학원 국제정치경제학박사
- ARGO인문사회연구소 선임 연구위원
- 국무총리실 소속 대일항쟁기강제동원피해조사및국외강제동원희생자등지원위원회 전문위원 역임(대일ㆍ대러 협상 및 유골문제 담당)
- 한반도와 일본, 중국 등 동아시아 국가들 간의 인질 문제 또는 인도주의 문제를 둘러싼 외교협상에 관심을 기울임

정혜경(鄭惠瓊, Jeong Hye Gyeong)

- 1960년 서울에서 출생
- 한국정신문화연구원(현 한국학중앙연구원) 한국학 대학원 문학박사(식민지 시기 재일한인의 역사 전공). 그 외 구술사(Oral History)와 기록학(Achival Science) 분야 연구
- 국무총리실 소속 대일항쟁기강제동원피해조사및국외강제동원희생자등지원위원회 조사1과장
- 『일본제국과 조선인 노무자 공출』 등 단행본 10권(단독)과 논문 40여 편을 발표했고, 일제말기 조선인 인력동원에 대해 공부하고 있으며, 역사에 귀 기울이는 이들과 함께 하고 싶어 한다.